경제,
디테일하게 사유하기

모래 한 알 같은 현상에서 세계경제의 흐름을 읽다

THE WORLD IN A GRAIN OF SAND

궈카이 · IMF경제학자 지음
최지희 옮김

경제,
디테일하게 사유하기

이 책은 2006년부터 나의 블로그인 〈궈카이郭凱의 경제학 노트〉에 올린 몇 편의 글을 엮은 것이다. 블로그 글은 나중에 수정하고 보완하면서 일부는 원문과 차이가 없지만, 일부는 완전히 다른 글로 바뀌었다. 이 과정에서 나는 한 가지 원칙을 고수했는데, 바로 원문의 취지를 바꾸지 않는다는 것이었다. 나는 현재 발생한 (경제적) 사건에 대해 자주 평론을 발표한다. 사람은 모두 자신이 옳게 말한 부분은 부각시키고 잘못 말한 부분은 조용히 감추고 싶어 하는 속내가 있다는 것을 모르지 않는다. 나역시 이런 마음이 있지만 꾹 참았다. 내가 독자에게 들려주고 싶은 것은 사유의 과정과 방식, 관점이지 사유의 결과가 아니기 때문이다.

그렇지만 나 역시 블로그의 실제 이름이 〈인간쓰레기의 경제 노트〉라는 중요한 사실은 감추었다. 아마 이 사실이 공개되었다면 내 블로그는 더 유명해졌을지 모른다. 사람들은 대부분 '인간쓰레기'라는 말을 부정적으로 사용한다. 그러나 나의 언어 세계에서 '인간쓰레기'는 대학 시절을 반추하는 말이다. 대학에 갓 입학했을 때 전국에서 올라온 여섯 명의 남학생이 한 방에 살면서 우리 기숙사는 '인간 말종 동굴'이라는 이름으로 불렸다. '인간쓰레기'란 명칭은 여기서 비롯되었다. 그렇지만 왜 이런 이름을 짓게 되었는지 궁금해하는 사람들에게 나에게는 추억이 가득하지만 다른 사람에게는 아무런 의미가 없는 설명을 하느라 많은 말을 하기가 싫었다. 결국 사람들이 대부분 인식하고 습관적으로 사용하는 방식과 타협하기로 했다.

1

2006년 1월 9일 베이징. 나는 당시 여자 친구이자 지금은 아내가 된 구주舍主와 힘든 이별을 하고 홀로 미국으로 떠났다. 3년 동안 이런 이별을 여섯 번이나 했다. 그러나 이별은 할 때마다 더 힘들고 어려워졌다. 스무 시간 남짓 후 나는 다시 야경 속에 잠긴 보스턴으로 돌아왔다. 택시는 해저터널을 지나 이미 얼어붙은 찰스 강을 끼고 케임브리지의 작은 마을로 달렸다. 여행에 지쳐서인지 아니면 기분이 가라앉은 까닭에서인지 나는 힘없이 고개를 창가에 기대고 바깥의 찬 공기가 창을 거쳐 내 얼굴에 닿는 것을 느끼고 있었다. 시차 때문에 이날 보스턴은 아직도 1월 9일이었다. 나는 마음속으로 '시간은 그대로인데 나와 구주는 지구의 정반대편에 있네. 언제 다시 만날지도 모르는데'라며 탄식했다.

그때는 아직 방학이라 학교가 텅 비어 있었다. 매일 들어야 하는 수업, 강좌, 학술 보고회가 없는 데다 시차까지 겹쳐 생체 시계가 뒤죽박죽이 되었다. 적막하고 추운 겨울밤에 잠들지 못해 정말 고통스러웠다. 그래서 뭐라도 하면서 긴 밤을 보내고 또 한편으로 구주와 부모님, 그리

경제, 디테일하게 사유하기

고 고국에 대한 그리움을 떨쳐야겠다고 생각했다.

당시에는 블로그가 크게 유행했다. 물론 모든 사람이 블로그를 개설한 것은 아니지만 내가 친구들과 늘 연락하던 MSN에서 몇 번 클릭하면 바로 블로그를 개설할 수 있었다.

그래서 나도 블로그를 시작하게 되었다. 이때 박사과정 공부와 연구를 위해 경제학 관련 문헌을 많이 읽었고 또 새로운 자료를 계속 볼 수 있었다. 이 과정에서 재미있는 관점을 많이 접하게 되었고 또 많은 생각이 떠올랐다. 그래서 이 관점과 생각을 간단히 기록해, 멀리 중국에 있는 구주(당시에 부모님은 인터넷을 하지 않았다)에게 내가 매일 무엇을 하는지 알려주었다. 또 평소에 교류하던 중국 친구들 가운데 미국에서 공부하는 친구가 많았는데 이들과 연락하면서 느낀 바를 함께 나누고자 했다.

나는 이런 생각을 한 후 며칠 더 고민했다. 영감이 사라지고 소재가 금세 바닥이 날까 걱정되었다. 또 시작만 하고 관리를 못할까 두려웠다. 처음에는 원대한 포부를 안고 시작했다가 중간에 흐지부지되는 블로그를 많이 봤기 때문이다. 나의 경우 한번 시작한 일은 오랫동안 하고, 그렇지 않으면 시작도 하지 않으려고 했다. 그러나 나중에는 경제학 문헌은 무궁무진해 지금까지 읽은 것만으로도 많은 글을 쓸 수 있으므로 쓸거리가 없는 상황을 맞지는 않을 것이라고 자신을 설득했다.

2006년 1월 13일 보스턴으로 돌아온 지 4일째 되던 날, 드디어 MSN에서 나만의 블로그를 개설했다. 블로그 이름을 〈궈카이의 경제학 노트〉로 지은 이유는 간단하다. 수기의 형식으로, 읽고 생각한 내용을 기록하려고 했기 때문이다. 첫 번째 블로그 글인 「미운 정치경제학」은 책이 아닌 논문 한 편을 읽은 후 쓴 독후감으로 아주 평범했다. 블로그를 시작하며 나는 스스로 격려하고 채찍질하는 글을 썼다.

"오늘, 경제학에 대한 나의 생각, 내가 본 경제학에 대한 다른 사람의 생각, 다른 사람의 생각에 대한 나의 생각을 쓰겠다는 결심을 했다. 결심을 하지 않으면 매일 한 편의 글을 쓸 시간이 없을 것 같았다. 그렇지만 나는 계속해나갈 것이라고 생각한다. 나의 첫 번째 독자인 구주뿐만 아니라 앞으로 점차 함께할 다른 독자들도 나를 채찍질해주기 바란다."

당시에 〈궈카이의 경제학 노트〉는 정확히 10여 명의 독자만 있었다. 구주를 빼고 '읽게 된' 다른 사람은 나의 MSN 친구들이다.

시간이 흐르면서 글을 읽는 사람이 없더라도 블로그에 글을 남기려는 열정은 처음에 예상한 것보다 훨씬 커졌다. 블로그가 감정 해소의 도구가 된다는 생각이 들었던 것이다. 평소에 연구하는 것과 달리 블로그에서는 내키는 대로, 생각나는 대로 쓸 수 있었다. 또 글을 쓴다는 것이 실제로는 다른 사람의 글을 읽고 기록하는 것에 몰두하는 것이 아님을 알게 되었다. 나는 오히려 현재 발생한 일, 논쟁이 치열한 관점, 그리고 중국과 관련된 모든 일에 열정을 품고 내 생각을 밝히려고 했다. 내가 견해를 발표할 당시에는 스스로 일리가 있다고 생각했다. 그러나 일이 마무리된 후에 보니 '일리'가 있다고 생각한 부분이 모두 한 번 더 고려할 필요가 있었다. 물론 이 모든 것은 다 지나간 이야기다. 나는 그저 내 견해를 드러내는 과정에서 작은 일이라도 자초지종을 세세히 밝히면서 만족감을 얻었다. 이를 경제학 용어로 '현시顯示선호revealed preference'라고 하는데, 블로그에 글을 쓰는 행위도 나 자신의 선호를 드러내는 것이다. 많은 사람이 블로그에 글을 쓰는 것을 옆길로 빠져 시간을 낭비하는 일이라고 생각한다. 그럼에도 나는 내가 좋아하는 일을 발견한 다음 이 취

경제, 디테일하게 사유하기

미생활을 계속해나가기로 결심했다.

얼마 후 내 블로그의 독자가 조금씩 그리고 꾸준히 늘었다. 처음에는 하루에 조회 수가 수십 회였지만 나중에는 100여 회, 더 나중에는 수백 회가 되었다. 그리고 점차 1000회를 넘고 그다음 수천 회, 나중에는 1만 회를 넘었다. 그다음에는 더 이상 조회 수에 신경 쓰지 않게 되었다. 나는 내 블로그를 조금이라도 자유롭게 내가 원하는 대로 쓰고 싶었고, 조금은 개인적인 공간으로 남겨두고 싶었다. 수만 명이 내 글을 읽는다는 사실을 알게 되면 모든 것이 더 이상 자연스러워질 수 없기 때문이다.

2

블로그를 개설하기 전에 나는 다른 사람의 블로그를 많이 봤다. 그중에는 내가 좋아하는 곳도 있고 싫어하는 곳도 있다. 나는 세상은 복잡하지만 좋은 글은 분명히 드러난다고 생각한다. 인터넷상의 토론은 때로 감정적으로 흐르기 쉽지만 좋은 글이 되려면 이성적이고 신중해야 한다. 박사과정 학생의 학식에는 깊이가 있다. 그렇지만 좋은 글은 깊이를 가장하지 않는다. 세상일은 불확실성이 크다. 따라서 좋은 글은 구체적인 결론보다 서술 과정을 더 중시해야 한다.

그런데 중국어로 된 인터넷 세상에는 과장되어 사람들을 깜짝 놀라게 하는 글, 당시의 대중의 감정에 영합하는 글, 관점이 극단적으로 치우친 글, 신비함을 가장한 글, 혹은 가십 기사와 같은 글이 상당히 유행한다. 내가 블로그를 시작할 때 가장 유행하던 경제학 관련 제목은 '주류 경제학자는 모두 틀렸다' 'OO경제학자 OO을 대변하다' '3분이면 당신도 경제학자 '주가가 1만 포인트까지 상승해야 하는 이유' '노벨상 수상자가 중국의 거품이 곧 붕괴한다고 예언하다' 등과 같은 부류였다.

나 역시 블로그를 운영하는 과정에서 어떤 제목과 관점은 분명히 욕을 먹고 반대로 어떤 제목과 관점을 이야기하면 틀림없이 갈채를 받게 된다는 사실을 알았다. 그래서 '십중팔구 욕먹음'이라는 제목으로 느낀 바를 일부러 에둘러 쓰기도 했다.

1. 우파에게 욕먹기: 중국을 칭찬하거나 미국을 비난한다.
2. 좌파에게 욕먹기: 중국이나 미국을 모두 칭찬한다. (1, 2에서 좌파와 우파의 시각 차이를 알 수 있다.)
3. 경제학을 공부하는 동료에게 욕먹기: 아무 말이나 한다.
4. 경제학을 공부하지 않은 문외한에게 욕먹기: 아무 말이나 하거나 아무 말도 하지 않는다(아무 말이나 하는 것은 대변_{代辯}하는 것이고, 아무 말도 하지 않는 것은 오히려 실언하는 것이다).
5. 현재의 개인투자자에게 욕먹기: 주가가 떨어질 것이라고 이야기한다.
6. 미래의 하우스푸어에게 욕먹기: 집값이 오른다고 이야기한다.
7. 외국에 나가지 않은 사람에게 욕먹기: 중국의 사정을 이야기한다.
8. 외국에 나간 사람에게 욕먹기: 중국의 사정을 이야기한다. (사람들은 모두 자신이 중국을 가장 객관적으로 잘 이해한다고 생각한다. 외국에 나가지 않은 사람은 해외에 있는 사람이 무엇을 알겠는가라고 말한다. 외국에 나간 사람은 해외에 있다고 해서 어떻게 잘 모를 수가 있겠는가라고 말한다.)
9. 직장인에게 욕먹기: 이론이 옳다고 말한다.

10. 학생에게 욕먹기: 이론이 틀렸다고 말한다.

11. 책을 많이 읽은 사람에게 욕먹기: 글을 지나치게 직설적으로 쓴다. (많은 사람이 글은 어렵게 써야 깊이가 있다고 생각한다. 따라서 이해하는가의 여부로 구분해 자신이 이해하지 못한 글은 수준이 높고, 이해한 글은 수준이 낮다고 평가한다.)

12. 책을 그다지 많이 읽지 않은 사람에게 욕먹기: 글을 지나치게 직설적으로 쓰거나 지나치게 모호하게 쓴다. (지적 수준이 낮은 사람을 이해시키기란 어려운 일로, 이성적인 사람이 비이성적인 사람을 비일비재로 만나는 격이다.)

13. 지나치게 연상을 잘하는 사람에게 욕먹기: 글을 모호하게 쓴다. (여러분의 관점을 검은 종이에 흰 글씨로 쓰듯 분명하게 밝히지 않는다. 그러면 상대는 여러분의 관점과 완전히 다르거나 전혀 상관없는 관점을 연상한 다음 한바탕 비판할 것이다.)

14. 지나치게 연상을 하지 못하는 사람에게 욕먹기: 글을 모호하게 쓴다. (상대는 죽을 때까지 여러분이 무슨 이야기를 하는지 모를 것이다. 따라서 아무 관점이나 꿰맞춰 한바탕 비판할 것이다.)

15. 블로그를 운영하지 않는 사람에게 욕먹기: 블로그를 운영한다. (나는 열심히 내 할 일을 하면서 시간을 낭비하지 않고 블로그에 글을 올렸다. 물론 시간이 많을 때는 다른 사람의 블로그를 보면서 비판을 할 때도 있었다. 절대로 사람들이 말하는 것처럼 내 일을 소홀히 하지 않았다.)

16. 블로그를 운영하는 사람에게 욕먹기: 1~14 항목을 참조.

그렇지만 나는 싫어하지만 사람들이 좋아하는 글이 인터넷에 있고, 욕하기를 좋아하는 독자가 있기 때문에 블로그에 글을 계속 올려야겠다는 마음이 더욱 간절해졌다. 나는 이렇게 생각한다. 사람들은 대부분 경제 전문가가 아니다. 그렇다면 사람들이 경제 문제를 어떻게 이해하는가는 그들이 읽는 글의 수준에 따라 달라진다. 독자가 이를 식별할 능력이 없기 때문이 아니라, 경제에 관해 중국어로 쓰인 글의 수준이 너무 떨어지기 때문이다. 내 블로그는 질적인 면에서 한계가 있고 관점 또한 다소 편파적이다. 그렇지만 적어도 독자들에게 다른 것을 대신해 읽을 수 있는 거리와 다른 시각을 제공해줄 수 있다. 또 적어도 사람들에게 같은 문제를 놓고 다른 사고가 가능하다는 사실을 알려줄 수도 있다. 물론 사고가 극단적인 이도 있겠지만, 나는 독자들이 대부분 판단 능력을 갖추었다고 생각한다. 내가 진심을 담아 글을 쓴다면 사람들은 나의 잘못과 부족함을 이해해줄 것이다.

3

나는 학부 때 전자공학을 전공했는데, 재미는 있었지만 열정을 불사르지는 못했다. 대학 2학년 어느 날, 당시 초창기 단계였던 베이징대학교 중국경제연구센터에서 경제학 복수전공자를 모집한다는 공고를 보고 수업을 들으러 갔다. 태어나서 처음으로 경제학 수업을 듣던 날, 루펑盧峰 교수가 칠판에 수요와 공급 곡선을 그리던 모습을 지금도 기억한다. 순간 나는 경제학의 명료함과 아름다움에 사로잡혔다. 첫눈에 반한 후 경제학에 대한 흥미가 지속되었다. 그때부터, 즉 대학의 복수전공에서 석사, 박사, 그리고 현재 일하는 직업에 이르기까지 나는 한 번도 경제학 공부를 그만둔 적이 없다.

내가 아는 경제학은 언제나 사회를 발전시키고 국민 경제를 안정시키는 역할만 하지는 않는다. 거시경제학이 경제학 중에서 이런 역할에 가장 근접한다고 말한다면, 경제학 중에서 가장 성공한 부분은 거시경제학이 아니다. 왜냐하면 거시경제학에는 대답할 수 없는 문제가 너무나 많기 때문이다. 반대로 미시경제학의 연구는 데이터가 많고 연구한 사람도 많으며, 현상이 중첩되어 나타날 가능성이 크기 때문에 오히려 경제학 중에서 사람들 간에 인식의 일치를 보일 때가 많다. 그렇지만 경제학의 아름다움은 분석틀과 정형화된 형식, 수요와 공급, 균형과 가격 등 개념이 일치하는 데 있다. 이런 개념은 경제성장, 실업, 인플레이션, 통화정책, 재정정책 등 거시 문제를 분석하는 데 이용될 뿐만 아니라, 가격결정, 광고, 보험, 계약, 협상 등 미시 현상을 분석하는 데도 쓰일 수 있다. 나아가 결혼, 출산과 양육, 범죄 등과 같이 경제학과 직접적으로 관련이 없어 보이는 사회 현상을 분석하는 데도 적용할 수 있다.

경제학이 매력적인 가장 큰 이유는 경제학의 사유 방식이 표준화되었다는 점이다. 경제학이 세계를 보는 관점은 구체적으로 어떤 결론도 내리지 않는 것이다. 조건, 제한, 외생변수(환경), 가정이 달라짐에 따라 구체적인 결론도 변한다. 결론을 그대로 따르는 것은 일류 학문이 아닌데, 경제학과 같은 사회과학에서는 더욱 그렇다. 그렇지만 문제를 분석하는 방법은 보편적일 수 있다. 사람들은 경제학에서 수요와 공급, 균형과 가격처럼 간단한 개념으로 복잡해 보이는 사회·경제 현상을 이해할 수 있다. 나는 내가 쓴 글의 결론이 반드시 정확한 것은 아니라는 사실을 너무도 잘 알고 있다. 글을 쓸 때도 그랬고 쓴 후에는 더욱 그런 사실이 눈에 띄었다. 그러나 결론이 정확했는지의 여부는 내가 글을 쓰는 과정에서 가장 중요시하는 부분이 아니다. 사회 문제가 너무 복잡해서 '정확성'에 대한 엄격한 기준도 없다. 따라서 시각에 따라 다른 결론이 나올 수 있다. 늘 하던 대로 정확했는지 틀렸는지에 따라 글의 좋고 나쁨을 평가하는 것은 단순한 사유 방식이다.

내가 가장 중요시하는 부분은 지나치게 떠들썩하고 감정적인 인터넷 세상에서 이성적인 목소리를 낼 수 있는지의 여부다. 모두 관심을 두는 문제에 대해 경제학적 시각을 제공할 수 있는지, 뿌리 깊은 사고방식에 도전장을 던질 수 있는지의 여부다. 나의 작은 소망은 사람들이 내 글을 읽고 '이 사람의 생각에 동의하지는 않지만 분석은 일리가 있고 재밌네. 난 이 문제를 이런 관점에서 생각해본 적이 한 번도 없었는데……'라고 느끼는 것이다.

4

나의 박사 논문의 연구 방향은 개방거시경제학이었다. 경제학에서 개방거시경제학은 일반적으로 '가장' 거시적인 영역이다. 환율, 정부 부채, 무역 흑자와 적자, 다국적 자본의 이동, 통화, 채무 위기, 그리고 국가 간 통화정책과 금융정책의 영향 및 공조 등은 모든 국가의 거시경제의 잣대가 되는 문제이며, 이 분야에서 관심을 끄는 경제 문제다. 내 전공 분야와 하는 일은 내가 이 세상에서 서로 다른 여러 국가와 각국의 거시경제 정책을 관찰하고 이해하며 연구할 수 있는 매우 귀중한 기회를 제공한다.

다른 국가의 예를 많이 살펴보면서 다른 시각에서 중국을 바라보게 되었다. 중국은 특수한 나라이지만, 중국이 걸어온 발전의 길이 꼭 남다른 것은 아니다. 다른 많은 국가의 경우에서 중국 경제의 과거와 미래를 희미하게나마 발견할 수 있다.

중국 경제의 미래에 대해 개인적인 의견을 간단히 말하면 낙관과 초조이다. 중국 경제를 낙관하는 이유는 다음의 현상을 관찰한 결과 때문이다. 중국은 (소득수준에 비해) 교육수준이 높고 굉장히 많은 신체 건강한 사람이 고생을 해서라도 잘살고 싶어 한다. 이들은 수십 년간의 개혁 과정을 거치는 동안 생산성이 향상되는 시장경제를 기본적으로 인정한다. 또 이들은 용감하게 변화를 받아들이고 치열한 변혁의 과정에서 변화에 익숙해졌다. 중국은 과거 30년 동안 어려움을 줄기차게 극복하고 개혁을 통해 출로를 찾은 좋은 역사적 경험을 간직하고 있다. 또 조금은 역설적이지만 중국에는 많은 문제가 있기 때문이다. 한 국가에 문제가 많다는 것은 정태적으로 보면 나쁜 일이다. 그렇지만 동태적으로 볼 때, 이 문제를 극복하기만 하면 새로운 발전의 길로 나아갈 수 있다. 개혁의 과정은 모두 여러 문제를 점진적으로 해결해가는 과정이라고 할 수 있다. 기존의 문제가 많을수록 우리가 개선할 수 있는 여지도 크다. 이는 또한 고속 발전을 지속할 가능성도 커진다는 뜻이다. 앞서 말한 중국인의 특징으로 볼 때 우리는 모두 체력적으로나 지적으로 그리고 심리적으로 이런 문제를 바로잡을 준비가 되어 있다. 개발도상국이 모두 꼭 중국과 같지는 않다. 사실 수많은 개도국이 중국과 같은 조건을 갖추지 못했다. 따라서 나는 내심 중국의 미래를 낙관한다.

그렇지만 동시에 중국의 미래에 대해 초조한 마음을 숨길 수 없다. 상대적으로 쉬운 개혁은 이미 완성되었다. 그러나 개혁 과정에서 새로운 기득권층이 생겨났고, 현재 계층 분화가 빠르게 진행되어 소득 격차가 날로 커지고 있다. 우리가 더 어려운 개혁과 더 복잡한 문제에 직면할 때, 더 강력해져 개혁에 장애가 될 수 있는 기득권층이 존재할 때, 개혁 방향에 공감대를 형성할 수 없을 정도로 계층 분화가 계속 진행될 때, 여기에 자원과 환경, 그리고 갈수록 심화되는 인구 고령화 문제가 점차 어려움을 더해 중국 경제의 미래에 심각한 불확실성을 안겨준다. 이러한 문제는 극복할 수 없는 어려움이 아니다. 그렇지만 많은 국가가 비슷한 상황에서 허무주의nihilism가 기승을 부리고 사회 갈등이 심화되며 파벌주의가 성행하는 등 시행착오를 겪었다. 이러한 현상은 경제성장의 불꽃이 쉽게 사그라지는 이유가 되므로 절대로 간과할 수 없다.

앞으로 중국 경제가 직면할 최대의 불확실성은 2008~2009년 금융위기를 극복하기 위해 시행된 강력한 통화정책과 재정정책에서 성공적으로 출구전략을 시행할 수 있는지와 선진국의 성장이 둔화된 상황에서 중국 경제가 지속적으로 성장할 동력을 찾을 수 있는가이다. 이는 수출과 투자 위주에서 국내 소비 위주로 중국 경제의 성장 방식에 변화가 필요하다는 의미이다. 이러한 변화는 커다란 반대에 부딪힐 것이 분명하다. 성장 방식을 전환할 경우 많은 기득권층이 이익을 잃고, 승자가 패자는 될 수 있다. 성장 방식을 전환하는 데 성공하는가의 여부는 중국 경제의 중요한 과제이다.

기대와 우려가 공존하기 때문에 경제를 공부하는 나에게 중국 경제에 관심을 기울이는 것은 매우 흥미로운 일이다. 중국 경제를 계속 주목하다 보면 새로운 소재를 찾아 글을 지속적으로 써갈 수 있을 것이다. 이 책은 시작에 불과하다.

물론 나의 관심사는 매우 거시적이지만 내 블로그에서는 아주 작은 일에서 시작한 경우도 종종 다루고 있으며 많은 경우 생활 속에서 소재를 가져왔다. 세상의 이치는 서로 통한다고 믿기 때문이다.

한 알의 모래 속에서 세계를 보고
한 송이 들꽃 속에서 천국을 본다.
손바닥 안에 무한을 거머쥐고
순간 속에서 영원을 붙잡는다.*

이 시로 서론을 맺는다.

귀카이 郭凯
2010년 8월 9일 밤
포토맥 강가 집에서

---

* 영국의 시인이자 화가인 윌리엄 블레이크 William Blake (1757~1827)의 장편시 「순수의 전조 Auguries of Innocence」의 첫 네 구절.

차례

THE

WORLD

IN A

GRAIN

OF SAND

제 **1** 부

100미터 달리기를 하듯
마라톤 경주를 하는 중국

제1장

중국은 외환보유액을
어떻게 사용할까?

중국이 쌓은 엄청난 외환보유고는 세계적으로 커다란 관심을 불러일으켰을 뿐만 아니라 국민들 사이에서도 일상의 이야깃거리가 되었다. 이번 장에서 소개할 '남은 곡식을 어떻게 할까?' '남은 곡식을 누구에게 빌려줄까?' '내 돈을 내게 돌려주는 것은 진정한 의미에서 '부를 국민에게 돌려주는 것'이 아니다' 이 세 편의 글은 모두 외환보유액과 관련된 문제를 이야기하고 있다.

'**남은 곡식을 어떻게 할까?**'에서는 중국이 외환보유액은 증가하고 있으나 외환의 투자수익률이 낮은 것은 대부분 중국 자체의 구조적인 문제가 원인이라는 점을 짚었다. 간단히 말해 생산은 많이 하나 내수가 부진한 까닭으로 설명했다. 구조적인 문제를 해결하기에 앞서, 특정 국가의 통화를 비축 통화로 삼는다고 해도 외환보유액 자체가 수익성이 낮은 문제를 완전히 해결하기란 어렵다.

'**남은 곡식을 누구에게 빌려줄까?**'에서는 요즘 유행하는 '중국이 달러 보유량을 줄인다면 미국은 바로 밥을 굶게 된다'는 주장을 다루었다. 중국이 달러 보유량을 줄인다고 해도 중국은 외환보유액의 증가세가 줄어들지 않는다. 즉 중국의 대외 자본수출이 축소되지 않는 것이다. 그런데 이렇게 국외로 유출된 자금은 유동성이 풍부한 국제 금융시장을 거쳐 궁극적으로 최대 채무국인 미국으로 흘러 들어갈 것이다.

'내 돈을 내게 돌려주는 것은 진정한 의미에서 '부를 국민에게 돌려주는 것'이 아니다'에서는 남아도는 '외환보유액을 국민에게 나누어주자'라는 황당한 주장을 분석하고 반박했다. 중앙은행은 사실 외환을 보유하지 않으며 보유 외환의 최종 관리(소유)자 역시 중국인민은행 中國人民銀行(중국의 중앙은행)이 아니다. 따라서 이런 사실을 알지 못하면 위와 같은 주장이 곧잘 나오게 된다. 돈을 찍어내는 기관이 화폐를 발행한다고 해서 그 기관이 돈을 많이 가진 것은 아니다. 모든 나라의 중앙은행이 마찬가지다.

1

남은 곡식을 어떻게 할까?
— 외환보유고의 비애

•

곡식을 낭비하게 된 근본적인 이유는 왕얼에게 있다. 왕얼의 생산 능력이 자신의 소비 능력을
초과했기 때문이다. 이것이 바로 우리가 자주 이야기하는 '내수 부족' 현상이다.

2008년 가을 세계 금융위기가 발생한 지 얼마 되지 않아, 중국인민은
행의 저우샤오촨周小川 총재가 미국의 달러를 대체할 만한, 주권主權을 초
월한 기축통화를 만들자고 했다. 이 발언으로 세계 각국의 정치계와 금
융계가 술렁거렸다. 심지어 새로 취임한 오바마 미국 대통령은 새로운
기축통화는 필요하지 않으며, 안전 자산으로서 달러의 지위는 변함이
없다며 직접 반격에 나섰다.

정치적 고려에서 시작된 저우샤오촨 총재의 발언이 엄청난 반향을 불
러일으켰음은 의심할 나위 없었다. 저우 총재의 발언 이후, 한동안 세계
금융위기의 책임이 누구에게 있는지에 대한 논쟁이 벌어졌다. 이 때문
에 초점이 위안화의 환율과 중국의 과도한 무역흑자 문제에서 벗어나
위기의 발단이 된 미국의 문제로 바뀌었다. 그러자 지금까지 기세등등

하게 공세를 펼치던 미국이 일순간 수세에 몰렸다. 그러나 경제 현실에서 살펴보면 실제로 새로운 기축통화가 만들어진다고 해도 중국이 외환보유액을 금융시장에 투자하여 얻는 수익률은 여전히 낮을 것이다. 심지어 손실이 발생하는 상황을 개선하는 것도 쉽지 않을 것이다. 왜냐하면 근본적으로 기축통화가 무엇인가라는 것이 문제의 핵심이 아니기 때문이다. 다음의 경우를 한번 상상해보자. 비록 간단한 예지만 국제수지와 관련된 주요 문헌과 모형에서 이끌어낸 것이다.

왕얼 王二, 중국에서 가장 흔한 이름으로 한국의 철수나 영희와 같이 일반적인 인칭대명사로 사용된다은 무인도에 살면서 직접 황무지를 개간해 농사를 짓는다. 매년 수확을 하면 일부는 내년에 쓸 종자로 남겨두고 일부는 자신이 먹는다. 처음 몇 년간은 수확량이 많지 않아 기본적으로 남는 것이 없었다. 그러나 어느 해에 날씨가 아주 좋아 서너 말을 더 수확할 수 있었다. 그래서 배불리 먹고 종자로 쓸 충분한 양을 남겨놓고도 곡식이 많이 남았다. 이어 여름이 되자 남은 곡식은 썩기 일보 직전이었다. 먹으려고 해도 너무 많아 다 먹을 수도 없고, 땅에 뿌리려고 해도 비어 있는 땅이 없었다. 그렇다면 왕얼은 어떻게 해야 할까?

어쩔 수 없이 곡식이 썩는 것을 지켜보는 것 외에 다른 방법이 있을까? 사람들은 원래 남는 곡식을 이용해 술도 빚고 가루를 빻아 전병을 만들기도 한다. 안타깝지만 왕얼은 그렇게 할 줄 몰랐다.

그런데 섬 안에 왕얼이 혼자 사는 것이 아니라 로빈슨이라는 이웃이 있다고 가정해보자. 만약 로빈슨에게 노는 땅이 있다면 왕얼은 남은 곡식(양식)을 그에게 빌려줄 수 있다. 로빈슨이 이 곡식을 빌려 땅에 심은 다음 가을에 수확해 다시 왕얼에게 새로운 곡식으로 갚는다. 이때는 아마도 이자를 붙여 좀 더 많은 양을 돌려줄 수 있을 것이다. 이렇게 한다면 왕얼은 남는 곡식을 쓸 곳이 있어 좋고, 로빈슨은 노는 땅에 씨를 뿌릴 수 있어 좋으므로 두 사람에게 모두 이익이 된다. 가을이 되어 두 사람 모두 더 많은 곡식을 소비할 수 있게 되는 것이다.

이런 모습은 화폐가 없는 두 사람만의 세계로, 여기서는 곡식이 바로 경화硬貨, 달러나 위안화의 역할을 한다. 왕얼이 로빈슨에게 곡식을 빌려주는 바로 그때 중요한 사건이 발생한다. 즉 왕얼은 자신의 (외환)보유액이 생겼고, 로빈슨은 외채가 생긴 것이다. 외환보유액이든 외채든 모두 실물인 곡식으로 정확하게 계산하는 것이므로 '평가절하'될 염려가 없다.

이제 다음 상황을 상상해보자. 사실 로빈슨에게는 처음부터 빈 땅이 없었다. 따라서 빌려온 곡식을 자기가 먹어도 좋고 썩혀도 그만이며, 바다에 버리거나 아니면 증권화해도 된다. 모두 문제가 안 된다. 중요한 사실은 처음부터 곡식을 땅에 뿌리지 않았다는 점이다. 가을이 되어 수확을 해도 섬 안의 곡식 총생산량은 증가하지 않았으며, 로빈슨은 남는 곡식이 없어 왕얼에게 곡식을 갚을 수 없다. 이때 왕얼이 로빈슨을 찾아와 빚을 갚을 것을 요구한다면 로빈슨은 어떻게 해야 할까? 여기에는 세 가지 방법이 있다. 첫째, 허리띠를 졸라매고 절약해 갚는다. 둘째, 상환을 연기한다. 셋째, 일부는 갚고 일부는 상환을 연기한다.

중국의 외환보유액을 곰곰이 생각해보면 어떤 외국 통화로 비축을 했든 본질은 똑같다. 중국인은 자신이 거둔 '곡식'의 일부를 몇몇 국가(예를 들면 미국)에 빌려줬다. 그런데 이들 나라는 빌려온 '곡식'을 땅에 심지 않고 먹거나 썩혔고 혹은 증권화했다. 결국 '소비'만 했지 '투자'를 하지 않았다. 만약 중국이 상환을 요청한다면 이들 나라는 로빈슨과 마찬가지로 세 가지 중 하나를 선택할 수 있다. 첫째, 허리띠를 졸라매고 상환한다. 둘째, 상환을 연기한다. 셋째, 일부는 갚고 일부는 연기한다.

따라서 만약 이들 국가가 '허리띠를 졸라매고 상환하지' 않는다면 중국은 '상환을 미루거나' '일부는 갚고 일부는 연기하는' 상황에 맞닥뜨리게 된다. 어느 나라의 통화로 비축을 하든 본질적으로 이런 결과에는 어떤 직접적인 영향도 주지 못한다. 지금까지 미국이 실행한 정책을 보면 허리띠를 졸라매고 상환할 기미가 없다. 그러나 상환을 전부 미루는 것도 불가능해 보인다. 따라서 '일부는 상환하고 일부는 연기하는' 방식을 선택할 가능성이 가장 크다.

로빈슨은 곡식을 빌릴 때 왕얼에게 차용증을 몇 장 끊어줬을 것이다. 차용증에 달러로 표시를 했든 특별인출권SDR으로 표시를 했든 상관없다. 로빈슨이 실제로 곡식으로 되갚지 않는 한 차용증은 아무런 가치가 없다. 로빈슨이 정말 곡식을 가져오도록 하고 싶다면 로빈슨이 빌린 곡식을 먹지도 썩히지도 그리고 증권화하지도 않고 종자로 땅에 심었는지 반드시 확인해야 한다.

그런데 로빈슨이 상황을 모르고 계속 똑같은 방식으로 대응하자 왕얼은 다시는 곡식을 로빈슨에게 빌려주지 않기로 결심한다. 그렇지만 왕얼에게 남는 곡식을 처리할 더 좋은 방법이 없다면 곡식은 결국 썩기 마련이고 왕얼 역시 곡식을 낭비하게 된다. 차이가 있다면 로빈슨이 아니라 왕얼 자신의 손에서 곡식이 썩는다는 점이다. 이런 점에서 보면 곡식을 낭비하게 된 근본적인 이유는 왕얼에게 있다. 왕얼의 생산 능력이 자신의 소비 능력을 초과했기 때문이다. 이것이 바로 우리가 자주 이야기하는 '내수 부족' 현상이다. 곡식을 또다시 낭비하기 싫다면 왕얼은 술을 빚거나 가루를 빻고 혹은 전병을 만드는 방법을 배워야 한다. 단순히 씨를 뿌릴 줄만 알아서는 안 된다.

2

남은 곡식을 누구에게 빌려줄까?
− 채권 보유가 감소한 후의 무력감

•

세상에는 버릇이 좋지 않은 채무자가 있으면 마음이 지나치게 넓은 채권자가 있기 마련이다.
다른 나라에 매년 수천억 달러씩 빌려준 중국은 아마 역사적으로 가장 마음이 넓은 채권자일 것이다.

2010년 춘절(음력설) 기간에 2009년 12월 한 달 동안 중국이 보유한 미국 채권이 340억 달러나 감소했다는 뉴스가 세상을 떠들썩하게 했다. 340억 달러가 적은 돈은 아니지만 언론에서 지나치게 확대해석한 면도 있다. 2조 4000억 달러에 이르는 중국의 외환보유액 중에서 340억 달러는 1.5퍼센트에도 미치지 않는다. 게다가 그 밖의 기술적인 요인으로 1.5퍼센트의 변화는 발생할 수 있다. 이를테면 보유 채권이 만기가 되었으나 새로운 채권에 아직 투자하지 않았다거나, 미국채美國債의 직접 보유량은 줄어들었으나 제3자를 통해 보유한 미국채의 규모가 증가한 경우도 있다.

가장 중요한 사실은 국제 금융시장에서 달러 표시 채권이 여전히 매력이 커서 수익이 안정적이라는 점이다. 그래서 중국의 국가외환관리국이 국제시장에서 거의 매달 300~400억 달러의 금융자산을 매입한다. 한편 어떤 펀드매니저도 이처럼 대규모 투자를 실행하지 못하며, 달러 표시 채권의 보유량을 늘리지 않으면서 환금성과 안정성을 요구하지도 못할 것이다.

그렇다면 중국이 정말 달러 표시 채권의 보유를 줄인다면, 그 이유가 많은 사람이 말하는 것처럼 미국인들에게 본때를 보여주기 위해서일까? 꼭 그렇지만은 않다. 특히 중국이 매년 3000~4000억 달러의 국제수지 흑자가 발생하는 한 이 같은 주장은 설득력이 없다. 앞의 글에서 비축 통화 자체가 중국의 외환보유액의 투자수익률이 낮은 근본 원인이 아니라고 이미 설명했다. 계속해서 왕얼의 이야기로 비유하여 중국이 무역흑자가 감소하지 않는 상황에서 미국채를 줄여나간다고 해도 궁극적으로 미국에 어떤 타격도 줄 수 없는 이유를 설명하겠다.

어느 섬에 왕얼, 장싼張三, 리쓰李四 세 사람만 살고 있다고 가정해보자. 왕얼은 일은 많이 하는데 적게 먹어 해마다 곡식이 남는다. 장싼은 자급자족하는 식으로 매년 그해 수확한 곡식을 모두 소비한다. 리쓰는 먹기를 좋아하지만 게을러서 혼자 먹을 식량도 거두지 못해 매년 왕얼에게 곡식을 빌려야 한다. 몇 년이 흐르자 왕얼의 손에 남은 것이라고는 모두 리쓰가 써준 차용증(즉 외환보유액)뿐이었다. 곡식의 특성상 오래 저장할 방법이 없어 먹지 않으면 썩어버린다. 따라서 왕얼 역시 바로 이 점 때문에 먹을 만큼 생산하고도 남은 곡식을 리쓰에게 빌려주지 않으면 결국 곡식은 썩어 못쓰게 된다. 누가 왕얼더러 다 먹어치우지 말라고 했는가(즉 내수 부족)?

리쓰는 왕얼을 찾아가 식량을 빌리는 한편 왕얼이 지나치게 곡식을 많이 생산해 자신이 직접 생산하려는 적극성을 떨어뜨린다고 늘 왕얼을 탓했다. 리쓰는 왕얼이 그렇게 많이 생산하고 또 그렇게 조금 먹지만 않았다면 자신이 이렇게 먹기만 좋아하고 게으르게 살지는 않았을 것이라고 생각했다. 그리고 리쓰는 왕얼이 덤핑을 한다고 떠들어댔다.

왕얼은 억울한 나머지 리쓰의 이런저런 나쁜 점이 생각나 앞으로 다시는 리쓰가 써준 차용증을 받지 않겠다고 입술을 깨물며 결심했다(즉 달러 표시 국채 보유량의 감소). 그런데 여기에 한 가지 문제가 더 있다. 리쓰에게 빌려주지 않으면 상관없지만 다 먹지 못해 해마다 남는 곡식은 어떻게 처리할 것인가. 그래서 왕얼은 어쩔 수 없이 장싼을 찾아가 곡식이 많이 있어 빌려줄 테니 먹으라고 제안했다. 장싼은 어젯밤에 리쓰가 식량을 빌리러 오겠다고 얘기했는데 자신에게는 혼자 먹을 양밖에 없으니, 우선 왕얼에게 곡식을 빌려 차용증을 끊어주고 내일 리쓰가 왔을 때 왕얼에게 빌린 곡식을 다시 리쓰에게 빌려줘 다른 차용증을 받으면 되겠다고 생각했다.

왕얼의 입장에서 보면, 자신은 리쓰에게 곡식을 빌려주지 않겠다는 결심을 지켰고 수중에 지닌 차용증에 적힌 이름은 리쓰에서 장싼으로 바뀌었다. 리쓰의 입장에서 보면, 왕얼에게 직접 곡식을 빌리지는 못하지만 다른 곳에서 빌릴 수 있다. 그런데 이 섬에는 왕얼에게만 남는 식량이 있으므로 리쓰가 빌린 곡식은 결국 왕얼의 것이며 단지 장싼의 손을 빌렸을 뿐이다. 장싼은 이 과정에서 중개자 역할을 맡아 부채 발생뿐만 아니라 자산도 발생해 플러스와 마이너스를 합치면 정확하게 제로(0)가 된다.

이 간단한 이야기는 중국의 외환보유고가 처한 현실을 말해준다. 중국이 미국채의 보유 규모를 줄인다고 하더라도 중국은 여전히 세계 최대의 무역흑자 국가이고 미국은 세계 최대의 무역적자 국가라는 현실을 바꾸지 못한다. 중국이 외화자산의 구성에 긍정적인 변화를 줄 수는 있지만 전 세계적인 관점에서 보면 돈을 빌려간 나라는 결국 미국이고 빌려준 나라도 역시 중국이다. 미국채의 보유량을 줄이면 단지 미국 정부에 직접 돈을 빌려주지 않는 것뿐이며, 돈은 간접적인 통로를 거쳐 마지막에 미국으로 흘러 들어간다.

외환 보유의 문제에서 중국이 어떻게 하면 미국에 가장 큰 타격을 줄 수 있을까? 정답은 미국채 보유량의 감소가 아니라 중국이 무역흑자를 실질적으로 축소하는 것이다. 앞서 말한 작은 섬에서 왕얼에게 남는 식량이 없다면 리쓰는 진짜 걱정이 되어 어쩔 수 없이 허리띠를 졸라매게 된다. 세상에는 버릇이 좋지 않은 채무자가 있으면 마음이 지나치게 넓은 채권자가 반드시 있기 마련이다. 다른 나라에 매년 수천억 달러씩 빌려준 중국은 아마 역사적으로 가장 마음이 넓은 채권자일 것이다. 세계 경제에 끼치는 영향으로 보면 제국주의 시대 영국의 무역흑자가 오늘날 중국에 비견될 수 있다.

3

내 돈을 내게 돌려주는 것은 진정한 의미에서 '부를 국민에게 돌려주는 것'이 아니다

•

단순히 보유 외환을 나눠준다고 해서 국민이 더 부유해지는 않는다.

만약 정부가 정말 부를 국민에게 돌려주고 싶다면 실제로 정부에게 소유권이 있는 돈을 나눠주어야 한다.

그렇다면 어떤 돈이 정부에 속한 돈일까? 바로 정부의 재정수입이다.

앞서 왕얼의 이야기를 들으면 사람들은 왕얼이 참 어리석다고 생각한다. 곡식이 그렇게 많이 남으면, 그리고 외환보유액이 그렇게 많으면 자기 사람에게 나누어주지 왜 다른 나라 사람에게 줘서 낭비하는지 모르겠다는 것이다. 그래서 보유 외환을 나누어주자는 제안이 나오게 되었다. 외환보유액이 많으니 국민들에게 나누어주면 되지 않는가? 그러면 중국 국민이 돈이 많아 다 쓰지 못할 걱정을 안 해도 된다는 주장이다. 그런데 보유 외환을 나누어주지 못하는 진짜 이유는 그 돈이 정부의 것이 아니라 바로 국민의 것이기 때문이다. 민간의 자금을 다시 민간에 나누어주는 논리가 어떻게 성립할 수 있겠는가? '외환보유액을 나누어 가질 수 없는' 이유를 좀 더 정확히 설명하기 위해 중앙은행의 대차대조표를 전혀 이해하지 못하는 사람도 알 수 있는 방식을 사용해보겠다. 아무리 해도 여전히 만족스럽지 않지만 그래도 한번 이야기해보려고 한다. 이제 하나씩 시작하자.

제안 1

어떤 사람이 부를 국민에게 돌려주기 위해 중앙은행이 13조 위안元을 더 발행해 13억 국민 한 사람당 1만 위안씩 나누어주자고 제안했다. 이 제안이 좋은 생각으로 보이는가?

아마도 아닐 것이다. 만약 지폐만 발행해도 국민을 잘살게 한다면 (아프리카의) 짐바브웨도 이미 세계에서 가장 잘사는 나라가 되었을 것이다. 이전에 짐바브웨는 조兆 단위의 지폐를 발행한 지 얼마 되지 않아 모든 통화의 액면에서 '0'을 12개 삭제한다고 발표했다. 이 사례는 돈을 인쇄해 발행하는 방식으로는 국민이 부유해질 수 없으며 인플레이션만 유발할 뿐임을 잘 말해준다.

제안 2

어떤 사람은 돈을 인쇄해 발행할 수 없다면 중앙은행이 13조 위안을 더 발행해 국민에게 직접 나누어주지 말고 텔레비전처럼 상응한 가치를 지니는 상품을 시장에서 구입한 후 실물을 나누어주자고 제안했다. 그러면 국민의 수중에 떨어지는 것은 돈이 아니라 실물이고, 실제로 텔레비전 한 대가 더 많아지는 것이므로 '부를 국민에게 돌려주는' 것과 마찬가지 논리라는 것이다.

미안하지만 이 방법도 안 된다. 왜냐하면 인플레이션을 일으키기 때문이다. 국민에게 텔레비전 한 대가 늘어나는 것처럼 보이지만 국민이 소유하는 다른 위안화 표시 자산의 가치가 떨어져 실제로는 재산이 늘어나지 않을 수 있다. 좀 더 극단적으로 생각해보면, 중앙은행이 이렇게 할 수만 있다면 국민을 부자로 만드는 일은 너무나도 쉽다. 중국인민은행은 계속해서 돈을 찍어낸 다음 시장에서 물건을 사들여 모든 사람에게 자동차 한 대, 집 한 채씩을 나누어주고 매일 먹을 음식까지 배급한다. 그런데 이 모든 것은 공짜이며 필요한 것이 있으면 바로 제공된다. 이런 비용은 모두 정부가 돈을 찍어 지불한다. 이렇게 되면 하루아침에 공산주의 사회로 진입할 수 있지 않은가? 그렇지만 현실적으로 이러한 일은 절대로 일어날 수 없다. 만일 정부가 이와 같이 실행한다면, 정부가 인쇄한 돈으로는 아무것도 살 수 없게 되는 상황이 바로 발생한다. 13조 위안이 많은 금액이기는 하지만 인플레이션에 비하면 아무것도 아니다. 짐바브웨는 세계에서 가장 가난한 나라이지만, 얼마 전까지 지갑에 몇십 조씩 가지고 다니지 않은 사람이 어디 있었는가?

제안 3

앞서 말한 두 번째 제안과 매우 비슷하다. 누군가 중앙은행이 화폐를 발행해 금을 사서 사람들에게 나누어주자고 제안했다. 이번에는 진짜 금 이야기이다.

미안하지만 이 방법도 실현이 불가능하다. 왜냐하면 마찬가지로 인플레이션을 조장하기 때문이다. 제안 1과 제안 2가 왜 안 되는지 이해했다면 제안 2의 텔레비전을 금으로 바꾸었을 뿐이므로 제안 3이 불가능한 이유도 자연히 이해할 것이다(고급형 PDP 텔레비전 한 대가 금반지 한 개보다 더 비싸다). 일단 중앙은행이 돈을 찍어 금을 사면 금값이 폭등할 것이다.

만일 모두 제안 3이 말이 안 되는 것에 동의한다면 마지막 결론을 도출하기까지 이제 얼마 남지 않았다. 그렇다면 왜 금을 거론한 것일까? 금은 경화로서 진정한 의미의 비축 통화로 실제 사용되고 있기 때문이다. 금은 환금성이 뛰어나 언제든지 현금화할 수 있고 또 금으로 현물을 살 수도 있다. 사실 많은 국가의 외환보유액에서 금은 상당한 부분을 차지한다. 인민은행 역시 다량의 금을 보유하고 있지만 전체 외환보유액에서 금이 차지하는 비율이 낮은 것뿐이다.

제안 4

인민은행이 위안화를 발행한 다음 시장에서 달러를 사들여 그 달러를 국민에게 나누어준다.

이 제안 역시 실행 가능하지 않다. 만약 금을 매입하는 방식이 통하지 않는다는 점을 이해한다면 달러와 금은 모두 경화로 성질이 비슷하기 때문에 달러를 매입하는 방법 역시 왜 불가능한지 이해할 수 있다.

그런데 보유 외환을 나누어주면 국민이 더 잘살 수 있게 된다고 여기는 사람들이 바로 제안 4를 지지한다는 점에 주의해야 한다. 왜냐하면 인민은행이 보유한 달러는 99퍼센트가 위안화 지폐의 발행을 거친 후 매입한 것이기 때문이다. 인민은행은 스스로 달러를 발행할 수 없다. 인민은행이 보유한 달러는 모두 시장에서 위안화로 사들인 것이다. 그렇다면 인민은행의 위안화는 어디서 왔을까? 미안하지만 모두 인민은행에서 발행한 것이다. 물론 오늘날에는 실제 지폐로 발행할 필요는 없으며 전자계좌에 기록을 한 줄 남기면 그것으로 끝난다.

본질적으로 인민은행이 보유한 달러나 정부의 외환보유액은 정부가 소유한 것이 아니다. 여러분이 100만 위안을 빌려 집을 한 채 샀다고 해서 하룻밤 사이에 백만장자가 되지 않는 것과 같다. 왜냐하면 여러분은 부동산을 소유함과 동시에 엄청난 액수의 부채를 짊어졌기 때문이다. 인민은행 역시 마찬가지다. 중앙은행에서 발행한 위안화는 은행이 진 부채이고, 위안화를 달러 등 비축 외환으로 바꾸는 과정은 일종의 교역이다. 이 교역 자체는 정부에 별도의 수익을 가져다주지 않는다. 정부가 보유한 외환보유액 자체는 국민의 재산이기 때문이다.

　만약 정부가 정말 부를 국민에게 돌려주고 싶다면 실제로 정부에 소유권이 있는 돈을 나눠주어야 한다. 그렇다면 어떤 돈이 정부에 속한 돈일까? 바로 정부의 재정수입이다. 예를 들어 감세減稅처럼 정부가 재정수입을 줄일 때 진정한 의미에서 부를 국민에게 환원하게 된다. 어떤 통화로 국민들에게 돈을 나눠줄까에 대해서는 위안화도 좋고 달러도 좋으며 금도 상관없다. 관건은 국민에게 부를 돌려주는 것은 화폐를 찍어 나눠주는 것이 아니라 반드시 재정지출 방식으로 이루어져야 한다는 점이다.

　만약 아직도 잘 모르겠다면, 다음과 같이 생각해보자. 앞서 말한 네 가지 제안은 모두 공통점이 있는데, 바로 정부의 수중에는 사실 아무것도 없고 먼저 민간에서 물건을 산 다음 이 물건을 다시 국민에게 나눠주어야 한다는 사실이다. 이 과정이 얼마나 복잡하든 간에 우선 확보한 다음에 나중에 나누어야 한다. 따라서 국민의 재산을 거두어 국민에게 다시 돌려준다고 해서 국민의 순재산이 증가하지 않는다. 만약 정부가 민간의 재산을 계속 사들여 부의 총량을 늘릴 수 있다면, 이 세계에 영구

운동기관이 실제로 존재하는 셈이다. 전체 경제에서 정부가 소유한 부문을 줄이고 많은 부문을 민간으로 돌렸을 때 비로소 민간의 부와 소득이 실제로 증가하게 되는 것이다.

제2장

집값! 집값! 집값!

중국에서 집값은 마치 전 국민 체육활동처럼 참여도가 갈수록 높아질 뿐만 아니라 대중적인 화제가 되고 있다. 그리고 많은 사람이 자신만의 분명한 생각을 갖고 있다. 사람들이 집값 문제를 고민하자 주택 문제의 초점도 자연히 집값에 집중되었다. 부동산 정책을 토론할 때도 화제가 집값에 집중되자 나는 점차 어느 정도 오도된 점이 있음을 알게 되었다. 근원적으로 생각해보면 집값 문제는 단지 가격만의 문제가 아니라 공급과 분배의 문제다. 두보杜甫의 말이 맞다. "어찌 하면 넓은 집 천만 칸을 마련하여 이 세상 가난한 선비들 다 감싸 모두 기쁜 얼굴들 하게 할까 安得廣廈千萬間, 大庇天下寒士俱歡顔."

급속한 도시화 바람을 타고 대량의 인구가 대도시로 빠르게 유입되었다. 도시 거주자들은 주거 조건을 개선하기를 바라므로 예나 지금이나 '넓은 집 천만 칸'을 마련해야 할 필요는 늘 있었다. 그렇다면 '넓은 집 천만 칸'은 어디서 생겨날까? 이는 집값을 억제해 얻어지는 것이 아니라 오히려 토지의 공급을 늘려 궁극적으로 주택 공급이 늘어났을 때 가능하다.

집을 다 지으면 비교적 합리적인 방식으로 분배해야 한다. 그래야만 대다수가 살 집을 확보할 수 있다. 그러면 어떻게 해야 그런대로 합리적인 분배가 가능할까? 순전히 시장의 힘에 따라 분배가 이루어지면, 다시 말해 돈이 더 많은 사람이 집을 살 수 있는 방식으로 분배가 이루어지면 많은 문제가 나타난다. 특히 소득의 격차가 큰 상황에서는 더욱 그렇다. 그러나 단순히 집값만 억제해서는 분배의 문제가 합리적으로 해결될 수 없다. 주택의 공급과 분배 문제를 소홀히 한 채 집값 자체에만 지나치게 주목한다면 문제의 핵심을 놓치기 쉽다. 사실 서민이 가격에 관심을 두는 것을 탓할 필요는 없다. 그러나 정책 당국마저 가격에만 관심을 쏟는다면 문제를 진정으로 해결하는 것이 아니다.

이번 장에서는 좀 더 중요한 주제를 둘러싸고 단순히 가격 문제로만 다루었을 때 나타나는 문제를 지적하고, 이어 다른 관점에서 집값을 바라보았다. '몇 년을 일해야 집을 살 수 있을까?'에서는 경제가 고속 성장하고 소득 분배가 불균형한 상황에서 중국의 집값이 비록 왜곡된 면이 없지 않지만 실제의 수요공급 관계를 반영했음을 서술했다. 즉 거품 생성을 억제한다는 말 자체가 성립되지 않는다는 것을 지적했다. 한편 거품이 없다고 하더라도 주택의 분배 문제는 사라지지 않으며 그 배후에 소득 분배의 불균형이라는 더욱 심층적인 원인이 숨어 있다.

'집값 문제는 일석이조의 해결책이 없다'에서는 집값을 억제해야 하는 갖가지 이유가 때로 겉으로는 맞는 것 같지만 사실은 그렇지 않다는 점을 서술했다. 집값은 분배의 문제로 결국 정치적인 문제다. 문제의 본질에 깊이 들어가는 것은 문제를 해결하는 데 무엇보다 중요하다.

'**집값의 상승 여부는 비교 방법에 따라 다르다**'에서는 먼저 집값의 상승 폭을 어떻게 계산하는가 하는 기술적인 문제를 다뤘다. 도시화가 빠르게 진행되고 신규 주택 위주로 부동산 거래가 활발히 이루어지기 때문에 중국에서 집값 상승 폭의 개념을 정의하는 것이 어렵다는 점을 특별히 강조했다. 어느 한 가지 지표에 지나치게 관심을 기울여서는 안 된다는 것이다. 그러나 여기서는 사람들이 가격에 관심을 두기 때문에 가격에 관심을 갖지 말라는 것이 아니다. 더 중요한 것은 대다수 사람이 자기 집을 갖고 있는지의 여부이다.

'**국토부의 이론**'에서는 토지의 공급이 주택 공급의 병목 현상을 해결하는 것이 아니라는 국토부의 주장을 반박했다. 국토부의 변명을 들으면 국토부 측 입장을 변호한다기보다 어딘가에는 중국에서 토지 공급의 문제점이 있다는 것을 알 수 있다.

'**왜 집을 임대하지 않을까?**'와 '**왜 집을 사지 않을까?**'는 자매편으로, 셋집을 구하거나 집을 사라고 부추기는 내용이 아니다. 오히려 많은 중국인

경제, 디테일하게 사유하기

이 첫 번째 질문에는 '셋집이 싫다'라고 대답하지만, 두 번째 질문에는 '집은 사야 한다'고 대답하는 이유를 분석했다. 만약 집값이 실제로 지나치게 올랐다면 반대로 대답해야 맞다. 이 두 편의 글에서는 내가 개인적으로 생각하는 답을 적었다. 그러나 제시한 문제가 내놓은 대답보다 훨씬 더 중요하다.

1

몇 년을 일해야
집을 살 수 있을까?

•

집값 상승의 여부를 판단할 때 관건은 전체 국민소득이 아니라
주택 구매자의 소득에 달려 있다는 사실이다.

2009년 가을, 중국의 부동산 가격이 2008~2009년의 침체기를 거친 후 본격적으로 오르기 시작했다. 어느 날 나와 구주는 학계에서 명성이 높은 중국인 경제학자 부부와 점심을 같이 했다. 식사하는 동안 우리는 다양한 주제로 대화를 나눴는데 직업적 특성상 우리가 가장 관심을 둔 화제는 역시 중국 경제였다. 이때 나는 마치 시험을 보는 것처럼, 중국의 부동산 시장에 거품이 없다고 어떻게 증명할 수 있는지에 대한 질문을 받은 기억이 아직도 생생하다.

이 문제는 가정하여 묻는 것이지 경제학자 부부가 중국의 부동산 시장에 거품이 없다고 말하는 것은 아니었다. 거품이 실제로 있는가의 여부를 놓고 한창 논란이 일고 있었기 때문에 좋은 질문이었다. 그린스펀 Alan Greenspan 전前 미국 연방준비제도이사회FRB 의장은 일찍이 "거품이

붕괴되었을 때 비로소 거품이 있었다는 것을 깨닫게 된다"고 말한 적도 있다. 따라서 중국의 집값에 거품이 끼어 있는지의 여부를 논의할 때, 있다 혹은 없다고 가정하고 시작하는 것이 아니라 정반_{正反} 양면에서의 논거를 모두 내세운 다음 이 논거가 합리적인지 판단해야 한다. 사실 이날 만난 네 명은 모두 중국의 집값에 거품이 있음을 논증하는 것이 상대적으로 수월하다고 생각했다. 그런데 이렇게 주장하는 사람은 도처에 널렸다. 주택가격비율 PIR Price to Income Ratio, 가계의 연간소득 대비 집값의 배수[집값÷연간소득]로 각국의 집값을 비교해볼 수 있는 지수로 활용된다 이나 주택의 매매임대비율과 같이 상용되는 지표만 보더라도 바로 알 수 있다. 중국의 일부 도시의 지표를 보면 관련 수치가 모두 상당히 높아 사람들이 깜짝 놀랄 정도다. 사실 교수 부부는 지나치게 높은 지표들을 거품 이외에 다른 방식으로 설명할 수 있는지 알고 싶었던 것이다. 부동산 가격을 심각하게 고민해온 사람이 다른 가능성을 쉽게 배제할 수 없는 것은 일종의 책임감에서 비롯된 것이다.

당시에 나는 다른 해석이 가능하다고 대답했다. 내가 보기에 중국의 특성상 많은 지표가 이론적으로는 다른 나라보다 높지만 여전히 거품이 끼어 있지 않다. 만약 그래도 구체적인 수치를 제시하라면 중국의 지표를 4로 나눈 값을 다른 나라와 비교해야 합리적이라고 생각한다. 4로 나누어도 여전히 높으면 거품이 있는 것이고, 그렇지 않다면 거품은 없다. 주택가격비율을 예로 든다면, 다른 나라에서는 10년 치 월급이면 집을 살 수 있지만 중국에서는 40년 치 월급이 필요하다. 그럼에도 중국에는 거품이 존재하지 않는다.

교수 부부가 내 생각을 듣고 더 자세히 설명해달라고 요청했다.

그래서 다음과 같이 말했다. 사실 단순한 생각이며 아직 자세히 고민하거나 계산해본 적이 없기 때문에 '4'라는 구체적인 숫자가 완전히 틀릴 수도 있다. 그래도 이야기를 이어나가본다면, 우선 중국의 경제성장률은 적어도 다른 나라의 2배 이상이다. 따라서 다른 조건이 같다면 중국의 주택 가격 지표는 다른 나라의 2배가 되어야 한다. 둘째, 실제로 집을 사는 사람들의 평균 소득은 국민 전체의 평균 소득보다 높아야 한다. 만약 주택 구매자의 소득이 전체 평균 소득의 2배라면 집값이 같을 때 국민 전체의 평균 소득으로 계산한 주택가격비율이 실제 구매자의 평균 소득으로 계산한 주택가격비율보다 2배 높아야 한다. 따라서 위 두 가지 효과를 합친다면 중국의 주택가격비율은 4로 나누어야 다른 국가의 지표와 직접 비교가 가능하다는 것이다.

교수 부부는 내 생각을 쉽게 이해했다. 그렇지만 그들이 내가 한 분석에 동의했는지는 모르겠다. 왜냐하면 이 문제는 전적으로 개인의 판단에 달린 것이기 때문이다. 어쨌든 상대가 낸 질문에 내가 대답을 한 것으로 우리는 모두 그릇을 비우며 나눈 한담에 너무 진지하게 반응하지는 않았다. 그럼 이어 앞서 언급한 두 가지 효과에 대해 좀 더 구체적으로 이야기를 해보자.

왜 경제성장률이 높으면 중국의 주택가격비율이 높아야 할까? 다음의 예가 가장 직관적으로 이해를 도울 수 있겠다. 여기에 완전히 똑같은 두 나라가 있다고 가정해보자. 집값이나 1인당 소득을 포함해 모든 것이 똑같은 이 두 나라에서 집값도 모두 50만 위안이고 1인당 소득은 매년 5만 위안이다. 유일하게 다른 점은 1인당 소득의 증가 속도인데, 한 나라는 매년 10퍼센트씩 증가하지만 다른 나라는 증가하지 않는다. 당연히 두 나라의 현재 주택가격비율은 모두 10으로 집 한 채 가격이 한 사람의 10년 소득과 맞먹는다. 그러나 문제는 두 나라의 소득 증가 속도가 서로 달라도 주택가격비율이 같을 수 있는가이다. 사실 그럴 수는 없다. 왜냐하면 몇 년 전에, 예를 들어 7년 전에 소득이 증가하지 않은 나라의 1인당 소득은 여전히 5만 위안이었다. 그러나 소득이 매년 10퍼센트씩 증가한 나라의 1인당 소득은 2배로 늘어 1년에 10만 위안이 되었다. 만약 주택가격비율이 여전히 10이라면, 소득이 늘지 않은 국가의 집값은 아직도 50만 위안이지만 소득이 늘어난 국가는 100만 위안으로 뛰었다. 그러나 한 국가에서 집값이 7년 뒤 100만 위안이 되었다면 이때 50만 위안의 집은 너무나 싸서 남아 있는 것이 이상하다. 다시 말해 현재의 집값은 50만 위안이 될 수 없고 당연히 더 비싸야 한다. 말로 정확하게 표현하기란 참 어렵다. 그러나 여기에는 수학적 증명이 가능한 논리가 숨어 있다. 금리가 그다지 높지 않다면 소득이 빠르게 증가하는 국가의 주택가격비율은 더 높아야 정상이다. 여기서 관건은 주택가격비율은 단순히 소득을 반영하지만, 소득 자체가 변화한다는 데 있다. 집값에 대해서는 현재의 소득뿐만 아니라 미래의 소득 역시 중요하다. 미래의 소득이 더 많다면 분명 현재의 주택가격비율은 높아질 것이다.

중국에서 주택 구매자의 평균 소득은 국민의 평균 소득보다 높을 것이다. 이 역시 예상에 불과하지만 상식에서 벗어난 예상은 아니다. 그리고 집을 살 때 최초에 지불하거나 매달 상환금을 지불할 능력이 있는 사람은 부모나 친척 혹은 친구에게 돈을 빌릴 수는 있어도 단순 노동으로 돈을 버는 사람은 아닐 것이다. 이들은 대부분 소득이 안정적이거나 상환 능력이 있는 사람이다. 물론 인터넷에 떠도는 글을 보면 한 달에 1만 위안의 월급도 부족하다는 사람들이 있기는 하다. 1인당 GDP가 3만 위안인 중국에서 월수입이 1만 위안은 고사하고 3000위안도 평균치를 웃돈다. 사실 중국에서 '팡누'房奴, 은행 대출로 집을 장만한 사람, 집의 노예라는 중국의 신조어는 생활이 힘들다. 그러나 소득만 보면 저소득층이 아니다. 따라서 집값 상승의 여부를 판단할 때 관건은 전체 국민소득이 아니라 주택 구매자의 소득에 달려 있다는 사실이다. 집을 산 사람들이 돈이 많을수록 서민들에게는 집값이 너무 비싸져 집을 산다는 것이 그림의 떡이 된다.

마지막으로, 앞서 말한 내용이 집값이 비싼 것이 좋은 현상이라고 말하려는 건 아니다. 오히려 그 반대로, 위의 분석은 냉정한 현실을 지적하고 있다. 한 국가에서 경제가 고속 성장하면 소득이 느리게 증가하는 사람들에게는 매우 잔인한 현실이 된다. 투기 현상이 없다고 하더라도 고소득층이나 소득의 증가세가 빠른 사람들 때문에 집값이 빠르게 상승한다. 집값은 상승하지만 전체 국민 중 상당수는 소득이 따라가지 못해 주택의 분배에서 엄청난 격차가 발생한다. 즉 누구는 집을 몇 채씩 소유하지만 많은 사람이 '화장실 하나' 사기도 힘든 상황에 부딪힌다. 이러한 관점에서 볼 때, 주택 시장이 전적으로 시장의 힘으로 움직이게 된다면 엄청난 분배의 불균형 문제가 발생할 것이다. 따라서 중국의 부동산 시장에 거품이 없고 자체로 가격 상승이 이루어지는 것은 중국 경제의 빠른 성장에 걸맞은 일이다. 그렇지만 분배의 관점에서 볼 때 중국의 집값이 합리적이라는 이야기는 아니다. 특히 주택이 생활의 기본이 되는 필수품이라는 전제에서 보면 더욱 그렇다.

결론적으로 부동산 가격에 거품이 있는가 없는가도 중요하지만, 그것이 가장 관건이 되는 문제는 아니다. 그보다는 고공 행진을 계속하는 집값에 거품이 있든 없든 이것을 반영하고 또 여기서 비롯된 소득과 주택 분배의 불균형 문제가 더욱 중요하다.

2

집값 문제는
일석이조의 해결책이 없다

•

부동산 가격은 중국 사회의 안정과 직결되어 있다. 이 말은 어떻게 해도 쉽게 넘어갈 수 없다.

왜냐하면 집값은 거의 모든 가구의 삶에 영향을 미치기 때문이다.

즉 정치적인 문제로, 여기에서 안정이란 정치적 안정을 말한다.

2010년 1월, 베이징으로 출장을 갔을 때의 일이다. 하루는 왕푸징王府
井 둥팡광창東方廣場에 있는 빌딩에서 나와 택시를 타고 금융가로 가고 있
었다. 창안제長安街를 끼고 동쪽에서 서쪽으로 달리는데 길이 그다지 막
히지 않았다. 차 안에서 나는 기사와 이야기를 나누었다. 베이징의 택시
기사는 모르는 것이 없고 말을 잘하기로 유명한데 들어보면 참 재미있
다. 이날 나는 택시기사들의 노후 대비, 의료, 자녀교육과 같은 후생 복
지에 대해 알고 싶어 일부러 이 부분을 물었다. 알려진 대로 중국의 수
도인 베이징은 지방정부 가운데서 재정 상황이 좋은 편에 속하며 전국
에서 사회보장제도가 가장 잘 갖춰진 지역이다. 나는 이 정도의 사회보
장제도가 평범한 택시기사들에게 어떤 의미가 있는지, 또 든든함을 안
겨주는지 궁금했다. 개혁개방 정책으로 중국의 경제는 활력이 넘치지만

사람들이 느끼는 안정감은 오히려 줄어들었다. 그런데 이 안정감은 삶의 질을 좌우하는 중요한 부분이다. 만약 사회보장제도를 잘 구축해 서민들이 다시 안정감을 느낄 수 있다면, 소득이 늘어나는 것과 마찬가지로 복지 증대의 효과가 있다.

이야기가 무르익자 기사는 나에게 자신이 얼마나 행복한지 들려주기 시작했다. 자신은 택시를 운전하고 아내는 직장에 다니며 딸아이도 돈을 벌어 세 식구가 한 달에 버는 돈이 1만 위안 정도라고 했다. 이 정도면 생활을 유지하는 데 충분하다며 기세등등하자 내가 맞장구를 쳤다. "다행이네요. 딸 하나만 있어서 집을 살 필요가 없으니 말입니다. 아니면 1만 위안의 수입으로는 모자랐을 텐데요." 내 말을 들은 기사는 지난날의 '굴욕'과 지금의 '행운'이 교차하는 듯 큰 소리로 웃었다. "예전에 친구들이 모두 날 비웃으며 '고추(아들)'가 없으면 아무 소용이 없다고 했죠. 그런데 지금 그 친구들은 안 먹고 안 입어도 집을 살 수가 없어 눈앞이 캄캄하답니다."

택시기사가 한 말은 분명히 사실을 반영한 것이다. 부동산 가격은 중국 사회의 안정과 직결되어 있다. 이 말은 어떻게 해도 쉽게 넘어갈 수 없다. 왜냐하면 집값은 거의 모든 가구의 삶에 영향을 미치기 때문이다. 즉 정치적인 문제로, 여기에서 안정이란 정치적 안정을 말한다.

부동산 가격은 당연히 금융의 안정과도 관계가 있다. 2008년에 전 세계에 몰아닥친 금융위기는 미국의 주택 시장이 붕괴한 데서 비롯됐다. 만약 집값이 안정된다면 중국은 부동산 거품이 붕괴함에 따라 발생한 미국형 혹은 일본형 위기를 피해갈 수 있을 것이다. 이는 경제의 문제로 여기서의 안정은 경제적 안정을 말한다.

많은 사람에게 정치적 안정과 경제적 안정이 가리키는 방향은 같다. 즉 집값이 지나치게 상승하는 것을 억제하거나 심지어 집값을 하락시키는 것이다. 말하자면 집값을 억제하는 것이 일석이조의 방법이 된다. 그러나 내 생각에 반드시 그런 것은 아니며 집값을 억제해야 하는 가장 중요한 이유는 바로 정치적 안정을 유지하기 위해서이다. 경제적 안정에 초점을 맞추면 중국은 일본이나 미국과 사정이 다르기 때문에 중국에서 부동산 파동이 일어나더라도 미국과 같은 금융위기나 일본이 거품이 붕괴하여 20년의 경제성장을 단숨에 허물어뜨리는 결과로 나타날 가능성은 크지 않다.

부동산 파동이 중국 경제에 치명적인 타격을 줄 수 없는 이유는 중국의 금융시스템이 대체로 단순하고 중국 국민이 지닌 전통적인 미덕 때문이다. 왜냐하면 중국은 금융시스템이 복잡하지 않아 부동산 투자는 주로 기업이 채권을 발행하거나 은행 대출로 이루어진다. 중국의 시중은행 전체 대출 내역을 자세히 들여다보면 다음과 같은 사실을 알 수 있다. 2009년의 통계에 따르면 부동산 관련 대출이 전체 대출에서 차지하는 비율은 약 18퍼센트이다. 이 중 2조 5000억 위안(전체 대출의 약 6퍼센트)은 부동산 개발자의 대출액이고, 4조 8000억 위안(전체 대출의 약 12퍼센트)은 주택담보대출이다. 어쨌든 4조 8000억 위안의 주택담보대출은 (은행 입장에서) 안전한 자산이라고 할 수 있다.

일반적으로 중국에서 서민이 집을 살 때 많은 가구가 집값의 40~50퍼센트, 심지어 더 많은 돈을 한꺼번에 현금으로 지불한다. 그리고 30퍼센트가 자기 부담의 하한선이며 나머지만 은행에서 빌린다. 평균을 내보면 중국의 서민이 집을 장만할 때 집값으로 처음 지불하는 금액은 전체 집값의 50퍼센트 수준이다. 한 가구가 30퍼센트, 40퍼센트 심지어 50퍼센트를 초회 불입금으로 지불했다면 정말 어쩔 수 없는 경우를 제외하면 중도금 지불을 하지 못해 은행이 집을 압류하는 일은 발생하지 않을 것이다. 초회 불입금이 평균 50퍼센트라는 말은 집값이 50퍼센트 하락하더라도 많은 가구가 여전히 부채를 상환할 능력이 있으며, 최악의 경우라도 은행의 대출금과 집값이 같아질 뿐이다. 이는 미국과 상황이 전혀 다르다. 미국의 서브프라임모기지론_{subprime mortgage loan, 비우량 주택} _{담보대출}은 일반적으로 초기 불입금이 없고 처음 몇 년간은 매월 불입금도 많지 않다. 이 대출을 이용한 사람은 상환이 힘들어지거나 집값이 하락하면 손을 털고 집 열쇠를 은행에 내주는 편이 더 낫다.

중국과 미국의 차이는 주로 중국인들의 전통적인 미덕에서 비롯된다고 할 수 있다. 중국인은 수입에 맞추어 지출하고 돈을 잘 빌리지 않는다. 그 결과 요즘 유행하는 말로 레버리지가 낮다. 사실 레버리지가 낮은 국가의 금융시스템이 자산 가격이 변동할 때 더욱 유연하게 대처하는 것으로 판명이 났다. 부동산 개발자에게 빌려준 2조 5000억 위안의 대출액은 리스크가 크지만 중국의 은행시스템 전체 규모와 비교하면 크게 놀랄 만한 액수는 아니다. 만에 하나 모든 대출액이 부실채권이 되어 1위안도 회수되지 않더라도 중국의 주요 은행이 쓰러질 정도는 아니다. 현재 중국의 주요 은행은 자기자본비율_{국제결제은행BIS Bank for International} _{Settlement이 정한 은행의 위험자산[부실채권] 대비 자기자본 비율로 최소 8퍼센트 이상의 자기자본을 유지하} _{도록 했다}이 모두 10퍼센트를 넘는다. 2조 5000억 위안이 모두 손실로 바뀔 경우 자기자본비율은 5퍼센트로 낮아지게 된다. 그러면 은행들은 다시 자기자본비율을 높여야 하지만 전체 은행시스템이 위협을 받을 정도는 아니다.

결론적으로 중국은 대출의 레버리지가 낮고 금융 수단이 복잡하지 않기 때문에 리스크가 한두 기관에 집중되어 있다. 따라서 부동산 가격 파동이 중국의 금융시스템에 가져올 충격은 상대적으로 적다. 주식시장도 어느 정도 이와 비슷하다. 중국의 주식시장은 2007년부터 곤두박질치기 시작해 6000포인트를 넘어서던 것이 2009년 초에 1800포인트 이하로 급격히 떨어졌다. 주식시장의 시가 총액이 절반 이상 감소했고 많은 사람이 큰 손해를 입었다. 그러나 중국의 금융시스템은 그다지 충격을 받지 않았다. 따라서 부동산 가격이 20~30퍼센트, 심지어 40퍼센트까지 하락하더라도 중국의 금융시스템에 미치는 영향은 주식시장의 경우와 비슷할 것으로 보인다.

집값 문제가 정치적 문제인가 경제적 문제인가를 분명히 정하는 것도 매우 중요하다. 왜냐하면 집값 문제를 둘러싼 논의가 겉으로 보기에는 대부분 경제 문제를 분석하는 것 같으나, 사실은 정치적인 문제를 건드리기 때문이다. 이럴 경우 이도저도 아닌 결론이 나오기 쉽다. 즉 경제 원리에는 부합하지만 실제 문제를 해결하지 못하거나, 문제를 해결하는 데는 도움이 되지만 시장 원리에 부합하지 않을 수 있다. 집값이 정치적인 문제임을 인정하고 정치적인 문제는 반드시 정치적인 방법으로 해결해야 한다는 점을 인정한다면 일이 더 간단명료해질 것이다.

3

집값의 상승 여부는
비교 방법에 따라 다르다

•

거래량이 적은 시장에서 발생한 가격의 변동은
거래량이 많은 시장에서 발생한 가격의 변동보다 중요도가 훨씬 낮다.

사람들이 자주 열띤 토론을 벌이는 화제 가운데 하나는 중국의 국가
통계국이 공시한 집값과 많은 사람이 일상에서 느끼는 집값이 크게 차
이가 난다는 것이다. 즉 집값의 상승 속도가 통계국이 발표한 데이터를
훨씬 웃도는 것 같다는 말이다. 또한 집값과 관련이 있는 국가통계국의
데이터와 민간에서 축적한 데이터, 예를 들면 서우팡왕搜房網, 중국의 부동산 정
보 사이트과 일부 대형 부동산 중개회사의 데이터가 맞지 않는다. 다시 말
해 민간에서 말하는 집값의 상승 속도가 종종 국가통계국이 발표한 수
치보다 훨씬 빠르다는 것이다. 따라서 많은 사람이 국가통계국이 데이
터를 조작해 집값을 '안정시킨다'고 생각한다.

성급하게 결론부터 내리지 말고 우선 국가통계국이 공시한 데이터가
사실이며 통계를 내는 방식이 다르다고 가정하자. 사실 이런 경우가 적

지 않다. 비교적 널리 알려진 예로 급여 소득과 관련된 데이터가 있다. 국가통계국에 따르면 중국인의 평균임금은 해마다 빠르게 상승하고 있으나 실제로 많은 사람은 그렇지 않다고 생각한다. 심지어 '의도적으로 상승시키고 있다'는 말까지 있다. 그런데 국가통계국이 제공한 통계는 일부 취업자의 급여는 포함하지만 전체 노동자를 조사한 것이 아니다. 이렇게 되면 국가통계국이 사용한 표본이 전체 임금의 변화를 정확하게 반영하지 못하는 상황이 된다.

또 다른 유명한 예로 베이징의 대기오염 통계 수치가 있다. 환경보호국에서 발표하는 베이징 시의 오염 데이터는 교외를 포함하여 몇십 개 관측 지점에서 24시간 동안 측정한 결과의 평균치이다. 그러나 주중 미국 대사관에 설치된 관측기구로는 대사관 일대의 대기오염 정도를 측정한다. 그 결과 중국의 공식 데이터에서 베이징은 때로 '푸른 하늘'인 반면 미국 대사관 측이 측정한 데이터에서 베이징 시 차오양취朝陽區는 오염 수준이 심각하다. 그렇지만 어느 쪽에서도 데이터를 조작하고 있다고 말할 수 없기 때문에 어떤 데이터가 실제 상황을 더 정확히 반영하는가를 이야기할 수밖에 없다. 그런데 집값은 위의 두 가지 예보다 훨씬 더 복잡하다. 따라서 집값 문제를 논의할 때 통계국의 데이터가 거짓이라고 말하면 더 이상의 토론의 여지가 없다.

왜 더 복잡할까? 중국처럼 도시화가 빠르고 신규 주택 위주로 부동산 거래가 이루어지는 국가에서 부동산 가격을 평가할 때 부딪히는 문제를 한 가지 예를 들어 설명하려고 한다.

여기 '베이징'이라는 도시가 있다고 가정해보자. 또 베이징 시에는 '창안제'라는, 동에서 서로 달리는 큰 도로가 하나밖에 없다고 가정하

자. 창안제는 이 도시를 성북城北과 성남城南 둘로 나눈다. 2009년에 성북의 집값은 1제곱미터당 2만 위안이고 성남은 1만 위안이라고 간단히 가정한다. 2010년에 성북과 성남의 집값이 각각 4만 위안과 2만 위안으로 올랐다. 그렇다면 2010년에 베이징의 집값은 2009년 대비 얼마나 상승했을까?

이같이 묻는다면 참 바보 같은 질문이라고 할지 모르겠다. 집값이 100퍼센트 상승했다는 것은 논쟁의 여지가 없는 사실일 것이다.

하지만 생각과 달리 그렇게 간단하지 않다. 2009년에 베이징 전역에서 거래된 건물은 모두 성북에 있고, 2010년에는 반대로 모두 성남에 있다고 가정해보자. 만약 신축 건물의 거래 자료만 보면 베이징은 2009년과 2010년의 거래 가격이 모두 2만 위안으로 변화가 없어 똑같다고 생각할 수 있다. 따라서 거래 데이터에만 의존하면 2010년에 부동산 가격이 2009년 대비 상승하지 않았다는 결론이 나올 수 있다. 그러면 통찰력이 있는 사람이라면 즉시 다음과 같이 반박할 것이다. 이는 숫자놀음에 불과한 것으로 중국의 지리吉利 자동차와 BMW를 비교한 것이나 마찬가지라는 것이다. 만약 올해의 지리 자동차의 판매 가격과 작년의 BMW의 판매 가격을 비교한다면 신차의 가격은 오르지 않았고 오히려 하락했음을 알 수 있다.

그러나 다른 관점에서 신축 건물의 거래 가격을 반드시 확인해야 할지 모른다. 왜 그럴까? 베이징의 허우하이后海 주변에 재건축된 쓰허위안四合院, 중국 베이징의 전통적인 'ㅁ'자 형태의 주택 가격이 지난 몇 년간 몇십 배나 뛰어올랐다. 그러나 집을 장만하려는 대다수 사람들에게 쓰허위안의 가격은 그다지 중요하지 않다. 20위안 하던 영화표 한 장 값이 이제는 100위안으로 올랐지만 해적판 DVD를 사서 집에서 텔레비전으로 영화를 보는 사람들에게 대부분 큰 영향을 주지 않는 것과 같은 이치이다. 보통의 가방을 메고 출근하는 여성들 대부분에게 루이비통 가방의 가격이 2배나 올랐다는 사실은 별로 중요하지 않다. 많은 물건의 값이 오르고 있지만 서민 다수의 삶에 크게 영향을 주지 않는다. 더욱 넓은 의미에서 말하면 거래량이 적은 시장에서 발생한 가격의 변동은 거래량이 많은 시장에서 발생한 가격의 변동보다 중요도가 훨씬 낮다.

최근 몇 년 동안 중국에서 중고 주택 시장이 빠르게 성장했다. 특히 2009년에는 세수 혜택으로 거래가 눈에 띄게 활발했다. 그렇지만 중국의 부동산 시장 전체로 볼 때 신규 주택이 여전히 시장을 주도하여 신규 주택 시장에서 거래가 대량 이루어졌다. 따라서 신규 주택 시장의 거래 가격이 주택 구매 비용을 가늠하는 데 상대적으로 더 효과적인 지표가 된다. 만약 신규 주택의 시장가격이 비교적 안정되어 가파른 상승세를 보이지 않는다면, 대다수 사람이 주택을 구매할 때 필요한 비용이 급격하게 늘지 않았음을 의미한다. 앞서 말한 예로 돌아가면, 2009년에 150만 위안으로 베이징에서 75제곱미터의 집을 살 수 있었고 2010년에도 150만 위안으로 역시 75제곱미터의 집을 살 수 있다. 틀림없는 사실이다. 다만 두 집이 있는 지역이 다를 뿐으로, 비유하면 집에서 해적판으로「아바타」를 보는 것과 마찬가지다. 물론 진짜 아이맥스 영화관에서 3D로 영화를 보는 것과 비교할 수는 없겠지만 10위안짜리 해적판으로도 만족하는 기본적인 수요를 충족시킬 수 있다. 맞는 말이다. 누구는 BMW를 몰고 누구는 지리 자동차를 몰 수밖에 없지만 어쨌든 이 덕분에 걷지 않고 차를 탈 수 있다.

더군다나 중국에서 도시화가 빠르게 진행되면서 지역의 위치가 더 이상 절대적인 가치를 대표하지 않게 되었다. 성남은 현재는 위치가 좋지 않은 것 같으나 몇 년 뒤에도 여전히 나쁠 거라고 단정할 수 없다. 15년 전에는 베이징의 싼환 三環, 베이징의 순환도로인 류환六環의 하나을 벗어나면 거리가 황량하고 아예 쓰환 四環도 없었지만 지금은 쓰환을 벗어나야 논밭을 볼 수 있다. 베이징대학교 서문 西門에서 멀리 바라보면 중간에 높은 건물이 시야를 가리지 않아 시산 西山이 한눈에 들어온다. 그 당시 지금의 쓰환 주변에 살면 교외에 거주한다고 여겼다. 그러나 지금 쓰환 주변에 집을 사면 많은 사람이 시내 중심가에 거주한다고 크게 기뻐할 것이다. 과거의 퉁현 通縣, 즉 지금의 퉁저우취 通州區에 지하철이 뚫리면서 많은 사람이 거주한다. 성북의 후이룽관샤오취 回龍觀小區와 이쫭 亦莊도 개발이 시작될 당시에는 한참 멀게만 느껴졌지만 지금은 많은 사람이 기꺼이 이곳에서 산다. 교통수단이 발달하면서 거리 문제는 많이 해결되었다. 더군다나 도시가 팽창하면서 도시의 생활 중심지도 많아졌다. 과거 베이징에서 물건을 사려면 시단 西單이나 왕푸징에 갔다. 그러나 지금은 외지 사람들이나 이곳을 찾는다.

앞서 말한 예는 집값이 2배로 오른 분명한 경우로 부인할 수 없는 사실이다. 그래도 새집을 구입할 때 드는 비용을 보면 집값은 오르지 않았다. 만약 집값을 통계 낼 때 실제 거래 내역만 근거로 삼는다면 집값은 오르지 않았다는 결론이 나올 것이다. 그러나 현실 상황은 이보다 훨씬 복잡하다. 예를 들어 중국에서 상품주택 商品房, 자유롭게 거래가 이루어지는 주택 가격은 폭등했지만 동시에 정부에서 가격을 제한하는 주택을 대량으로 공급했다고 하자. 그렇다면 집값은 어떻게 산출하는가? 상품주택만 보면 가격은 폭등했다. 그러나 정부가 가격을 제한해 공급하는 주택만 보면 가격은 상승하지 않았다. 이제 어떻게 평균을 낼 수 있을까? 거래량에 따라 평균을 낼까? 아니면 보유량에 따라 평균을 계산할까? 두 가지 방법이 모두 간단하지 않다. 해외에서 널리 사용하는 집값 산출 방법이 있지만 이들 국가의 부동산 시장은 대개 성숙 시장_{mature market}이다. 또 시장 상황도 중국과 완전히 다르다. 외국의 도시는 중국처럼 도시화가 빠르게 진행되지도 않았고 신규 주택 시장이 중국만큼 크지도 않다. 따라서 외국의 방법을 그대로 적용할 수는 없다.

거래 데이터를 보고 '집값이 오르지 않았다'고 결론을 낸다고 해서 아무런 의미가 없다고 말할 수도 없다. 왜냐하면 집을 필수재나 사치재로 구분하거나 또는 소비재나 투자재 중 무엇으로 보는가에 따라 의미가 달라지고, 아울러 집값에 관심을 두는 최종 목적이 무엇인가에 따라서도 달라지기 때문이다. 만약 집이 필수재이자 소비재라고 생각하고 서민이 집을 살 수 있는지 알고 싶어 집값에 관심을 둔다면 신규 주택의 가격이 안정되고 상승 폭도 적당해야 서민의 주택 수요를 충족시킬 수 있다. 고급 주택가나 호화 아파트, 그 밖에 노른자위 땅에 들어선 집값이 어느 정도 올랐는지와 일반 서민이 가장 관심을 갖는 것 사이에는 아마도 필연적인 관계는 없을 것이다. 다시 말해 일반 서민은 살 수 없을 뿐만 아니라 사려는 사람도 없기 때문이다.

앞의 이야기에서 전체 부동산 지수만 단순히 발표할 경우 너무나 많은 중요한 정보가 가려질 수 있음을 분명히 알았다. 만약 국가통계국이 정말로 정확한 부동산 가격 정보를 투명하게 공개하고 싶다면, 더 많은 데이터를 더 자세하게 공표하여 여러 전문가와 국민이 연구하고 논의할 수 있도록 해야 한다. 이 과정에서 공감대가 형성되거나 이견이 계속해서 생길 수도 있다. 그렇지만 문제점이 무엇인지 지금보다 더 명확하게 드러날 것이며 더욱 실질적으로 대처할 만한 정책을 마련할 수 있을 것이다.

국토부의 이론

•

중국은 땅이 좁고 인구가 많은 나라라고 해야 옳다.
그러나 중국의 지가가 집값에서 차지하는 비율이 이처럼 낮은 이유를 대라면
어쩔 수 없이 중국의 토지 불하(매각) 제도에 큰 문제가 있다고 말할 수밖에 없다.

전에 인터넷에서 봤던 기사다.

중신왕中新網 6월 23일, 이틀 후면 제19회 전국 토지의 날이다. 이번 전국 토지의 날의 주제는 '과학적인 발전을 이루고 농지의 레드벨트紅線, 건축이 가능한 지역의 외곽선를 보호하자'이다. 최근 어느 전문가는 농지에 대한 레드벨트 보호 제도가 토지의 심각한 부족과 지가地價 상승을 불러와 집값 상승에 영향을 주었다고 지적했다. 이에 대해 루신서鹿心社 국토자원부 차관은 18억 묘畝, 전답 넓이의 단위로 약 666.7제곱미터가 1묘이다의 농지에 대한 레드벨트 보호는 집값에 영향을 주지 않으며 따라서 전혀 근거 없는 주장이라고 일축했다.

루신서 차관은 18억 묘에 이르는 농지에 대한 레드벨트 보호가 집값에 영향을 끼치지 않는다는 것을 먼저 인정해야 한다고 말했다. 다시 말해 토지이용 개발계획을 세울 때 18억 묘의 농지에 대해 레드벨트로 보호하도록 했을 뿐만 아니라 건설,

특히 주택 용지로 충분한 땅을 남겨두었다는 것이다. 루 차관은 '중국이 토지 자원이 얼마나 부족하냐에 관계없이 국민들이 요구하는 정상적인 주택 용지는 반드시 공급해야 한다'고 강조했다.

이 밖에도 루 차관은 지가가 집값에 영향을 미치는 주요 요인 중 하나이지만 절대적인 비중을 차지하는 것은 아니라고 말했다. 집값을 결정하는 핵심 혹은 근본적인 요인은 바로 수급관계이다. 국토자원부는 동부, 중부, 서부 지역에서 제각기 유형이 다른 620개 부동산 개발 사업을 조사했다. 조사 결과에 따르면, 현재 중국에서 지가가 집값에서 차지하는 비율은 15~30퍼센트이며 평균으로 따지면 23.2퍼센트였다. 다른 나라를 보면 미국 28퍼센트, 캐나다 24퍼센트, 영국 25~38퍼센트, 한국 50~65퍼센트, 일본 60~75퍼센트, 싱가포르 55~60퍼센트이다. 중국은 다른 나라에 비해 이 비율이 훨씬 낮다. 따라서 중국의 지가 수준을 놓고 볼 때 18억 묘의 농지에 대한 레드벨트 보호가 집값 상승을 부추겼다는 주장은 전혀 근거가 없다.

이 기사를 읽고 나는 국토부가 내린 결론에 선뜻 동의할 수 없었다. 지가가 집값에서 차지하는 비율이 낮기 때문에 토지의 공급이 집값 상승의 주된 원인이 아니라고 주장하는 것은 부정확하다. 극단적인 예를 하나 들어보겠다. 어디까지나 예로 든 것이라는 사실을 기억하기 바란다.

국토부에서 토지 레드벨트를 보호하기 위해 올해부터 베이징 지역은 매년 아파트 한 동 정도만 지을 땅을 공급한다고 가정해보자. 그다음 이 땅을 1000위안에, 예를 들면 베이징 서우촹그룹首創集團에 팔았다. 만약 베이징 정부가 정말로 매년 아파트 한 동을 지을 정도의 땅만 불하拂下하는 반면에 많은 사람이 베이징에서 집을 사려고 한다면, 베이징의 집값은 분명히 비정상적으로 상승해 1제곱미터당 10~20만 위안에도 판매될 것이다. 이런 상황에서 베이징의 지가가 집값에서 차지하는 비율만 계산하면 최종 결과는 제로에 가까울 것이다. 그렇다면 지가가 집값에서 차지하는 비율이 제로에 가깝기 때문에 베이징에서 집이 1제곱미터당 20만 위안에 팔리더라도 토지정책과 완전히 무관하다고 말할 수 있는가? 절대로 그렇지 않다. 사실 이 예에서 집값을 부추긴 가장 중요한 원인은 바로 토지의 공급량이 절대적으로 부족하고 부동산 개발자에게 저가로 토지를 매각한 데 있다.

이 예를 든 목적은 중국에서 이런 일이 실제로 발생하고 있다고 말하려는 것이 아니라, 분모인 집값이 지나치게 비싸거나 분자인 지가가 너무 싸서 혹은 두 경우가 동시에 발생하기 때문에 지가가 집값에서 평균적으로 23퍼센트만 차지할 수 있음을 지적하려는 것이다. 사실 한 가지 예만 들어 집값이 토지정책의 영향을 받지 않는다고 결론을 내릴 수는 없다.

그렇다면 비율이 어느 정도일 때 합리적일까? 루신서 차관이 제시한 데이터를 자세히 살펴보면 유용한 정보를 적지 않게 발견할 수 있다. 미국이나 캐나다처럼 국토는 넓지만 사람이 적은 국가일수록 지가가 집값에서 차지하는 비율이 낮다. 한편 한국과 일본, 싱가포르처럼 국토가 좁지만 사람이 많은 국가일수록 지가가 집값에서 차지하는 비율이 높다. 이 자체는 경제학의 원리에 그대로 부합한다.

예를 들어 미국의 네바다 주에서 몇 킬로미터를 돌아다녀도 사람 하나 찾을 수 없는 사막에 집을 짓는다면 그곳에서 땅값은 거의 지불할 필요가 없을 것이다. 집값은 결국 건축 비용에 따라 달라지며 지가가 집값에서 차지하는 비율은 당연히 낮을 것이다. 그러나 도쿄의 중심가에 집을 짓는다면 상대적으로 건축 비용은 고려하지 않아도 되며, 집값은 대부분 지가가 차지할 것이다.

　중국은 국토 면적 자체는 넓지만 산이나 고원, 황무지가 많기 때문에 사람이 거주하기에 적합한 곳은 사실 그리 많지 않다. 더군다나 중국의 거대한 인구의 상당수는 협소한 동부의 연해 지역에 몰려 있다. 실질적인 인구 분포로 볼 때 중국은 땅이 좁고 인구가 많은 나라라고 해야 옳다. 그러나 중국의 지가가 집값에서 차지하는 비율이 이처럼 낮은 이유를 대라면 어쩔 수 없이 중국의 토지 불하(매각) 제도에 큰 문제가 있다고 말할 수밖에 없다. 부동산 개발업자에게 제공하는 토지의 가격이 지나치게 낮고 또 공급량이 너무 부족해 최종적으로 집값의 상승을 부추겼다. 결국 개발업자가 이 과정에서 엄청난 이윤을 얻게 되었다. 앞서 베이징과 관련된 이야기는 비록 과장되기는 했으나 바로 이러한 상황을 지적한 것이다.

　만약 중국의 지가가 집값에서 차지하는 비율이 지나치게 낮다는 나의 해석이 정확하다면 토지정책의 방향은 달라져야 한다. 국가는 토지의 공급을 늘려 최종적으로 집값이 상승하는 것을 억제해야 한다. 동시에 토지 매각 과정을 공정하고 투명하게 공개해 개발업자가 저가에 토지를 매입하거나 사재기하는 것을 막아야 한다. 이럴 경우 중국의 지가는 결국 상승하겠지만 집값은 오히려 떨어질 것이다. 또 지가가 집값에서 차지하는 비율이 상승해 개발업자의 폭리도 줄어들 것이다.

5

왜 집을 임대하지 않을까?

•

현재의 집값과 임대료 수준에서 집을 사는 것이 임대하는 것보다 더 경제적이라고 생각하는 사람은
사실은 자신도 모르는 사이에 다음과 같이 생각하는 것이다. 만약 집을 샀을 경우 얻게 되는,
눈에 보이는 그리고 보이지 않는 가치를 모두 고려한다면 임대료에 비해 집값이 그렇게 비싸지 않다.

많은 사람이 중국의 집값에 거품이 긴 이유는 중국은 임대료에 비해 매매가(집값÷임대료)가 너무 높기 때문이라고 말한다. 이 주장은 설득력이 높다. 만약 임대료가 뒷받침하지 않는다면 집값은 공연히 높은 것으로 거품이 있다고 본다. 그런데 한 가지 문제가 있다. 사람들은 왜 모두 현재의 임대료에 비해 매매가가 지나치게 높아 집값에 거품이 있다고 생각하면서도 임대해 살지 않고 집을 사려는 것일까? 만약 지금과 그리고 앞으로 임대료가 집값을 뒷받침해주지 않는다면, 엄밀히 말해 집을 임대하는 것이 사는 것보다 더 경제적이다.

내가 들은 바로 사람들이 어쩔 수 없이 집을 사는 이유는 다음과 같다. 즉 내 집을 마련해봐야 마음이 편하다. 집을 임대하는 일 자체도 귀찮고, 수리가 잘 안 되어 집주인과 관계가 나빠지며 이사도 자주 해야

한다. 그리고 내 집이 있어야 호구 호구제도戶口制度. 1958년에 제정된 '호구등기조례'에 따라 농촌과 도시 주민을 구분하고 농촌 주민의 도시 이주를 엄격히 금지하는 중국 특유의 제도. 현대판 신분제라는 비판을 받고 있다 가 생겨 복지 혜택을 누릴 수 있다. 집이 있으면 체면이 선다. 전통적으로 중국인은 내 집 마련을 꿈꿔왔고, 요즘은 신혼부부 양측의 부모 모두 자녀가 자기 집을 갖고 결혼할 수 있기를 바란다.

이러한 이유는 실제로 입증되었다. 다른 조건이 같은 상황에서 임대료에 비해 매매가는 사실 높은 편이다. 왜냐하면 위에서 열거한 이유에서 밝혔듯이, 중국에서 자기 집을 소유한 후 얻게 되는 '편리함'은 집을 임대해서 얻는 '편리함'보다 훨씬 크다. 100만 위안짜리 집을 임대해 살려면 매월 2500위안만 지불하면 된다. 그러나 100만 위안짜리 집을 소유했을 때 누리게 되는 잠재적인 편리함, 불편의 감소, 그리고 안정감과 행복감의 증가는 2500위안의 가치를 훨씬 뛰어넘는다. 좀 더 솔직히 말하면 집을 임대하는 게 아무리 저렴하다고 하더라도 집을 사는 것이 더 편하고 경제적이라고 생각하는 사람이 여전히 많다. 현재의 집값과 임대료 수준에서 집을 사는 것이 임대하는 것보다 더 경제적이라고 생각하는 사람은 사실은 자신도 모르는 사이에 다음과 같이 생각하는 것이다. 만약 집을 샀을 경우 얻게 되는, 눈에 보이는 그리고 보이지 않는 가치를 모두 고려한다면 임대료에 비해 집값이 그렇게 비싸지 않다. 주의할 점은 여기서 집값이 절대적인 의미에서 높지 않다는 뜻이 아니라 임대료에 비해 상대적으로 높지 않다는 뜻이다.

누군가 집값에 진짜 거품이 있어 쓸데없이 비싸다고 생각한다면 집을 사지 말고 먼저 임대해 살다가 거품이 꺼지면 그때 사야 한다. 조금의 불편과 불안정함, 수차례의 이사를 감내하면 경제적으로 큰 보상을 받을 수 있기 때문이다. 거품이 있어도 집을 사겠다면 이것이야말로 모순이 아닐 수 없다. 대부분의 가정에서 일생 최대의 지출은 내 집 마련으로, 한 사람의 인생에서 가장 중요한 투자이자 모험이라고 말할 수 있다.

모든 사람에게 살 집이 필요한 것은 틀림없는 사실이다. 그러나 거주할 집이 필요하다고 해서 반드시 집을 구입할 필요는 없다. 미국의 주택 보급률은 수년 동안 3분의 2 수준이며 나머지 3분의 1은 자기 집이 없다. 독일이나 프랑스처럼 유럽의 여러 나라는 주택보급률이 더 낮다. 독일에서는 50퍼센트 미만이 자기 집을 소유하고 있지만 길에서 자는 사람은 거의 없다.

정말 임대료에 비해 매매가가 지나치게 높다고 생각한다면 왜 집을 임대해 살지 않는가? 이것이야말로 비싼 집값에 대한 가장 효과적인 대응책일 텐데 말이다.

6

왜 집을 사지 않을까?

•

중국의 집값이 지나치게 비싼 이유는 여러 가지가 있으나 투자할 곳이 다양하지 못한 이유가 하나 더 있다.
만약 중국에 효율적인 금융시장이 형성되어 사람들이 다른 방법으로 투자수익률을 5~10퍼센트
올릴 수 있다면 집값 상승에 대한 압력이 훨씬 줄어들 것이다.

나와 구주는 미국에서 집을 빌려 살고 있다. 미국은 주택 시장이 크게 침체되었지만 지금 거주하는 지역에서 집을 사려면 여전히 큰돈이 필요하다. 나는 구주와 함께 집주인의 수익률을 계산해봤다. 그 결과 수익률이 그렇게 낮지도 그렇다고 높지도 않은, 1년에 4~5퍼센트의 안정적인 투자라고 볼 수 있다. 이 수익률은 은행 예금보다 조금 높은 수준이다. 집주인이 얼마간 리스크만 감수한다면 수익률을 높일 수 있는 투자 기회는 더 많다.

중국의 금융시장은 미국과 많이 다르다. 중국의 주요 특징은 다음과 같다. 중국인에게 돈이 있다고 하더라도 투자할 곳이 많지 않다. 주식시장은 기본적으로 도박과도 같은 특징이 있으며 채권시장은 개인투자자에게 개방되어 있지 않다. 기업에 직접 투자하거나 불법적인 방법으

제1부 100미터 달리기를 하듯 마라톤 경주를 하는 중국

로 대출을 해주는 것 역시 많은 사람이 할 수 있거나 또 감히 시도할 만한 투자 방식이 아니다. 이제 남은 투자처는 집을 사거나 은행에 저축하는 것밖에 없다. 수년 동안 중국 국민은 저축 위주로 금융자산을 보유해왔다.

그런데 간단히 계산해봐도 중국에서는 집을 사는 것이 은행에 저축하는 것보다 수익률 면에서 훨씬 낫다는 결론이 나온다.

예를 들어 여러분에게 100만 위안이 있다고 가정하자. 물론 어떤 사람은 이런 가정이 적절하지 않다고 말할 수 있다. 사실 여러분의 수중에 돈이 이렇게 많지 않을지 모르나 오늘날 중국에는 이 정도 돈을 갖고 있는 사람은 많다. 또 한 집에는 없을지 몰라도 양가의 부모님이 힘을 합치면 100만 위안 정도를 만들 수 있는 부부가 적지 않다. 이제 100만 위안을 먼저 은행에 예금한다고 생각해보자. 현재 5년 만기 정기예금 금리는 3.6퍼센트로 아마 개인이 받을 수 있는 최고의 예금금리일 것이다. 그다음 물가상승률이 매년 2퍼센트라고 가정하자. 2퍼센트는 상당히 안정적인 물가상승률이다. 그렇다면 금리에서 물가상승률을 빼면 1년간 실질수익률은 약 1.6퍼센트이다.

여러분은 또 100만 위안짜리 집 한 채를 살 수도 있다. 집을 장만했을 때 얻는 수익률은 직접 계산되지 않기 때문에 몇 가지를 가정해야 한다.

첫째, 집을 산 후 직접 들어가 살든 임대하든 집은 '소득의 흐름earning flow'이 된다. 만일 세를 준다면 소득의 흐름은 자연히 임대료가 된다. 한편 자신이 직접 거주한다면 이 집이 제공하는 서비스를 스스로 누리기 때문에 소득의 흐름은 마찬가지로 이 집의 임대료가 된다. 다시 말해 여러분이 주택 임대시장에서 이와 동일한 서비스를 누리기 위해서는 그에 상응하는 임대료를 지불해야 한다는 논리이다. 그러나 집을 소유했기 때문에 본디 지출해야 할 임대료를 지불하지 않았으므로 돈을 직접 받지는 않았지만 덜 쓴 만큼 번 셈이 된다. 이것도 역시 소득의 일부이다.

현재 임대료 대비 집값의 비율(집값÷임대료)이 33과 3분의 1이라고 하자. 즉 100만 위안짜리 집을 임대하려면 1년에 3만 위안, 한 달로 치면 2500위안을 지불해야 한다. 이 금액이 너무 비싸다고 생각되지는 않을 것이다.

둘째, 인플레이션이 없는 상태에서 집값은 오르지도 떨어지지도 않고, 임대료도 오르거나 떨어지지 않는다고 가정하자. 다시 말해 인플레이션이 없다면 현재 100만 위안인 집은 10년 후에도 100만 위안이며, 30년 후에도 100만 위안이라는 말이다. 임대료도 마찬가지다. 중국과 같은 나라에서 이런 가정은 매우 보수적임에 틀림없다. 집값과 임대료가 30년 동안 오르지 않는다는 것은 사실상 불가능하다.

셋째, 임대료와 집값은 물가상승률에 따라 같이 오른다고 가정하자. 즉 실질적인 집값과 임대료는 물가상승으로 하락하지 않는다. 이는 금이나 쌀과 같은 실물자산이 지닌 기본적인 특성으로, 중앙은행이 돈을 많이 찍어낸다고 해서 재화의 가치가 떨어지지 않는 것과 같다. 따라서 집과 이 집이 제공하는 서비스의 가치는 중앙은행이 통화를 대량으로 발행한다고 해서 떨어지지 않는다.

이런 가정을 바탕으로 집을 샀을 경우 얻게 되는 연간 수익률은 얼마인가? 답은 간단하다. 3÷100＝3퍼센트(0.03)이다.

은행 예금의 실질수익률은 1.6퍼센트(＝3.6퍼센트−2퍼센트)이지만 집을 살 경우 실질수익률은 3퍼센트이다. 어느 쪽이 높은지는 분명히 드러났다. 그런데 이 예에서 은행 예금의 수익률을 높게 책정했을 수 있다. 왜냐하면 물가상승률이 2퍼센트를 웃돌 가능성이 있기 때문이다. 예를 들어 2010년 7월의 물가상승률은 3.3퍼센트였다. 또한 집을 살 경우의 수익률을 낮게 책정했을 수도 있다. 왜냐하면 임대료는 도시 인구가 증가함에 따라 상승하고 있기 때문이다. 물론 집값도 상승할 것이다. 만약 중국에서 물가가 크게 오르고 사람들이 실물자산으로 쏠려 자산의 가치를 보존하려는 욕구가 강해지면 임대료와 집값의 상승 속도는 더욱 빨라질 것이다. 따라서 주택 구매로 얻게 되는 수익률은 은행의 예금수익률보다 높을 뿐만 아니라 물가상승까지 방어할 수 있다. 투자 방식 중 저축과 주택 구매의 두 가지 선택밖에 없다면 집을 사는 것이 상당히 매력적인 가치 보존(재테크) 방법이 된다.

따라서 단순히 투자수익률을 높이고 자산 가치를 보존한다는 관점에서 보면 여유 자금이 있는 사람은 주택 구매를 선택할 것이다. 이들이 의도적으로 부동산 투기를 하려는 것이 아니더라도 결국 이들의 행동은 집값의 상승을 부추기게 된다.

중국의 집값이 지나치게 비싼 이유는 여러 가지가 있으나 투자할 곳이 다양하지 못한 이유가 하나 더 있다. 만약 중국에 효율적인 금융시장이 형성되어 사람들이 다른 방법으로 투자수익률을 5~10퍼센트 올릴 수 있다면 집값 상승에 대한 압력이 훨씬 줄어들 것이다. 왜냐하면 다른 투자 방법으로도 상당한 수익률을 얻을 수 있다면 여유 자금이 부동산으로만 몰리지 않을 것이기 때문이다. 5~10퍼센트의 수익률은 결코 대충 이야기한 것이 아니다. 베이징대학교(루펑盧峰, 쑹궈칭宋國青 등)와 칭화대학교(바이중언白重恩, 첸잉이錢潁一)의 경제학자로 구성된 두 팀이 각각 2년 전에 여러 가지 방식으로 계산한 결과, 중국에서 자본수익률은 약 10퍼센트라고 결론을 내렸다. 중국의 한 해 경제성장률이 10퍼센트 정도인 상황에서 많은 업종에서 10퍼센트의 투자수익률을 달성하기란 별로 어렵지 않은 일이다.

앞서 많은 이야기를 했는데 모두 이런저런 생각을 모은 것이다. 그렇다면 실제 상황은 어떠할까? 사실 많은 사람이 데이터를 직접 보지 않아도 중국에서 은행에 저축하면 돈의 가치가 보존되지 않거나 오르지 않는다는 것을 알고 있을 것이다. 그럼에도 은행에 저축하는 이유는 달리 투자할 곳이 없기 때문이다. 실제로 지난 데이터를 살펴보면 내 생각이 틀리지 않았음을 알 수 있다.

중국의 예금금리와 물가상승률은 비교적 쉽게 얻을 수 있기 때문에 실질수익률도 수월하게 계산할 수 있다. 데이터를 바탕으로 계산한 결과 다음과 같은 2개의 표가 나왔다. 첫 번째 도표는 1989년 이후 중국의 1년 만기 실질금리를 나타낸 것으로, 매년 1년 만기 명목 예금금리의 평균값에서 그해 물가상승률의 평균값을 뺀 것이다. 1989년을 기점으로 한 이유는 내가 찾은 자료 중 가장 오래된 데이터이기 때문이다.

우리는 이 도표에서 다음과 같은 사실을 분명히 알 수 있다. 첫째, 중국의 실질금리는 여러 해 동안 마이너스였다. 다시 말해 예금 이자만으로 물가상승에 따른 자산 가치의 축소를 보상할 수 없어 돈의 값어치가 갈수록 떨어진 것이다. 둘째, 실질금리가 플러스인 해에도 플러스의 폭이 그다지 크지 않았다. 최고로 올랐을 때의 금리가 6퍼센트 초반대여서 중국의 투자수익률 10퍼센트에 비하면 훨씬 낮은 수준이다. 그러나 실질금리가 마이너스인 해에는 마이너스의 크기가 엄청났는데, 이는 중

[표 2-1] 1년 만기 실질금리

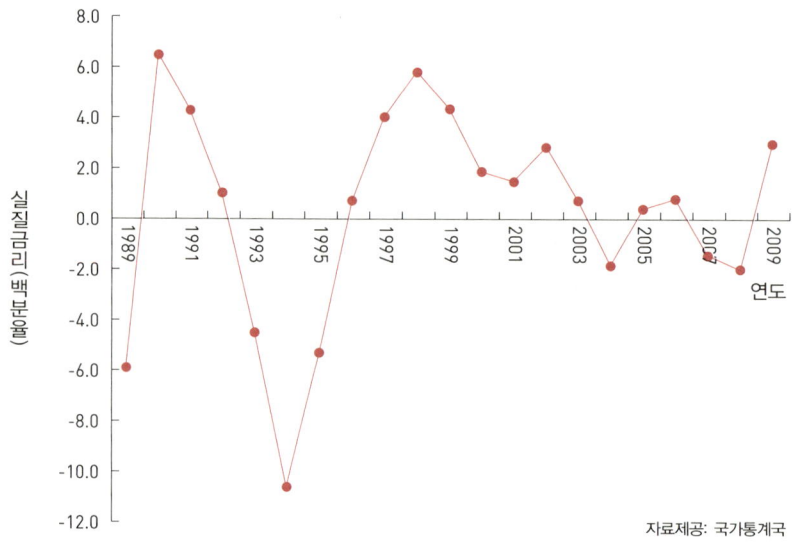

자료제공: 국가통계국

국이 상당히 심각한 인플레이션을 경험했기 때문이다. 중국은 1980년대 말에서 1990년대 중반까지 물가가 너무 빠르게 상승하자 인민은행에서 예금의 가치가 줄어든 것을 보전해주는 조치를 두 차례 실시했다. 이 조치로 인플레이션으로 실질금리가 마이너스로 떨어진 현상을 어느 정도 완화할 수 있었으나 인플레이션이 미친 부정적인 영향을 진정으로 피해갈 수는 없었다. 따라서 예금의 가치를 보전해준 1980년대 말과 1993~1995년의 두 시기에 저축의 수익률을 살펴보면 마이너스가 심하지 않은 것 같지만 당시에 실질금리가 마이너스였던 것은 부정할 수 없는 사실이다.

나는 당해 연도의 수익률을 비교해 다음과 같이 계산했다. 여러분이

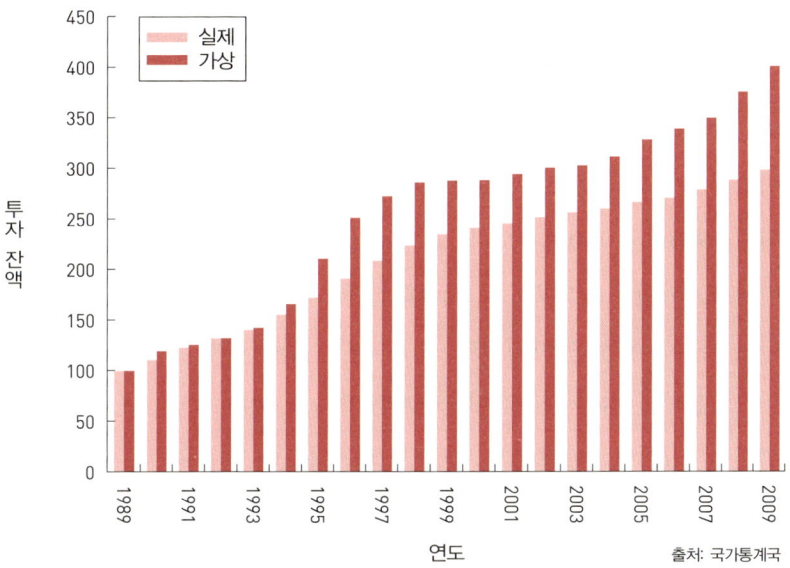

[표 2-2] 실질 투자수익과 가상 투자수익

투자 잔액

실제
가상

연도

출처: 국가통계국

1988년 말 은행에 100만 위안을 예치하고 해마다 받는 이자도 그대로 예금한 다음 2008년에 모든 돈을 한꺼번에 찾았다고 가정해보자. 이 돈을 1988년 당시의 화폐 가치로 환산하면 얼마나 될까? 계산 결과 97만 위안으로 처음 예금한 돈보다 더 적었다. 따라서 1989년에서 2008년까지의 20년간 평균 실질수익률은 제로에 가까운 마이너스였음을 알 수 있다. 2000～2008년까지의 평균 실질수익률만 보면 0.3퍼센트에 불과하다. 따라서 과거의 기록을 보면 앞서 가정한 1.6퍼센트의 실질수익률은 낮은 수치가 아니라 오히려 매우 높은 수준이다.

만약 '실질수익률'이라는 경제학적 개념이 와 닿지 않는다면 좀 더 직관적인 방식으로 같은 상황을 알아보자. 이를 위해 도표([표 2-2])를 만들었다. 왼쪽의 기둥은 여러분이 1988년 말에 은행에 100위안과 그해의 이자까지 모두 예치했을 때 해마다 총 예금 잔액이 얼마인지 나타낸다. 1988년에는 100위안, 2008년에는 300위안이 된 것을 볼 수 있다. 여기서 주의할 것은 2008년에 300위안이 되었지만 인플레이션을 감안하면 1988년의 100위안보다 그 가치가 하락한 것이라는 점이다. 2008년의 300위안을 구매력으로 계산하면 1988년의 97위안 정도에 불과하다는 사실은 앞서 이야기했다. 오른쪽의 기둥은 가상의 수치를 표시했다. 즉 은행 금리가 인플레이션율보다 계속 1.6퍼센트가 높으면 예금의 실질수익률이 1.6퍼센트가 될 수 있다. 이 경우 1988년의 100위안은 2008년이 되면 404위안이 된다. 404위안은 300위안보다 34.6퍼센트가 더 많다. 이는 20년의 시간이 만들어낸 플러스 1.6퍼센트의 실질수익률과 중국에서의 실질수익률의 차이이다.

만약 여러분이 1988년에 100위안을 부동산에 투자했다면 그 결과가 어땠을까? 물론 당시에는 상품주택이 없었고 부동산에 투자한다는 말조차 없었다. 그러나 1988년에 부동산에 투자할 수 있었다면 그 당시 100위안의 부동산이 지금의 1000위안, 2000위안의 부동산보다 더 값어치가 있으므로 은행에 예금하는 것보다 훨씬 낫다는 사실은 계산해볼 필요도 없을 것이다.

따라서 과거의 데이터를 보면 지난 20년 중 어느 시점에 집을 샀더라도 저축한 것보다 수익률이 높다. 물론 역사는 미래를 말해주지 않는다. 그렇지만 역사는 늘 반복된다.

경제, 디테일하게 사유하기

투자할 곳이 부족한 중국의 상황은 한동안 계속될 것이다. 예금금리가 낮은 상황도 오랜 기간 지속될 것이다. 이는 지난 20년의 역사가 같은 방향으로 이어질 것임을 의미한다. 정녕 그렇다면 집을 사야 하지 않겠는가?

제3장

중국산 제품은 정말 저렴한가?

『홍루몽紅樓夢』은 '가짜가 진짜가 될 때 진짜도 가짜가 되고, 없는 것이 있는 것이 되는 곳에는 있는 것도 없는 것이 된다假作眞時眞亦假, 無爲有處有還無'라는 말로 시작한다. '페트로차이나PetroChina와 시노펙SINOPEC이 외국인에게 석유 완제품을 헐값에 넘긴다'는 인터넷 기사가 일파만파로 퍼졌다. 예전부터 '사람들에게 곱지 않은 시선을 받았던' 페트로차이나와 시노펙이 일순간 '뭇사람이 뭇매를 퍼붓는' 공적公敵이 되었다. 안타깝게도 중국의 수출 위주 정책과 그 배후에서 제공되는 보조금에 대해 사람들은 여전히 주목하지 않았다. 페트로차이나와 시노펙이 실제로 해외 소비자에게 '보조금'을 지급한다고 하더라도 이 금액은 중국의 전체 수출산업이 해외 소비자에게 제공하는 간접적인 보조금의 크기와는 비교가 되지 않는다. '저부가가치low-end' 수출업계를 지원하는 보조금 때문에 또 다른 부정적인 결과가 나타나는데, 바로 산업의 고부가화를 지연시키고 경제의 지속가능한 발전을 저해한다는 것이다.

'저렴한 중국산 제품의 희생양은 누구인가?'에서는 중국 제품이 값이 싼 이유를 분석했다. 저임금 노동력과 갈수록 높아지는 노동생산성을 제외하고 생각하면 수출품에 대한 다양한 형태의 간접적인 보조금이 매년 수조 위안에 이른다. 그런데 이것도 정태적인 손실일 뿐이다. ''링거액'에

의존한 경쟁력'에서는 한발 더 나아가 이러한 간접적인 보조금이 동태적인 손실을 가져온다고 지적했다. 다시 말해 중국의 산업 구조가 지속가능하지 않은 저부가가치 산업에 머물러 산업의 고도화가 이루어지지 않는 것이다.

'**페트로차이나와 시노펙의 '매국 행위'**'에서는 중국의 메이저 석유기업 두 곳이 석유제품을 외국인에게 헐값에 넘긴다는 소문이 사실인지 분석했다. 간단하게 세무조정 계산을 해보면 두 메이저 기업의 석유 완제품 수출가와 국내 판매가는 비슷하다. 따라서 수출가가 국내 판매가의 40퍼센트에 불과하다고 알려져 사람들을 깜짝 놀라게 했던 인터넷에 떠돈 소문이 사실이 아님을 알 수 있다. 또한 석유 완제품 수출과 수입의 상당 부분이 가공무역임을 고려하면 두 메이저 석유회사가 석유제품을 헐값에 넘겼다는 말은 기존의 자료에서 볼 때 그럴 가능성이 희박하다. 이윤을 추구하는 기업이 무슨 목적으로 석유제품을 헐값에 팔겠는가?

'**보복관세의 진정한 대상은 누구인가?**'에서는 무역 문제의 이면을 들여다보았다. 닭고기와 타이어를 둘러싸고 미국과 중국 간에 벌어진 힘겨루기에서 최종적인 피해자는 왜 자국의 소비자인지, 그리고 이른바 일자리 창출이 왜 일어나지 않는지를 분석했다.

1

저렴한 중국산 제품의
희생양은 누구인가?

•

만약 앞서 말한 보조금을 모두 더해 중국이 수출품에 대해 매년 1조 위안에서 2조 위안까지
보조금을 간접적으로 지급한다고 하더라도 그다지 놀라운 액수는 아니다.
수출이 많을수록 지급되는 보조금도 늘어난다. 이렇게 보면 중국산 제품이 싸지 않은 것이 오히려 이상하다.

    사실 중국에 위안화를 절상시키라고 요구하는 나라는 모두 한 가지 사실을 원망하고 있다. 즉 중국산 제품의 값이 너무 싸기 때문에 가격을 좀 올리라는 것이다. 가격을 올리는 방법은 바로 위안화의 절상이다. 이러한 요구를 들을 때마다 저우싱츠周星馳의 영화 대사가 생각난다. "아니, 이렇게 비열한 요구가 있을 수 있군."

    중국산 제품이 싼 것 자체는 이상한 것이 아니다. 값이 싼 이유는 많다. 예컨대 중국의 농촌에는 아직도 잉여 노동력이 풍부하여 중국은 임금이 높지 않다. 그런데 이상한 것은 중국산 제품의 가격이 지금도 싼데 갈수록 더 싸진다는 사실이다. 다시 말해 지난 몇 년간 중국의 수출품 가격이 수입품 가격보다 점점 더 떨어져 중국의 교역조건 한 나라의 상품과 다른 나라의 상품의 교환비율이 계속 악화되고 있다. 이런 현상은 중국에 값싼 노동

력이 풍부하기 때문이라는 말로는 설명할 수 없을 것 같다. 왜냐하면 과거 몇 년 동안 중국에서 임금이 이제껏 떨어진 적이 없기 때문이다. 이와 반대로 노동자의 임금 수준이 상승했다는 것은 통계 수치만큼 빠르게 상승하지 않았을지는 몰라도 상승 자체에는 논쟁의 여지가 없다.

제품의 가격이 갈수록 싸지는 이유는 여러 가지다. 그중 하나는 중국의 노동생산성이 빠른 속도로 증가해 단위당 생산 비용이 하락했기 때문이다. 그 결과 제품 가격은 더 싸졌지만 돈은 더 많이 벌 수 있었다는 설명이다. 또 다른 하나는 중국이 수출보조금을 지급해 수출품의 가격을 인위적으로 낮췄다는 것이다.

문제는 '중국이 정말로 수출보조금을 지급하는가'이다. 만약 사실이라면 이 돈은 어디에서 나왔을까? 중국의 재정지출에는 '수출보조금'이라는 항목이 없다. 만일 수출보조금이 재정지출에서 나온 것이 사실이라면 중국이 수출환급세의 명칭을 수출보조금으로 정하지 않은 것뿐이다. 왜냐하면 수출보조금을 지급할 때는 모든 나라가 전부 세금 환급의 형태로 시행하기 때문이다. 그러나 개인적으로 보면 중국은 확실히 여러 가지 방식으로 수출보조금을 간접적으로 지급한다고 생각한다. 몇 가지 예를 들어보자.

보조금 1

인민은행의 헤지 hedge, 가격 변동이나 환위험을 피하기 위해 시행하는 거래 비용이다. 중국은 현재의 위안화 환율을 유지하려면 비용이 든다. 그런데 이 비용은 전적으로 인민은행에서 부담한다. 비용이 정확히 얼마가 필요한지는 인민은행만 알 수 있기 때문에 우리는 한 가지 예를 들어 대략적으로 추측할 뿐이다. 실제의 비용을 계산하기 위해서는 복잡한 과정을 하나하나 거쳐야 하는데, 다음의 예가 매우 간편하다는 사실을 강조하고 싶다. 환율의 안정을 유지하고 인플레이션을 방지하기 위해서 지난 몇 년 동안 인민은행은 계속 헤지를 해왔다. 여기서 헤지란 위안화로 시중의 달러를 사들여 위안화의 절상 압력을 누그러뜨리는 한편 중앙은행(인민은행)이 (위안화 표시) 채권을 발행하여 시중에 풀린 위안화를 회수하는 방식으로 시장을 공개적으로 조작하는 것을 말한다. 중앙은행이 채권을 발행할 때는 이자가 붙으며 채권을 회수할 때도 모두 위안화로 이자를 지급해야 한다. 인민은행이 사들인 달러를 해외에 투자할 때, 전체 금액에서 적어도 8000억 달러는 달러 표시 채권(실제 액수는 이보다 훨씬 더 많을 것이다)에 투자한다. 그리고 달러로 이자를 받는다. 인민은행이 지불하는 채권 이자와 이와 반대로 벌어들인 달러 표시 채권의 이자 사이에는 어느 정도 차이가 있다. 이자만 고려하면 많지는 않지만 인민은행이 어느 정도 손해를 본다. 문제는 최근 몇 년 동안 달러가 위안화에 대비해 평가절하되었을 뿐만 아니라 전 세계의 거의 모든 통화에 대비해서도 평가절하되었다는 데 있다. 국제결제은행 BIS의 통계에 따르면 2003년부터 달러의 명목환율이 해마다 3퍼센트 하락했는데 인민은행이 이 손실분을 떠안아야 했다. 이러한 손실은 회계상으로 인민은행의 대차대조표에 직접 반영되지는 않았지만 경제적 손실은 이미 발생했다. 8000억 달러의 미국채에서 매년 3퍼센트씩 손실이 발생한다면 이는 매년 240억 달러가 손실액이며 위안화로 환산하면 매년 1600억 위안이다. 그렇다면 이 돈은 어디로 갔을까? 인민은행이 손해를 봤다는 말은 누군가 이득을 본 사람이 반드시 있다는 것을 의미한다. 돈을 번 쪽은 바로 수출업체와 핫머니 hot money, 투기적 이익을 찾아 국제 금융시장을 이동하는 단기 부동자금 투기 자이다. 수출업체는 수출로 벌어들인 달러를 일단 위안화로 환전하여 매년 3퍼센트씩 절하되는 운명을 피할 수 있었다. 이렇게 보면 인민은행이 암암리에 수출업체에 보조금을 지급한 셈이다. 핫머니도 마찬가지다. 이러한 보조금은 결국 핫머니의 투자 수익으로 모습을 바꾼다.

보조금 2

저금리와 저임금이다. 인민은행이 부담한 보조금을 중국 국민이 어쩔 수 없이 지급한 수출보조금과 비교하면 인민은행이 떠안은 손실은 그야말로 새 발의 피에 불과하다. 칭화대학교의 바이중언 교수와 베이징대학교 루펑 교수가 연구한 바에 따르면, 중국의 실질 자본수익률은 약 10퍼센트이다. 그런데 중국의 실질 예금금리는 제로에 가깝다. 다시 말해 은행에 예금하고 받는 이자는 거의 제로 금리 수준이지만 국민이 저축한 돈을 대출받으면 10퍼센트 정도의 수익률을 올릴 수 있다는 말이다. 이 수익률 혹은 금리 차익은 예금한 국민들에게 돌아가지 않고 최종적으로 은행과 기업이 나누어 갖는다. 만약 기업이 생산한 제품을 전부 중국 내에서 판매한다면 이득은 모두 중국인에게 돌아가고 외국인에게는 떨어지지 않는다. 그러나 문제는 다음과 같다. 중국 기업의 상당수는 수출기업이며 생산에 소요되는 금융비용이 아주 낮기 때문에 수출 원가를 크게 내릴 수 있다. 그러면 저렴한 가격으로 수출하기 때문에 최종적으로 해외 소비자가 값싼 중국 제품을 사용할 수 있다. 현재 중국의 국민저축 총액은 약 20조 위안으로 1년 기준으로 10퍼센트에 해당하는 금리 차익만 해도 2조 위안이다. 수출 주도형 기업이 전체 저축액의 4분의 1만 대출받으면 1년에 5000억 위안이 금리 차익이 된다. 이 5000억 위안 중 상당한 금액이 결국 외국의 소비자에게 보조되는 것이다.

이 밖에도 지난 몇 년 동안 중국 국민의 소득증가율은 경제성장률보다 낮았지만 기업과 정부의 수입(세입) 증가율은 경제성장률보다 높았다. 말을 바꾸면 임금상승률은 상대적으로 더디지만 기업의 이윤증가율은 빠른 편이다. 즉 기업의 이윤이 증가한 원인 중 하나는 임금 비용의 지출이 상대적으로 줄어들었기 때문이다. 요컨대 월급쟁이가 기업의 경영자를 보조해준 것이다. 이렇게 되어 기업이 상품을 수출할 때 받은 보조금은 낮은 인건비와 염가의 제품이라는 형태로 해외의 소비자에게 제공되었다.

보조금 3

생태환경이다. 중국이 수출 주도형 경제를 빠르게 발전시킨 결과 생태환경이 크게 악화되었다. 만약 수출 기업이 모두 환경보호를 위한 오염물질 배출 기준에 맞춘다면 중국 기업의 생산원가가 절대로 지금처럼 낮을 수 없다. 이 역시 기업에 대한 간접적인 보조금이다. 즉 수많은 중국인과 다음 세대가 오늘날의 중국 기업에 보조금을 지급하고 있는 것이다. 중국이 에너지를 많이 소비하고 오염물질을 대량 배출하면서 생산한 제품은 상당량이 수출을 목적으로 제조한 것이다. 이러한 형식의 보조금이 결국 외국인에게 제공된다는 사실은 우리 모두가 알고 있다.

만약 앞서 말한 보조금을 모두 더해 중국이 수출품에 대해 매년 1조 위안에서 2조 위안까지 보조금을 간접적으로 지급한다고 하더라도 그다지 놀라운 액수는 아니다. 수출이 많을수록 지급되는 보조금도 늘어난다. 이렇게 보면 중국산 제품이 싸지 않은 것이 오히려 이상하다.

2

'링거액'에 의존한 경쟁력

•

이때 다음과 같은 형태로 보조가 이루어진다. 임금을 올리지 않거나 위안화를 평가절상하지 않는다.
그리고 금리를 높이지 않거나 수출환급액을 갈수록 늘리는 것이다. 보조를 받지 못하면
중국 공장(기업)은 경쟁력을 잃는다. 환경을 보호해도 경쟁력을 잃는다. 물론 에너지 가격이 올라도
경쟁력을 잃게 된다. 그렇다면 중국이 정말 이런 수준의 경쟁력을 계속 유지하고 싶어 하는 것일까?
중국이 일방적으로 계속 유지하고 싶다고 해도 얼마나 지속될 수 있을까?

중국이 어떤 제품을 수출하면 그 제품의 가격은 하락하고, 반대로 중국이 어떤 제품을 수입하면 그 제품의 가격은 상승한다. 많은 사람이 이렇게 생각한다. 여기서 이 말이 맞는지의 여부는 언급하지 않겠다.

그러나 이는 8억 벌의 와이셔츠를 비행기 1대와 바꾸는 일과 완전히 같다는 뜻은 아니다. 왜냐하면 어느 나라든지 비행기 1대와 바꾸려면 엄청난 양의 와이셔츠를 수출해야 하기 때문이다. 과거에 중국은 4억 벌의 와이셔츠를 수출하면 비행기 1대를 얻을 수 있었지만, 2년 후에 와이셔츠 가격이 비행기보다 더 하락했기 때문에 중국은 6억 벌을 수출해야 했다. 또 2년이 지나자 이제는 8억 벌이 필요해졌다. 이것이 바로 중국의 문제다.

물론 중국이 다양한 종류의 제품을 수출하고 또 수입하기 때문에 와

이셔츠와 비행기만 놓고 가격을 비교하는 것은 대표성이 있다고 할 수 없다. (국제)경제학에서 상용되는 지수가 하나 있는데 바로 교역조건이다. 간단히 말해 수출 상품의 평균 가격을 수입 상품의 평균 가격과 비교하는 것이다. 이 지수가 낮을수록 한 국가의 수출품 가격이 수입품 가격보다 떨어진다. [표 3-1]은 1991~2009년의 중국의 교역조건을 보여주는 간단한 그래프다. 출처는 국제통화기금IMF이며 여기서 구체적인 수치는 눈여겨볼 필요가 없다. 왜냐하면 어떤 방식으로 데이터를 표준화했고 기준 연도를 선택했는가에 따라 달라지기 때문이다. 따라서 이 선이 어떻게 변화하는지 추세만 살피면 된다. 전체적으로 볼 때 지난 10여 년 동안 중국의 교역조건은 분명히 악화되었다. 2009년에 있었던 반등은 주로 유가와 주요 상품의 가격이 대폭 하락했기 때문이다. 2010년에 들어와 이런 단기적인 추세는 역전될 가능성이 높다. 즉 전체적으로 중국의 수출품 가격이 수입품에 비해 하락하고 있는 것이다. 이렇게 되면 중국은 수출이 늘어나도 수입할 수 있는 상품의 전체 수량은 상대적으로 줄어든다.

이론적으로 볼 때 교역조건이 악화되는 것이 반드시 나쁜 것은 아니다. 예를 들어 중국인이 모두 갑자기 머리가 3개가 되고 팔이 6개로 변했다면 중국의 와이셔츠 생산량은 일순간 3배로 증가한다. 그러나 만약 와이셔츠의 수출가격이 50퍼센트만 하락했다면, 실질소득을 계산하면 중국인의 소득은 상승한 셈이다. 이는 무어의 법칙Moore's Law, 마이크로칩에 저장할 수 있는 데이터 양이 18개월마다 2배로 늘어난다는 법칙에서 칩 가격은 갈수록 하락하지만 인텔사의 수익이 감소하지 않는 것에 비견될 수 있다.

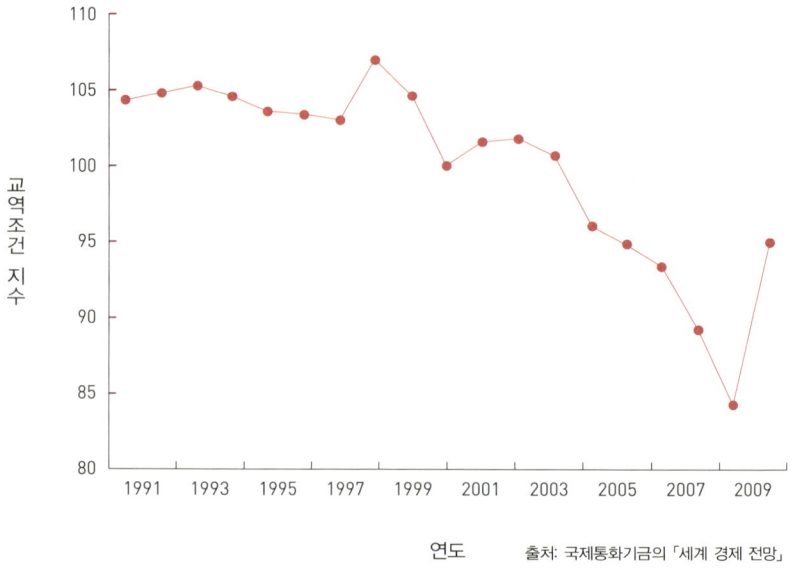

[표 3-1] 중국의 교역조건(1991~2009년)

교역조건 지수

연도

출처: 국제통화기금의 「세계 경제 전망」

　　그렇지만 중국의 문제는 앞서 이야기한 내용이 전부가 아니라는 데 있다. 중국의 노동생산성이 높아진 것은 사실이지만 수출의 증가 중 특히 일부 저부가가치 산업에서 수출이 늘어난 상당 부분은 단순히 몸집 불리기로 이루어진 것이다.

　　처음에는 생산라인 1개, 근로자 수는 200명이었지만 몇 년 후 생산라인이 2개, 근로자는 400명이 되었고 그다음에는 600명, 800명 식으로 늘어났다. 인력 투입을 계속 늘려가며 중국은 전 세계에 신발, 옷, 가구를 공급한 것이다. 수출시장에서 상품의 공급량이 큰 폭으로 증가하면 가격이 하락한다. 그러면 생산자의 이윤이 점차 사라지고 결국 보조금에 의지해야만 생산 규모를 유지할 수 있다.

이때 다음과 같은 형태로 보조가 이루어진다. 임금을 올리지 않거나 위안화를 평가절상하지 않는다. 그리고 금리를 높이지 않거나 수출환급액을 갈수록 늘리는 것이다. 보조를 받지 못하면 중국 공장(기업)은 경쟁력을 잃게 된다. 환경을 보호해도 경쟁력을 잃는다. 물론 에너지 가격이 올라도 경쟁력을 잃게 된다. 그렇다면 중국이 정말 이런 수준의 경쟁력을 계속 유지하고 싶어 하는 것일까? 중국이 일방적으로 계속 유지하고 싶다고 해도 얼마나 지속될 수 있을까? 더구나 어느 나라도 중국처럼 수출보조금으로 유지되는 경쟁력에 고마워하지 않는다. 오히려 중국의 보호주의 행태를 비난했다.

'링거액'으로 버티는 경쟁력은 지속되기가 힘들다. 보조를 받는 업종은 엄청난 자원을 소모할 뿐만 아니라 다른 업종의 성장까지 방해한다. 중국은 일찍이 비슷한 현상을 경험한 적이 있다. 과거에 국유기업들은 효율성이 떨어지자 정부에는 보조금을, 은행에는 대출을 요구했다. 그 결과 보조금이 늘어날수록 몸집이 커졌고, 그럴수록 더 많은 보조금과 대출이 필요했다. 그러는 한편 보다 활력이 넘치는 비국유기업(민영기업)은 자금 부족과 인재난으로 충분히 발전하지 못했다. 이런 상황은 1990년대 중반까지 계속되다가 국유기업의 개혁이 대대적으로 시행된 후에야 비로소 개선되었다.

중국 경제가 성공적인 전환을 이루기 위해서는, 즉 저부가가치 산업에서 고부가가치 high-end 산업으로, 모방에서 자주 혁신으로, 수출 주도형에서 내수 중심으로, 양적 성장에서 질적 성장으로 전환해야 한다. 그러려면 일부 업종에 투입하는 링거액을 반드시 제거해야 한다. 이 과정은 절대로 쉽지 않다. 그러나 이런 고통스러운 역정은 슘페터 Joseph Alois

Schumpeter(1883~1950)가 말한 '창조적 파괴'처럼 그렇게 할 만한 충분한 이유가 있다.

3

페트로차이나와 시노펙의
'매국 행위'

•

결론적으로 2009년 1~10월 중 중국의 석유 완제품 수출가격은 여러 계산 과정을 거치자
중국 내 도매가격보다 낮았다. 그렇지만 40퍼센트까지 낮은 수준은 아니다.

좋은 평가를 받는 석유회사는 드물다. 세계의 거의 모든 석유회사는 소비자에게 우호적이고 친환경적이며 지구온난화를 매우 걱정하는 것처럼 자신을 열심히 포장한다. 그러나 바로 이런 점이 사람들의 마음속에 자리 잡은 석유회사의 이미지가 그렇지 않음을 보여준다. 뿐만 아니라 사람들은 석유회사가 돈 좀 있다고 종종 함부로 행동하며, 유가가 크게 오르면 많은 돈을 번다고 생각한다. 따라서 석유회사가 사람들의 곱지 않은 시선을 피하기란 어렵다. 2008년 여름, 국제 유가가 배럴당 140달러까지 치솟자 미국 주유소의 기름 값도 정확히 2배가 되었다. 많은 의원이 여론에 밀려 석유회사가 '유가를 조작했는지'의 여부를 여기저기 뛰어다니며 조사했다. 그러던 중 금융위기가 터지자 원유 가격이 갑자기 30달러 수준으로 떨어졌고 조사는 흐지부지되었다.

이외에도 독과점 기업인 석유회사가 자국민을 차별한다면 '용서받을 수 없는 죄'를 짓는 것이 아닌가? 맞다. 지금 나는 페트로차이나와 시노펙에 대해 이야기하고 있다. 2009년 11월, 페트로차이나와 시노펙이 매국 행위를 하며 중국인을 착취한다고 비난한 글이 인터넷에 올라왔다. 바로 석유 완제품의 수출가격이 중국 내 가격보다 너무 낮다는 것이다. 글에 따르면 2009년 11월호 『상우주간商務週刊』에 발표된 통계를 기준으로 2009년 1~8월 중 중국은 석유 완제품 1496만 톤을 수출했다. 총 수출액은 66억 5000만 달러로 톤당 가격은 444.5달러, 위안화로 환산하면 톤당 3036위안이었다. 휘발유의 밀도는 0.739로 휘발유 1톤은 (원유로 치면) 약 1353리터이다. 경유의 밀도는 0.86으로 경유 1톤은 약 1163리터이다. 만약 석유 완제품 1톤을 1258리터로 계산한다면 석유 완제품의 리터당 수출가격은 $3036 \div 1258 = 2.4$위안/l이 된다. 그런데 이때 중국 내 석유 완제품의 도매가격은 리터당 6위안 정도였고 소매가격은 훨씬 더 높았다. 계산 결과 평균 수출가격은 중국 내 소매가격의 40퍼센트에도 미치지 못했다. 그러자 인터넷상에서 비난하는 여론이 들끓었다.

사실 개인적으로 페트로차이나나 시노펙에 대해 특별히 안 좋은 감정은 없다. 단지 이 일에 대해 의구심이 일었고, 페트로차이나와 시노펙은 국영기업으로 자국민을 차별할 이유가 전혀 없다는 생각이 들었다. 정확한 수치를 근거로 논리를 전개해야 하기 때문에 나는 시간을 내어 세관 자료를 조사했다. 조사 결과 인터넷에서 인용한 1496만 톤과 66억 5000만 달러라는 수치는 모두 맞았다. 그러나 그 밖의 다른 계산 과정에 크고 작은 문제가 있었다.

먼저 중국이 수출하는 석유 완제품은 크게 휘발유, 경유, 등유, 연료

[표 3-2] 중국의 석유 완제품 수출 일람표

	휘발유 수출		경유 수출	
	수량(만 톤)	금액(백만 달러)	수량(만 톤)	금액(백만 달러)
2009년 1월	22	103.5	13	76.9
2009년 2월	29	127.0	33	139.4
2009년 3월	12	53.8	50	167.0
2009년 4월	31	128.9	51	205.8
2009년 5월	31	140.9	39	177.4
2009년 6월	56	277.1	38	178.5
2009년 7월	30	159.6	42	207.3
2009년 8월	52	306.3	40	224.8
2009년 9월	52	315.2	29	173.9
2009년 10월	34	212.1	36	220.0
소계	349	1824	361	1771

유(석유), 아스팔트유로 구분된다. 이 중 약 60퍼센트가 돈이 되는 휘발유, 경유, 등유였고 40퍼센트는 상대적으로 값이 싼 연료유와 아스팔트유였다. 인터넷 글의 논거와 비교하기 위해 주로 휘발유와 경유 가격을 집중적으로 조사했다. 첫 번째 표([표 3-2])는 2009년 1~10월 중 중국의 휘발유와 경유 수출량과 수출액을 나타낸 것으로 모두 세관의 원자료를 사용했다.

그다음 이 자료의 단위를 위안/l로 바꾸었는데, 여기에는 별도의 통계가 필요하다. 첫째는 환율로 6.82위안/달러를 사용했다. 이 점에는

[표 3-3] 중국의 석유 완제품 세전稅前 수출 단가

	휘발유 수출 단가(위안/ℓ)	경유 수출 단가(위안/ℓ)
2009년 1월	2.37	3.47
2009년 2월	2.21	2.48
2009년 3월	2.26	2.45
2009년 4월	2.10	2.37
2009년 5월	2.29	2.67
2009년 6월	2.49	2.76
2009년 7월	2.68	2.89
2009년 8월	2.97	3.30
2009년 9월	3.12	3.52
2009년 10월	3.14	3.58
평균	2.64	2.88

출처: 해관총서海關總署와 필자의 계산

논쟁의 여지가 없을 것이다. 둘째는 경유 1톤과 휘발유 1톤을 각각 몇 리터로 계산하는가이다. 여기서는 앞서 본 데이터를 기준으로 삼았는데 휘발유 1톤은 약 1353리터이고 경유 1톤은 약 1163리터이다. 이렇게 계산한 결과 위의 표([표 3-3])가 나왔다. 휘발유와 경유의 수출 단가는 앞서 인용한 가격보다 조금 높으며 최근 몇 달 동안 유가가 눈에 띄게 상승한 것이 잘 나타나 있다.

여기서 단가는 원유 가격으로 만일 국내에서 판매할 경우 부가가치세, 소비세, 도시건설세, 교육세 등 적지 않은 세금이 붙게 된다. 따라서 세후 유가를 계산해야 국내의 석유 완제품의 도매가격과 비교가 가능하

[표 3-4] 석유 완제품의 수출가격과 중국 내 도매가격의 비교

	휘발유 가격 비교		경유 가격 비교	
	수출 단가(세후)	90호/휘발유 도매가	수출 단가(세후)	0호/경유 도매가
2009년 1월	24.01	4.69	5.20	4.91
2009년 2월	3.80	4.64	3.94	4.84
2009년 3월	3.87	4.69	3.91	4.84
2009년 4월	3.66	4.87	3.80	4.99
2009년 5월	3.91	4.87	4.18	5.00
2009년 6월	4.17	5.17	4.30	5.35
2009년 7월	4.40	5.61	4.47	5.86
2009년 8월	4.77	5.46	4.98	5.69
2009년 9월	4.95	5.66	5.26	5.93
2009년 10월	4.99	5.53	5.35	5.77

출처: 해관총서, 국가발전개혁위원회 및 필자의 계산

다. 소비세는 비교적 간단해서 휘발유는 리터당 1위안, 경유는 0.8위안이고 부가가치세는 17퍼센트, 도시건설세와 교육세를 합치면 10퍼센트 정도이다. 세금은 지역마다 조금씩 다르다. 이를 바탕으로 계산한 결과, 중국 내 도매가격과 비교가 가능한 석유 완제품 및 경유의 수출 단가표([표 3-4])가 나왔다.

결론적으로 2009년 1~10월 중 중국의 석유 완제품 수출가격은 여러 계산 과정을 거치자 중국 내 도매가격보다 낮았다. 그렇지만 40퍼센트까지 낮은 수준은 아니다.

동시에 다른 요인도 함께 고려해봤다. 2009년 한 해 동안 중국은 휘발

유 495만 톤, 경유 450만 톤을 수출했다. 4억 톤에 가까운 원유의 중국 내 소비량과 7200만 톤의 휘발유 생산량, 그리고 1억 4000만 톤의 경유 생산량과 비교하면 수출량이 그다지 많지 않다. 또 석유 완제품의 수출은 페트로차이나와 시노펙의 주요 업무가 아니다. 시노펙 측에서는 수출된 석유 완제품이 상당량이 수위탁受爲託 가공무역 방식에 따른 것으로 수출가격과 중국 내 시장가격을 비교해서는 안 된다고 해명했다. 시노펙이 상응하는 데이터를 보여준 것은 아니지만 회사의 주장이 전적으로 불합리하다고 말할 수도 없다. 중국의 정유회사가 제련 기술이 없는 국가를 위해 정유를 대신해주는 것은 새로운 사실이 아니다. 더 일반적으로 말하면 세관 가격이 실제의 교역 가격을 정확히 반영하지 못할 수도 있다. 세관을 통과할 때도 세금을 납부해야 한다. 따라서 정유업체는 가격을 낮게 신고해 세금을 줄이려고 한다. 따라서 이러한 요인을 함께 고려하면, 지금의 통계에서 볼 때 페트로차이나와 시노펙이 석유 완제품을 외국인에게 헐값에 넘긴다는 결론이 나올 수 없다.

마지막으로, 사람이 어떤 일을 하든 그 배후에 동기가 있기 마련이라는 말을 하고 싶다. 실제로 이윤 추구에 힘쓰는 페트로차이나와 시노펙이 체계적으로 석유 완제품을 외국인에게 헐값에 넘긴다는 사실은 상상하기가 힘들다. 만약 그렇다면 두 회사가 일상적으로 수행하는 업무의 목적과는 엄청난 차이가 있다.

보복관세의
진정한 대상은 누구인가?

•

중국은 수입이 지나치게 많은 것이 아니라 지나치게 적은 결과 엄청난 외화를 비축하게 되었다.

만약 한 나라의 외교력이 얼마나 강한지의 여부를 자국의 소비자에게

얼마나 모질게 구는지로 판단한다면, 이 게임은 하나 마나이다.

G20 피츠버그 정상회담은 평온하게 진행되었다. 전 세계 경제가 곤두박질치던 2009년 4월의 런던 정상회담 당시와 비교하면 가장 힘든 시기는 지나갔고, 각국의 경제는 점차 회복의 길로 접어든 것으로 보인다. 그래서인지 피츠버그 정상회담의 주요 의제는 예상과 달리 출구전략으로, 정부가 사상 초유의 경기부양책을 어떻게 중단할지에 대해 논의했다.

그런데 피츠버그에서 정상회담이 열리기 얼마 전에 타이어와 닭고기를 둘러싸고 중·미 간에 갈등이 불거져 중국인의 식탁이 볼모로 잡혔다. 자칫하면 경기가 회복 국면에서 침체로 되돌아설 가능성이 충분하여 전면적인 보호무역주의가 가장 큰 문제로 지적되었다. 일부 전문가는 보호무역주의가 1930년대 경제대공황의 주원인이라고 생각한다. 1929~1934년의 불과 5년 동안 세계무역은 65퍼센트 이상 감소했다.

중·미 간 무역 분쟁의 시발점은 오바마 대통령이 중국산 타이어에 대해 35퍼센트의 징벌적인 관세를 부과하기로 한 결정에서 비롯됐다. 이 가운데는 미국 기업이 중국에서 생산한 타이어도 포함됐다. 보복성 관세를 부과하기로 한 이유는 중국산 타이어가 미국으로 대량 유입되어 미국의 타이어 산업에 엄청난 피해를 주었기 때문이다. 미국 내 노조는 모든 것이 '불공정한 무역' 때문이라고 주장했는데, 실제 원인은 중국산 타이어의 가격이 너무 저렴한 데 있다. 중국의 상무부는 즉시 미국 측의 행동에 강력하게 반응하며 미국이 중국에 수출하는 닭고기 제품과 자동차 부품에 대해 반덤핑 조사를 실시하겠다고 발표했다.

사실 보호무역주의는 상대국뿐만 아니라 자국에도 결국 손해를 끼치며, 이익을 보는 사람은 극소수에 불과하다. 미국에는 약 2억 5000만 대의 승용차가 있고 운전면허를 소지한 사람만 해도 대략 2억 명이다. 자동차를 운전할 수 없는 16세 이하를 제외하면, 미국의 거의 모든 성년이 운전면허를 가지고 있다고 보면 된다. 따라서 미국은 타이어 위에서 생활하는 나라라고 해도 과언이 아니다. 미국 무역대표부의 통계에 따르면 현재 중국산 타이어가 미국의 타이어 시장에서 차지하는 비율은 약 16.7퍼센트이다. 이 비율로 간단히 계산해보면 약 3000만 명의 미국인이 중국산 타이어를 사용하고 있는 셈이다. 오바마 대통령은 중국산 타이어에 대해 관세를 올리겠다고 선언했는데, 그러면 증가한 관세의 일부는 타이어 생산업체가 부담하고 나머지 일부는 미국의 소비자가 떠안게 된다. 결국 3000만 미국 소비자가 타이어에 더 많은 돈을 들이게 되는데, 이는 관세가 늘어남에 따라 불가피하게 발생한 결과이다. 만약 중국산 타이어 가격이 인상되지 않는다면 미국의 노조는 계속 '불공정하다'고 주장할 것이다.

　그렇다면 3000만 명의 이익은 무엇과 바꾼 것인가? 미국에서 지난해 모든 자동차 부품 제조업체의 종사자 수는 60만 명에 미치지 못했다. 금년에는 경기 침체로 40만 명 이하로 줄었고, 그중 타이어 생산에 종사하는 사람은 몇만 명에 불과할 것이다. 중국산 타이어에 관세를 (추가로) 부과한다고 해서 몇만 명이 밥그릇을 지킬 수 있는 것도 아니다. 결국 미국에서 생산한 타이어 중 특히 저가 타이어의 생산 원가는 실제로 지나치게 높아 중국으로 생산 공장을 이전하지 않는다고 하더라도 다른 국가로 이전할 것이다. 미국은 수천만 소비자의 이익을 희생시켜 조만간 잃게 될 수만 개 일자리와 바꿨다.

　중국 쪽 사정은 훨씬 흥미롭다. 미국이 중국으로 수출한 닭고기 제품 중 상당 부분이 닭발이다. 미국산 닭발은 다음과 같은 특징이 있다. 첫째, 미국에서 사육된 닭은 몸집이 커서 닭발도 상대적으로 크고 고기도 많다. 둘째, 미국인은 닭발을 거의 먹지 않기 때문에 가격이 저렴하다. 따라서 중국인이 매년 엄청나게 소비하는 닭발 중 상당량이 미국에서 수입한 것이다. 그런데 미국의 양계업자 입장에서 보면 중국의 닭고기 시장은 규모가 작다. 매년 중국으로 수출하는 양은 전체 닭고기 판매액의 2퍼센트 미만이다. 따라서 중국 상무부가 어떻게 대응하더라도 결국 미국의 양계장에 별다른 타격을 줄 수 없다. 그러나 중국의 입장에서 미국은 큰 닭발을 대량으로 그리고 안정적으로 공급할 수 있는 유일한 국가이다. 사람마다 입맛이 다르기 때문에 어떤 사람은 작고 살이 없는 닭발을 좋아할지 모른다. 그러나 미국산 닭발의 양호한 판매 기록을 보면, 수많은 중국인이 큰 닭발을 좋아하는 것이 분명하다. 만약 중국이 정말로 미국산 닭고기 제품에 보복성 관세를 부과한다면, 미국인에게 주는 타격은 크지 않고 도리어 중국의 많은 소비자의 지갑만 더 털리게 된다. 이 금액은 크지 않아 사람들이 시선을 두지 않을 수도 있다. 그러나 보복 대상이 미국의 양계장인 것 같으나 결국 인질로 잡힌 것은 중국의 소비자이다.

한 국가가 수출을 하는 목적은 궁극적으로 수입을 하기 위해서이다. 그렇지 않다면 많은 제품을 수출해 얻는 것은 모두 외화가 된다. 외화를 보유해서 무엇을 하겠는가? 남을 위해 일하고 종이만 잔뜩 받아오는 것과 무엇이 다른가? 이런 의미에서 수입을 격려하는 것은 수출을 독려하는 것만큼이나 중요하다. 특히 중국은 수입이 지나치게 많은 것이 아니라 지나치게 적은 결과 엄청난 외화를 비축하게 되었다.

타이어와 닭고기, 이 작은 일에서 되새겨야 할 점은 많다.

제4장

취업난

중국 정부가 2009년의 경제성장률을 8퍼센트 수준으로 유지하고 싶어 했던 주요한 이유 중 하나는 바로 일자리 창출 때문이다. 중국은 경제성장의 기적을 이루었지만 취업의 기적을 이루기에는 아직 역부족이다. 경제성장률은 평균 두 자릿수이지만 취업률은 매년 1퍼센트 정도씩 증가할 뿐이다. 이런 현상은 많은 국가에서 상상조차 하기 힘들다. 그렇다면 왜 중국 경제는 고성장을 구가하지만 취업은 활발하지 못한 것일까? '제조업이 일자리를 창출한다는 환상'에서는 중국 경제의 성장 방식에 문제가 있다는 개인적인 의견을 서술했다. 중국은 제조업과 (시설)투자 및 프로젝트 사업에 지나치게 의존하고 있다. 이런 방식은 경제성장에는 유리하지만 일자리 창출에는 도리어 불리하다. 경제사史를 읽어보면 어느 나라도 제조업을 발전시켜 취업난을 해소하지 못했다. 왜냐하면 노동생산성이 가장 높은 분야는 가장 적은 노동력을 필요로 하기 때문이다. 만약 다른 국가의 발전 경험이 중국에 시사하는 바가 있다면, 바로 서비스업을 발전시키는 것이 진정한 해결책이라는 점이다.

'이해할 수 없는 취업 통계'에서는 통계 수치가 실제 상황을 정확하게 반영하는지의 여부와, 효력이 없는 양적 지표가 어떤 의미가 있는지 등 폭넓은 문제를 다뤘다. 이 문제가 중요한 이유는 정부의 정책이 과학적인지,

정부가 실제로 문제를 해결할 수 있는지 판단할 수 있기 때문이다.

사회의 전반적인 취업난 외에도 중국의 취업난에는 구조적인 문제가 있다. 일반적으로 하층 농민공農民工이 고등교육을 받은 대학(졸업)생보다 더 쉽게 일자리를 얻는다. 그 이유는 무엇인가? 아마도 여러 가지일 것이다. '농민공은 일하고 대학 졸업자는 취업 대기 중'에서는 내가 발견한 주요 원인에 대해 서술했다. 농민공은 언제든지 기대 수준을 낮춰 더 낮은 임금을 준다고 해도 일하지만 대학생은 그렇지 않다. 대학 졸업 인력의 시장가격은 많은 대학 졸업자들이 기대하는 몸값보다 낮다. 여기서 말하는 몸값에는 임금 외에 업종, 직종, 그리고 근무 지역 등이 포함된다. 내가 보기에 이 문제를 해결할 수 있는 유일한 해결책은 바로 대학생들이 현실을 직시하는 것이다.

2009년 초에 중국 경제의 성장세가 둔화되고 취업난이 심각해지자 '다 같이 임금을 삭감할 것인가 아니면 감원을 할 것인가?'를 쓰게 되었다. 당시에 중국 기업이 부딪힌 현실적인 난제는 더 많은 사람이 임금의 삭감을 받아들여야 하는 것인가, 아니면 소수의 사람만 일자리를 잃는 것을 그대로 볼 것인가의 문제였다. 사실 임금의 삭감이 어렵기는 하지만 더 좋은 선택일 수 있음을 논증했다.

1

제조업이 일자리를
창출한다는 환상
•

앞으로 중국은 제조업이 더욱 탄탄해지고 저부가가치 산업에서 고부가가치 산업으로 점차 발전해갈 것이다.
그러나 일자리 창출 측면에서 제조업은 아마도 중국의 엄청난 노동력을 수용하기에는 갈수록 역부족일 것이다.

현대화와 산업화는 줄곧 긴밀히 연결되었기 때문에 선진국을 때로는 산업화 국가로 부르기도 한다. 재미있는 사실은 지구상에서 산업화 규모가 가장 큰 국가인 미국에서 제조업이 GDP에서 차지하는 비율이 10퍼센트 정도에 불과하다는 것이다. 오늘날 산업화된 사회에서는 공업이 더 이상 국가 경제의 근간이 아니며, 심지어 경제성장을 이끄는 가장 중요한 동력도 아니다. 단지 이들 국가는 예외 없이 산업화를 거치면서 경제발전을 이루었을 뿐이다.

중국은 현대화를 추진하는 동시에 산업화의 길을 걸어야 한다. 개혁개방 이후 지금까지 지나온 과정은 상당히 성공적이었다. 30여 년간 일군 경제성장의 기적이 있기까지 제조업 중에서도 특히 수출주도형 제조업의 공로가 컸다. 부가가치만 놓고 보면 내가 계산한 결과 중국의 제조업이 벌써 미국을 뛰어넘어 세계 1위가 되었다. 그러나 규모가 크다고 해서 실력이 막강하다는 말은 아니다. 중국의 제조업은 대부분 산업사슬industry chain의 끄트머리에 있다. 따라서 중국의 제조업이 엄청난 규모의 생산을 실현하지 못했다면 '세계의 공장'이라는 이름도 얻지 못했을 것이다.

제조업은 많은 국가의 성장 동력이었지만 취업 증가의 동력이 되지는 못했다. 사실 제조업은 일자리를 가장 많이 창출하는 산업이었던 적이 한 번도 없었다. 각국의 경제발전사를 보면 한 가지 현상이 두드러진다. 즉 산업화 이전에 일자리가 가장 많았던 부문은 농업으로, 중국을 포함하여 개발도상국과 저소득 국가에서 농업 종사자 비율이 가장 컸다. 산업화 이후 오늘날 수많은 선진국에서는 서비스업이 일자리를 가장 많이 창출하여 취업 인구의 80퍼센트를 흡수한다.

이러한 현상이 나타난 주요한 원인 중 하나는 제조업의 노동생산성이 향상되는 속도가 일반적으로 농업과 서비스업보다 빠르다는 데 있다. 즉 노동생산성이 향상되면 경제성장에는 유리하지만 취업의 증대에는 도움이 되지 않는다. 예컨대, 방직기가 발명된 후 방직(여)공 한 사람이 하루에 생산할 수 있는 직물의 양은 과거에 수백 명, 심지어 수천 명이 생산하던 양과 맞먹었다. 생산력이 엄청나게 향상된 것은 의심할 수 없는 사실이다. 그러나 섬유시장의 규모가 같은 속도로 확대되지 않는다면, 방직기의 발명으로 섬유업이 직접 영향을 받아 취업자 수가 감소하게 된다.

반대로 서비스업은 많은 분야에서 노동생산성의 향상이 가장 느리다. 예컨대 이발사는 수년을 일해도 대부분 같은 기술로 머리를 자른다. 야채를 볶는 요리사에게 첨단 주방기구가 주어져도 야채를 볶는 속도가 크게 빨라지지는 않는다. 만일 소득이 증가함에 따라 사람들이 외식을 하는 횟수가 늘어난다면 이 수요를 충족시키기 위해 요리사의 수도 늘어나야 한다. 다시 말해 산업화가 진행되는 과정에서 많은 국가에서 공업이 발달했지만 음식을 만들고 옷을 세탁하며 중개를 하고 소송을 진행하며 소설을 쓰고 영화를 찍는 등 서비스 업종에서 일자리가 가장 많이 생겨났다.

그런데 중국의 경우는 다른 나라들과 같지 않다. 중국은 세계화와 동시에 산업화가 이뤄졌다. 중국은 제조업에서 노동생산성이 향상됨에 따라 중국산 제품이 전 세계 시장으로 빠르게 진출했다. 그 결과 중국의 섬유산업은 생산성이 크게 높아졌지만 취업자의 수는 (선진국의 경우와 달리) 감소하지 않고 오히려 증가했다. 왜냐하면 중국의 섬유산업은 상대적으로 협소한 중국의 국내 시장뿐만 아니라 광대한 세계 시장이 대상이기 때문이다. 이 때문에 많은 사람이 제조업, 특히 수출을 목적으로 생산하는 제조업이 앞으로 중국의 일자리 증가를 책임질 수 있을 것이라는 환상을 품었다.

그러나 이는 오해일 것이다. 현재 중국의 수많은 저부가가치 산업은 세계 시장을 좌지우지할 수 있는 영향력을 이미 확보했다. 이러한 산업이 앞으로 더욱 발전할 여지는 상당히 제한적이기 때문에 일자리를 지속적으로 창출해내기는 불가능하다. 또 고부가가치 제조업은 상대적으로 적은 수의 일자리만 창출할 수 있다. 예컨대 자동차를 만드는 데 필요한 노동력은 옷을 생산할 때의 노동력보다 적게 든다. 비행기를 만드는 데 필요한 인력은 자동차를 생산할 때보다 훨씬 적다. 게다가 세계 금융위기가 터진 후 서구권의 소비자는 더 이상 예전처럼 돈을 마음대로 쓰지 않는다. 따라서 중국산 제품에 대한 수요도 예전처럼 빠르게 증가하지 않을 것으로 보인다.

2009년에 중국의 수출이 두 자릿수나 하락한 것은 이런 사실을 입증한다. 앞으로 중국은 제조업이 더욱 탄탄해지고 저부가가치 산업에서 고부가가치 산업으로 점차 발전해갈 것이다. 그러나 일자리 창출 측면에서 제조업은 아마도 중국의 엄청난 노동력을 수용하기에는 갈수록 역부족일 것이다.

중국의 각 지방정부는 투자 확대와 세수 증대를 가져오기 때문에 줄곧 제조업과 '프로젝트 사업'에 높은 관심을 보였다. 제조업에 투자하고 제조업을 발전시키는 데 정책적인 특혜가 집중된 것이다. 그 결과 중국은 제조업이 지나치게 비대해지고 서비스업은 상대적으로 발전이 지체되었다. 사실 성장이 가장 빠른 분야는 제조업이기 때문에 경제가 양적으로 팽창하는 데 도움이 된다. 그러나 취업 통계를 보면 또 다른 모습이 드러난다. 중국의 경제성장 속도는 지난 몇 년간 두 자릿수를 유지하며 세계 1위를 고수했다. 그러나 취업증가율은 1~2퍼센트에 불과하다. 중국의 경제가 고성장을 구가했지만 취업률의 증가로 이어지지 않은 것이다.

중국이 겪고 있는 오랜 취업난을 해결하려면 제조업(프로젝트 사업 포함)에만 의존해서는 안 된다. 세계에서 제조업에 전적으로 매달려 취업 문제를 해결한 나라는 아직 없다. 한국, 일본, 독일 등 일부 선진 국가는 제조업의 취업 비율이 상대적으로 높다. 그러나 이들 국가의 경험을 중국에 그대로 옮겨올 수는 없다. 중국의 인구는 실제로 지나치게 많다.

세계의 모든 제조업이 중국으로 이전한다고 해도 일자리가 부족할 것이다. 서비스업이 한층 더 발전한다면 중국의 해묵은 취업난을 해소하는 데 도움이 될 뿐만 아니라 자연스럽게 내수도 진작시킬 수 있다. 이미 부유해진 중국 국민이 해마다 자동차나 텔레비전을 사지는 않을 것이다. 이들은 앞으로 더 많은 돈을 서비스를 구매하는 데 사용할 것이다. 농산품과 공산품을 소비하는 것에서 서비스 소비로 나아가는 것은 소비 행위가 상향 조정되는 필연적인 결과이다.

2
이해할 수 없는 취업 통계

•

첫째, 이 통계 자체에 어떤 정보도 들어 있지 않다는 사실은 누구나 알 수 있다. 왜냐하면
등록하지 않는 사람은 통계에 잡히지 않으며 등록실업률은 국제적으로 통용되는 실업률 통계 방법과
현격한 차이를 보이기 때문이다. 둘째, 이 데이터는 노동시장의 실제 취업 상황과도 연관성이 거의 없다.

매일 아침, 잠에서 깨면 내 블랙베리 휴대폰에 10~15통의 이메일이
와 있다. 대부분 자는 동안 발송된 아시아시장 보고서나 투자은행 보고
서로, 이 중 상당수는 중국과 관련된 것이다. 나는 매번 침대에 누운 채
이메일을 한번 훑어본다. 메일을 재빨리 확인한 다음 세수를 하고 아침
을 먹는다. 이런 생활은 내가 아침마다 무슨 일이 있어도 거의 반드시
하는 세 가지이고 순서 또한 바뀌지 않는다. 사실 나는 자는 동안 중국
에 무슨 일이 벌어졌는지 너무나 알고 싶어 먼저 메일을 보고 싶은 충동
을 억누를 수 없다.

2010년 3월 어느 금요일 아침, 도착한 메일이 평소보다 훨씬 많았다.
이것은 무슨 큰일이 일어났다는 의미이다. 메일을 열어보니 모두 원자바
오溫家寶 총리가 발표한 「정부업무보고政府工作報告」와 관련된 내용이었다.

그래서 나는 「정부업무보고」를 자세히 읽었는데, 그중 경제 부분에 특별히 관심을 두었다. 엄격하게 말하면 보고서 내용 중 뉴스거리는 없었다. 주요 정책 방향은 이미 여러 차례 말한 것이었다. 보고서의 논조나 어휘, 뉘앙스가 모두 변화가 없었고 시장이 크게 기뻐하거나 실망할 내용도 전혀 없었다. 그러나 사람마다 생각이 다른 법이므로, 뉴스거리가 없다는 것은 좋은 소식일 수도 나쁜 소식일 수도 있다.

따라서 나는 관심사를 통계 수치로 옮겼다. 최근 몇 년간 중국은 전국인민대표대회(이하 전국인대)가 거수기가 아니라고 줄곧 강조해왔다. 만약 정말 거수기가 아니라면 전국인대에서 구속력 있는 안건을 심의해야 한다. 누군가 전국인대가 어떻게 거수기가 될 수 있는지 물을지도 모르겠다. 국정의 방향을 알리는 「정부업무보고」와 예산안은 모두 전국인대의 심의를 거쳐야 하는데, 이들은 모두 매우 중요한 안건이므로 어떻게 권한이 없다고 말할 수 있겠는가? 이제 작은 것부터 논의를 시작해보자.

보고서에서 원 총리는 많은 통계를 인용했다. 예를 들면 2010년의 GDP 성장률 목표는 8퍼센트이고, 물가상승률은 3퍼센트 이하로 억제한다. 재정적자는 1조 위안이 조금 넘는 수준으로 조절하고 올해 대출잔액은 약 7조 5000억 위안을 유지하며 등록실업률은 4.6퍼센트 이내로 억제한다.

이 숫자들을 하나씩 살펴보면 적지 않은 문제가 있음을 알 수 있다. 먼저 경제성장률을 살펴보자. 이 세상에 경제성장률을 통제할 수 있는 정부가 있다면 바로 중국 정부일 것이다. 문제는 「정부업무보고」가 해마다 경제성장률 목표를 8퍼센트로 정해, 8퍼센트라는 수치가 더 이상 어떤 의미도 없다는 데 있다. 그런데 2009년의 목표치인 8퍼센트에는 정책과 관련이 있는 정보가 담겨 있었다. 연초에 많은 사람이 중국 경제의 성장세가 둔화되지 않을지 우려하는 상황에서 8퍼센트라는 목표는 적어도 정부의 정책 의지를 보인 것이다. 그러나 2010년에는 낮게 잡아도 9퍼센트 성장할 수 있으며, 높게 보면 두 자릿수도 가능하다. 따라서 이 시점에서 8퍼센트라는 목표치는 어떤 정책적인 의미를 담고 있지 않다.

이어서 정부의 예산안에 대해 이야기해보자. 2010년에 재정수입은 8퍼센트 증가하고 지출예산은 11.4퍼센트 증가해 재정적자의 규모가 1조 위안 초반이 된다. 여기서 짚고 넘어갈 점은 2009년은 지난 10여 년 동안 재정수입의 증가가 가장 낮은 해라는 사실이다. 정부가 부가가치세제를 개혁하고 수출환급액을 늘려 2009년에는 처음 몇 달간 재정수입은 마이너스를 기록했다. 그러나 연말이 되자 2009년 한 해의 재정수입이 역시 11.7퍼센트나 증가했다. 현재 어려운 시기가 기본적으로 지나간 상황에서 2010년에 재정수입이 8퍼센트 증가한 것은 어떻게 계산된 것일까? 1992년부터 중국은 재정수입의 증가율이 두 자릿수 아래로 떨어진 적이 없었다. 예상을 벗어나지 않는다면 2010년의 경제 상황은 분명히 2009년보다 좋을 것이다. 따라서 2010년에 재정수입이 얼마나 증가할지에 대해 보수적으로 통계를 내더라도 가장 힘들었던 2009년보다 낮지는 않을 것이다.

중국은 재정의 총규모가 약 7조 위안으로 재정수입의 증가를 1퍼센트포인트만 낮게 잡으면 바로 700억 위안을 자유롭게 지출할 여지가 생긴다. 중국은 재정의 초과 수입액을 어떻게 사용할지에 대해 상당히 유연하다. 추가 지출도 가능하고 정부의 부채를 상환해 적자를 줄일 수도 있으며, 아니면 재정안정기금에 넣어둘 수도 있다. 이런 방법은 모두 중국의 정부회계에서 가능한 일이다. 내 생각에 정부가 예측한 2010년의 재정수입 증가율은 5~10퍼센트 낮거나 혹은 더 보수적으로 평가되었다. 다시 말해 2010년 말 정부회계에서 4000~7000억 위안의 초과 수입이 발생할 수 있다. 그런데 이 돈은 모두 재정적자의 보전에 쓰는 것으로 끝낼 수도 있고 갑자기 지출할 수도 있는데, 여기서 비롯되는 낭비는 어렵지 않게 짐작할 수 있다. 지금까지 이러한 선례가 없지 않았다.

다음으로 도시의 '등록실업률'에 대해 알아보자. 첫째, 이 통계 자체에 어떤 정보도 들어 있지 않다는 사실은 누구나 알 수 있다. 왜냐하면 등록하지 않는 사람은 통계에 잡히지 않으며 등록실업률은 국제적으로 통용되는 실업률 통계 방법과 현격한 차이를 보이기 때문이다. 둘째, 이 데이터는 노동시장의 실제 취업 상황과도 연관성이 거의 없다. 예컨대 1990년대 말 수많은 국유기업의 직원이 일자리를 잃었을 때도 중국 도시의 등록실업률은 고작 3퍼센트에 불과했다. 2007년에 경기가 과열되고 경제성장률이 14.2퍼센트나 되었지만 등록실업률은 오히려 4퍼센트로 악화되었다. 2009년 한 해 동안 등록실업률은 4.3퍼센트였는데, 이해에 중국 경제가 커다란 변동을 겪어 상반기에 경기가 침체되었다가 하반기에 상승세로 반전한 것은 누구나 알고 있다. 이러한 상황에서 2010년의 등록실업률을 4.6퍼센트 이내로 억제하겠다는 계획의 숨은 뜻은 무엇일까? 정말로 이해하기가 힘들다.

물론 모든 통계가 문제가 있다는 말은 아니다. 예를 들어 총 대출 규모를 7조 5000억 위안 수준으로, 인플레이션율은 3퍼센트 이내로 억제하겠다는 계획은 설득력이 있다. 2009년에 시중에 풀린 대출금이 10조 위안에 육박하는 상황에서 만약 정부, 특히 중앙은행이 아무런 행동에 나서지 않는다면 이 두 가지 목표는 저절로 실현될 수 없다. 대출 규모를 7조 5000억 위안으로 조절하는 것은 상대적으로 쉽다. 중앙은행에서 '창구지도' 방식으로 시중은행을 통제하거나 아예 중앙은행이 발행한 채권을 매입하도록 하여 대출이 급등하는 은행에 제재를 가하면 된다. 그러나 물가상승률을 3퍼센트 이내로 억제하기란 결코 쉽지 않다. 곡물을 포함하여 전 세계의 주요 상품 가격이 안정세를 회복하고 2009년에는 기본적으로 물가 수준이 낮았다. 그렇지만 제대로 관리하지 않으면 2010년의 물가상승률은 3퍼센트를 가볍게 돌파할 수 있다.

마지막으로 화제를 돌려, 행정(정부) 권력을 효과적으로 견제하는 것은 행정기관을 감독하고 부패를 근절하는 핵심 요건이다. 한 국가의 입법기관이 심의한 안건에 대해 얼마나 구속력이 있는가는 입법기관이 행정기관을 어느 정도 견제할 수 있는가를 반영하는 중요한 지표가 된다. 이렇게 좁은 의미에서 보았을 때, 중국의 의회(전국인민대표대회)는 아직 가야 할 길이 먼 것 같다.

3

농민공은 일하고
대학 졸업자는 취업 대기 중

•

대졸자의 취업 문제를 해소하는 가장 근본적인 방법은 대학생이 생각하는

임금의 하한선을 좀 더 낮추는 것이다. 더 적은 월급, 이상적이지 않은 업종, 더 낮은 직위 혹은

중심 도시에서 떨어진 외딴 지역도 감내하는 것이다. 대학생들은 이러한 현실을 직시해야 하며,

대학에 진학하기 전에도 반드시 이 점을 분명히 인식해야 한다.

2009년 음력설 전날, '중앙농촌업무지도자그룹사무처'의 천시원陣錫文 주임이 기자회견 도중에 중국은 2000만 명의 농민공이 실업 상태라고 말했다. 이 소식을 듣고 모두 깜짝 놀랐다. 이후 2000만이 하나의 상징적인 숫자가 되어 수많은 논쟁에 불을 붙였다.

나중에 이 수치가 농민공의 취업 실태를 다소 과장했음이 밝혀졌다. 2009년 '양회兩會 전국인민대표대회와 정치협상회의 기간에 국가통계국과 인력자원 사회보장부에서도 음력설 이후의 통계 결과를 공표했다. 이번에는 음력설 이전의 통계보다 더 전면적이고 꼼꼼하게 조사가 이뤄졌다. 결론적으로 1100만 명의 농민공이 이때까지 일자리를 찾지 못했다. 중국에 2억 2000만 명의 농민공이 있다고 가정하면 2009년 음력설 이후 약 5퍼센트의 농민공이 실업 상태에 놓인 것이다. 실업자의 수는 절대적으로 보

면 높은 편이나 상대적인 수치로는 그다지 높지 않다.

몇 달이 지나자 대부분의 사람들이 농민공의 실업 문제를 잊었다. 이는 언론과 인터넷의 초점이 좀 더 중요한 다른 사건으로 옮겨갔기 때문일 것이다. 이때 나는 개인적으로 또 다른 가능성에 관심을 두고 있었다. 그것은 바로 중국의 경제가 침체기에 접어들었다고 해도 농민공의 대규모 실업 사태는 많은 사람이 처음에 걱정한 것처럼 그렇게 심각한 수준이 아니라는 점이다. 2009년 가을이 되자 또다시 노동력이 부족하다는 소식이 들렸다.

만일 취업하기가 정말 힘들다면 그 대상은 바로 2009년에 중국 전역에서 쏟아져 나온 610만의 대학 졸업 예정자이다. 중앙 정부는 대학 졸업자의 취업난을 해소하기 위해 수차례 정책을 발표한 바 있다. 교육을 지원하고 시골 관리로 임명하며 석사 모집 정원을 늘리는 등의 조치를 보면 대학 졸업자들의 취업난이 어느 정도 심각한지 대번에 알 수 있다. 차이징왕財經網의 2009년 6월 1일자 기사에 다음과 같은 뉴스가 실렸다.

취업률이 지난해 같은 기간보다 낮아

6월 1일 마이코스mycos 인력자원 정보컨설팅사에서 새로운 인터넷 조사 결과인 '2009년 대학 졸업 예정자의 취업률'을 발표했다. 데이터에 따르면 5월 말까지 4년제 대학 졸업자의 취업률이 38퍼센트, 전문대학 졸업자가 36퍼센트이다. 이 수치는 지난 4월에 발표한 두 종류의 대학이 각각 39퍼센트였던 것보다 다소 하락한 것이다.

만약 내가 잘못 이해하지 않았다면 이 취업률에는 계속 공부를 하는 사람, 즉 취업을 미루는 사람도 포함된다. 농민공의 취업률과 대학생의 취업률을 함께 놓고 보면 중국의 노동시장 상황이 매우 흥미롭다는 것을 알 수 있다. 중국에서 고등교육을 받는 그룹, 다시 말해 대학생들은 취업하기가 어렵다. 반면 가장 낮은 수준의 노동자, 즉 농민공은 수단과 방법을 가리지 않고 일거리를 찾을 수 있다. 더 정확히 말하면 생계를 유지할 방법을 찾을 수 있는 것이다.

나는 세상에 팔 수 없는 물건은 없고, 단지 가격이 문제가 될 뿐이라는 관점을 줄곧 견지해왔다. 만약 여러분에게 한 차 가득 배梨가 있는데 팔리지 않는다면 가격을 내리면 되고, 돈을 받지 않는 수준까지 내리면 동이 날 것이다. 만약 죄다 썩은 배라면 돈을 받지 않는다고 해도 아무도 가져가지 않을 것이다. 이때는 오히려 일정한 금액을 지불하면 분명히 가져갈 사람이 나타난다. 요컨대, 여러분이 어떤 물건을 팔더라도 적정한 가격을 제시하면 판매에 성공할 수 있다. 반대로 팔리지 않는 물건이 있다면 아마도 가격이 적당하지 않기 때문일 것이다. 이 논리는 모든 상황에 적용되지는 않는다. 공교롭게도 여러분이 아무도 살지 않는 곳에서 배를 판다면 아무리 가격을 내려도 사려는 사람이 없을 것이다. 그런데 노동시장은 무인도와 같은 상황은 아니다.

농민공은 일자리를 찾기가 상대적으로 수월한데 그 중요한 이유 중 하나는 농민공이 받는 임금이나 대우가 시장가격에 걸맞기 때문이다. 노동시장에서 공급이 부족하면 임금이 일제히 상승하고, 인력의 공급이 늘면 임금은 감소한다. 임금이 너무 낮으면 농민공은 고향으로 돌아가 다시 농사를 짓는다. 결론적으로 임금의 변화는 노동 공급의 변화를 반영한 것이다. 앞서 말한 배를 파는 경우와 마찬가지로 배가 얼마나 있든 가격의 변동을 통해 모두 팔아치울 수 있는 것이다.

대학생의 상황은 이와는 정반대이다. 대학생의 실제 '시장가격'은 대다수 대학생이 모두 취업할 수 있는 임금 수준으로 보면 대학생들이 생각하는 하한선보다 더 낮을 것이다. 많은 대학생이 임금 수준, 업종, 취업 지역 등 업무와 관련된 요소를 포함해 '시장가격'을 받아들이지 못해 일거리가 없거나 취업 대기 상태가 된다.

대학 졸업자의 '시장가격'이 낮은 이유는 구조적인 원인 때문일 것이다. 이미 대학을 졸업한 사람은 지나치게 많지만 이들을 찾는 수요는 부족하다. 또 교육의 질이 이유가 될 수 있다. 시장에서 일부 대학생은 능력을 인정받지 못한다. 기업의 입장에서 볼 때 대학에서 그럭저럭 4년을 보내고 책 몇 권을 보았다고 해서 대졸자가 실제로 어떤 가치를 창조할 수 있다고 생각하지 않는 것이다.

1999년과 2000년에 대학들이 모집 정원을 늘리기 시작했다. 당시에 나는 교수는 더 임용하지 않고 수업할 공간도 추가로 확보하지 않은 상황에서 무턱대고 학생 정원만 늘리는 게 심히 걱정스러웠다. 학부에서 내가 가르치던 과정은 학생 수가 70명이었다. 그런데 세 학년 아래의 학생 정원이 120명으로 늘어나더니 다음 해에는 150명으로 불어났다. 나는 이렇게 자식을 많이 낳으면 어떻게 다 기를 수 있는가라고 농담을 던졌다. 그러자 뭐 어려운 문제도 아니며 죽을 끓일 때 물 한 대접을 더 부으면 되고, 밥을 먹을 때 수저 한 벌을 더 놓으면 그만이라는 답변이 돌아왔다. 적어도 대학이 모집 정원을 늘리던 초창기에는 물 한 대접을 더 붓고 수저 한 벌 더 놓는 방식으로 추진되었다. 앞서도 말했지만 대학생 취업난을 해소하기 위해 교육부가 석사 모집 정원도 늘렸다. 보아 하니 여기에도 물을 더 부어야 할 것 같았다.

대학 졸업자의 '시장가격'이 무슨 이유로 낮아졌든 간에 이런 현상은 상당 기간 지속될 것이다. 내 생각에 이들의 취업 문제를 해소하는 가장 근본적인 방법은 대학생이 생각하는 임금의 하한선을 좀 더 낮추는 것이다. 더 적은 월급, 이상적이지 않은 업종, 더 낮은 직위 혹은 중심 도시에서 떨어진 외딴 지역도 감내하는 것이다. 대학생들은 이러한 현실을 직시해야 하며, 대학에 진학하기 전에도 반드시 이 점을 분명히 인식해야 한다.

내가 남의 이야기라고 쉽게 말하는 것은 아니다. 나처럼 해외에서 유학한 사람이 10여 년 전에 고국으로 돌아왔을 때는 중국 전역에서 '하이구이海歸 해외에서 유학하고 돌아온 우수한 인재'가 몇 명 되지 않아 말 그대로 금값이었다. 그렇지만 지금은 공부를 마치고 귀국하려는 사람이 점점 더 늘고 있다. 만약 여러분이 자신을 예전처럼 금값으로 여긴다면 어쩔 수 없이 해외에서 '취업 대기' 상태를 유지해야 한다.

이것이 바로 시장의 법칙으로 어느 누구도 바꿀 수 없다.

다 같이 임금을 삭감할 것인가
아니면 감원을 할 것인가?

•

경기가 악화 일로로 치달을 때도 임금은 잘 떨어지지 않지만 실업이 크게 문제가 된다.
그런데 실업자 수는 임금이 어느 정도 탄력적인가에 따라 결정된다. 분배의 관점에서 볼 때,
임금을 줄이면 많은 사람이 경기의 악화로 발생한 고통(비용)을 함께 부담하지만,
감원을 하면 소수의 근로자만 피해를 고스란히 떠안게 된다.

경제가 성장하는 속도가 둔화될 때 개인의 소득이 증가하는 속도도 느려지며 심지어 감소할 수도 있다. 그런데 소득의 증가세가 꺾이면 모든 사람이 그 손실분을 나누는 것이 아니라, 일부가 소득의 감소분을 대부분 부담하고, 대다수는 전혀 손해를 보지 않는다.

구체적으로 들여다보면, 일부는 실업으로 소득의 원천을 잃게 되지만 다른 일부는 일자리를 보전해 소득을 계속 보장받을 수 있다. 이러한 결과는 불공평한 것 같다. 더군다나 일자리를 잃은 사람은 대개 일거리가 가장 필요한 사람들이다. 이들은 본래 생활 형편이 어렵거나 경험과 기술이 부족한 노동자이다. 실업이 이들에게 미치는 영향은 다른 어느 계층보다 훨씬 심각하다.

사실 실업이 증가하는 것은 경제가 악화되는 과정에서 나타나는 필연

적인 결과이지만 이때에도 일자리 줄이기가 꼭 필요한지는 분명하지 않다. 이는 대체로 기업이 (감원을) 원하는가의 여부와 임금을 조정하여 경기 악화로 발생한 충격에 어느 정도 대응할 수 있는가에 달려 있다.

기업 입장에서 감원과 감봉은 비용 절감 효과가 비슷한데 모두 인건비의 지출을 줄이는 방식이다. 그런데 감원이 기업에 끼치는 부정적인 영향은 감봉보다 더 크다. 감원은 결행하기는 어렵지 않으나 경제가 호전되었을 때 바로 현장에 투입할 수 있는 인력을 다시 충원하기란 쉽지 않다. 예전에 일하던 직원이 반드시 돌아온다는 보장도 없고 신입사원은 일정 기간 적응 과정을 거쳐야 하기 때문이다.

직원의 수를 조절해 경제 상황의 변화에 대처하는 방식은 별도의 비용이 따르지만, 임금을 조정하면 그렇지 않다. 만약 임금이 충분히 탄력적이라면 경기가 잠시 위축되거나 기업이 반드시 비용(원가)을 절감해야 할 때 감원이 아닌 감봉을 선택할 가능성이 훨씬 높다. 그런데 상황이 완전히 반대인 경우, 즉 임금은 비탄력적인데 기업이 반드시 비용을 절감해야 한다면 기업이 선택할 수 있는 최상의 방법은 감원밖에 없다.

이런 면에서 볼 때 경기가 악화 일로로 치달을 때도 임금은 잘 떨어지지 않지만 실업이 크게 문제가 된다. 그런데 실업자 수는 임금이 어느 정도 탄력적인가에 따라 결정된다. 분배의 관점에서 볼 때, 임금을 줄이면 많은 사람이 경기의 악화로 발생한 고통(비용)을 함께 부담하지만, 감원을 하면 소수의 근로자만 피해를 고스란히 떠안게 된다.

따라서 기업의 이익 면에서나 공정성의 관점에서나 경제가 잠시 위축될 때는 감원을 하지 않고 감봉을 하는 편이 더 나은 선택이다. 아직 사회 안전망을 제대로 구축하지 못했고 소득 분배의 격차가 비교적 큰 중국의 상황에서는 더욱 그렇다. 2008년 말과 2009년 초에 중국은 경제성장률이 지난 30년 이래 보기 드물게 급락했다. 이 결과가 취업에 끼친 충격이 얼마나 컸는지는 더 말할 필요도 없다. 이 당시 중국은 확실히 어려운 선택의 갈림길에 서 있었다. 바로 감봉을 할 것인가 아니면 감원을 할 것인가(실업)였다.

경제 전반을 놓고 보거나 공정의 관점에서 볼 때도 감봉을 선택하는 것이 감원을 택하는 것보다 나을 것이다. 그런데 말하기는 쉬워도 실행에 옮기기는 매우 어렵다. 분명히 실업 상태에 놓이게 될 사람은 소수이기 때문에 일자리를 잃을 가능성이 높은 소수를 위해 대다수의 사람이 자신의 임금을 희생하기는 상당히 어렵다. 이 때문에 많은 기업이 통상적으로 감봉이 아닌 감원을 택하게 된다. 전체에게 미움을 사는 것보다 소수에게 미움을 받는 것이 해결하기가 더 쉬운 것이다. 또 최저임금 기준을 지켜야 하기 때문에 저임금을 받는 직원의 경우 기업의 입장에서 볼 때는 더 이상 감봉할 여지가 없다. 따라서 여러 요인을 종합해보면 감봉은 매우 어려운 선택이다.

이때 어느 정도 정부의 역할이 필요하다. 감원은 당연히 기업의 자주적인 의사결정에 따른 것으로 정부가 기업의 감원에 간섭해서는 안 된다. 그러나 단기적으로는 기업이 근로자의 임금이나 복지 수준을 낮출 수 있도록 정부가 규제를 완화하여 임금의 삭감을 용인할 수 있다. 그러면 감봉이 기업이 실제로 시행 가능한 선택사항이 될 수 있다. 또 많은 사람이 정부 부처와 국영기업에서 일하고 있다. 정부는 공무원과 국영기업 직원의 임금을 통제할 수 있다. 이렇게 하면 민간기업이 임금 수준을 조정할 수 있는 여지가 커진다. 이 밖에도 정부가 할 수 있는 일은 국민 각자가 경기가 하락함에 따라 고통을 함께 분담해야 한다는 것을 인식하도록 사회적으로 널리 공감대를 형성하는 것이다. 물론 장기적으로 볼 때 정부가 사회 안전망을 면밀히 구축해, 잠시 실업을 해도 최저생활이 가능하고 오래지 않아 새로운 일자리를 찾을 수 있도록 해야 한다.

경제성장이 빠르게 둔화되는 것은 아무리 생각해도 매우 바람직하지 않은 현상이다. 그러나 사람들이 고통을 조금씩 나눈다면 삶이 그렇게 힘겹지만은 않을 것이다.

제5장

가격, 인센티브, 그리고 이익 분배

2009년 코펜하겐 기후변화 정상회의는 복잡하고 극적인 반전이 많았다. 협상 테이블 위에서는 지구의 미래를 논의하지만, 테이블 아래에서는 이익의 분배를 놓고 국가 간에 힘겨루기가 노골적으로 진행되었다. **'온실가스 감축의 관건은 이익을 어떻게 분배하는가에 달려 있다'**에서는 두 가지 중요한 문제를 서술했다. 첫째, 중국은 반드시 세계 기후변화 협상에 적극 참여해야 한다. 왜냐하면 협상이 순조로울 경우 중국이 수혜자가 될 가능성이 아주 크기 때문이다. 둘째, 전 세계 온실가스의 감축이 실제로는 왜 이익의 분배인지 자세히 분석했다. 여기서 말하는 이익이란 (탄소)배출권을 가리킨다. 사실 어떻게 감축할지는 기술적인 문제로 크게 어렵지 않다. 그리고 누가 감축하는가도 효율의 문제로 역시 그렇게 어려운 문제가 아니다. 다만 누가 배출권을 가지는가가 이익의 문제로 커다란 난제다.

중국의 고속도로는 통행료가 비싸 많은 사람의 지탄을 받고 있다. 그런데 통행료만 비싼 것이 아니라 요금 구조가 복잡하다는 데도 한목소리를 낸다. 그러나 **'중·미 양국의 통행료'**에서는 다른 관점에서 이 문제를 다루었다. 중국 고속도로의 비싼 통행료는 중국에서 고속도로가 빠르게 건설되면서 나타난 현상으로, 비싼 통행료가 인프라 구축을 앞당기는 수단이 될 수 있음을 인식해야 한다. 나는 미국과 중국의 고속도로 통행료를 비교한 다음 과감히 이를 추측해봤다. 중국에서 통행료가 비싼 것은 단계적인 현상에 불과하다. 고속도로가 모두 건설되고 원가가 회수되면 중국도 미국처럼 저렴해지거나 아예 통행료를 받지 않을 가능성이 크다.

'배기량이 적은 자동차가 반드시 에너지를 절약하는 것은 아니다'에서는 사람의 행동은 인센티브에 영향을 받기 때문에, 정말 에너지를 절약하려면 단순히 자동차의 (탄소)배출량을 감소하는 것만으로는 불가능하다고 보았다. 그다음 사람의 행동양식과 그 이면에서 작용하는 유인을 바꿀 필요가 있다고 지적했다. 배기량이 적은 자동차가 에너지를 절약할 수 있으려면 더 많은 사람이 자동차를 사지 않을 것과 자동차를 구입한 사람도 더 많이 차를 사용하지 않을 것이라는 전제가 있어야 한다. 그런데 이두 가지 가정은 모두 성립하지 않는다. 소형 자동차는 구입비와 사용 비용이 저렴하기 때문에 오히려 더 많은 사람이 자동차를 사고 더 많이 자동차를 운행하도록 이끌어 결과적으로 더 많은 에너지를 사용하게 된다.

''고속철도화'와 설 귀성 기차표 가격'에서는 한 가지 측면에서 인구 분산의 문제를 다뤘다. 고속철도의 건설은 그 자체로 좋은 일이다. 그러나

제1부 100미터 달리기를 하듯 마라톤 경주를 하는 중국

이 때문에 '고속철도화'되었다는 불만도 생겨났다. 즉 한 가지 일을 놓고도 사람마다 전혀 다른 견해를 보일 수 있음이 드러난 것이다. 설 귀성 기간 동안 기차표 값을 인상해야 하는지의 여부에 대한 논쟁 역시 소형 자동차와 성질이 비슷한 문제다.

'지탄의 대상이 된 수도 요금의 속사정'에서는 수도 요금의 인상 문제를 짚어보았다. 크게 보면 이것도 기차표의 가격 인상 문제와 유사한 점이 있다. 그러나 수도 요금은 비교적 간단한 경제 원리로 해결할 수 있다. 즉 수도 요금을 인상하더라도 저소득층의 부담이 늘어나지 않으며 정부나 수도 회사가 주는 보조금을 받지 않아도 되는 면에서 차이가 있다.

1

지탄의 대상이 된
수도 요금의 속사정

•

인위적으로 어떤 물건의 가격을 낮췄다고 해서 '물건이 희소하다'는 본질이 달라지는 것은 아니다.
오히려 재화의 희소성이 더 심화될 수 있다.

한동안 인터넷에서 "곳곳에서 수도 요금을 인상한다는 말이 들린다. 전문가들은, 수도 요금이 비싸 마시지 못하는 사람이 있지만 가격을 인상하지 않을 수는 없다고 말한다"라는 글이 화제가 되었다. 이 글은 예상 외로 사람들의 지탄을 많이 받았다. 물론 나는 이런 주장이 왜 지탄을 받는지 모르겠다고 시치미를 뗄 정도로 유치하지는 않다. 오히려 이 주장이 명백한 사실이라고 말하고 싶다.

이 세상에서 경제 문제가 사라지지 않는 가장 근본적인 이유는 '희소성'에 있다. 만약 무엇이든 아무리 써도 줄어들지 않는다면 경제학이라는 학문 자체가 필요하지 않을 것이며, 지구에서 벌어지는 대다수의 갈등이 더 이상 존재하지도 않을 것이다. 꼭 경제학자가 아니더라도 일반인도 '물건은 부족할수록 비싸다'는 원리를 잘 알고 있다. 어떤 재화가 희소하다면 다른 조건이 동일한 상황에서 그 재화는 자연히 가격이 높을 것이다. 물론 인위적으로 어떤 물건의 가격을 낮게 책정할 수는 있다. 그러나 인위적으로 어떤 물건의 가격을 낮췄다고 해서 '물건이 희소하다'는 본질이 달라지는 것은 아니다. 오히려 재화의 희소성이 더 심화될 수 있다. 실제로 1950년대 말에 중국 정부는 모든 사람이 큰 식당에서 공짜로 밥을 먹도록 했다. 음식을 먹을 때 돈은 내지 않아도 됐지만, 먹을 것이 충분하지 않은 상황은 그대로였다. 오히려 낭비만 극심해졌다. 일부 학자가 연구한 바에 따르면, 훗날 '3년의 자연재해'가 발생했을 때 첫해에 그토록 어려웠던 것은 큰 식당에서 엄청난 낭비가 단계적으로 이뤄졌던 것과 밀접한 관계가 있었다.

중국은 많은 도시에서 수도 요금의 수준이 지나치게 낮다. 이런 사실은 특별한 지식이 없어도 충분히 알 수 있다. 중국의 대다수 도시가 물 수급 상황이 어려운 것을 생각하면 바로 이해할 수 있다. 화베이 지역을 예로 들어보자. 이 지역은 원래 물이 부족하다. 게다가 인구가 엄청나게 유입되어 공업, 농업, 생활용수의 수요가 크게 늘었기에 물이 부족하지 않다면 오히려 이상하다. 나는 베이징 시 발전개혁위원회의 어느 인사에게 베이징의 물 부족 상황에 대해 설명을 들을 기회가 있었다. 그는 베이징 지역에서 지하수를 대량 끌어 써 지하수의 수위가 엄청난 속도로 낮아지고 있다고 알려줬다. 이 인사는 지하수를 모두 추출하고 나면 새로운 수원水源이 어디에 있는지 알 수 없다고 말했다. 나는 이렇게 된 원인은 정부가 엄청난 자금을 투자한 남수북조南水北調, 중국의 수자원 확보 정책으로 남부의 풍부한 담수 자원을 물이 부족한 북부로 끌어오는 사업에 있다고 생각한다. 설명을 들은 이후 나는 베이징을 떠올릴 때마다 베이징이 은연중에 '목이 마르다'고 느낄 것이라는 생각이 들었다.

만약 수도 요금을 수단으로 베이징의 실제 물 수급 상황에 영향을 주려 한다면 베이징의 수도 요금이 지금의 수준을 유지해서는 절대로 안 된다. 사람들이 한 방울이라도 물을 낭비하면 아까워하는 수준이 되어야 한다. 베이징에서 지금처럼 수도 요금이 싸서 물을 많이 소비하는 상황이 계속된다면 이는 미래의 자원을 끌어다 쓰는 것에 불과하다. 베이징에도 가난한 사람이 살고 있다. 그렇지만 수도 요금을 책정하는 것과 가난한 사람이 살고 있는지의 여부는 직접적인 관계가 없고, 수자원이 어느 정도 있는지와 관련이 있다. 베이징의 물은 빈곤층과 상관없이 자연에서 얻은 것이기 때문이다.

그러나 수도 요금은 확실히 빈곤층의 생활에 직접적인 영향을 준다. 빈곤층은 아마 물을 가장 낭비하지 않을 것이지만 수도 요금을 인상하면 가장 큰 영향을 받을 계층이다. 그렇지만 이 문제를 자세히 들여다보면 관건이 되는 부분은 바로 가난이다. 따라서 빈곤층이 물을 마실 수 있게 하는 가장 좋은 방법은 가격이 아니라 소득에서 접근해야 한다. 만약 수도 요금을 인상한다면 빈곤층에 이들의 소득수준에 상응하는 보조금을 지급할 수 있다. 그러면 실제로 물을 낭비하던 사람들이 물을 쓸 때 아깝다고 생각할 것이다. 그렇지만 빈곤층이 물을 마시지 못하는 상황에는 이르지 않는다.

그렇다면 어떻게 해야 수도 요금도 인상하고 빈곤층도 물을 마실 수 있을까? 사실 경제학에서는 이에 대해 이미 간단히 해답을 제시했다. 제도적인 장치를 마련하면 수도 요금을 올릴 수 있을 뿐만 아니라 빈곤층의 생활에도 영향을 주지 않으며 또 정부나 수도 회사가 내놓은 돈으로

빈곤층에 보조금을 지급할 필요도 없다. 가능한 한 가지 방식을 살펴보자. 가정마다 매월 무료로 사용할 수 있는 물의 양을 제한한다. 예컨대 사람마다 10톤 혹은 20톤으로 정하되 구체적인 양은 상황에 따라 조정하도록 한다. 이 제한된 물의 양을 초과했을 때 물 1톤당 10위안, 20위안 또는 50위안을 납부하도록 한다. 결론적으로 수도 회사는 손해를 보지 않으며 물 사용량도 효과적으로 억제할 만한 가격 범위를 책정할 수 있다. 이 방법은 한 가구가 소비하는 기본적인 물의 양을 보장해줄 뿐만 아니라 물 사용량이 지나치게 많은 가구에 징벌적인 요금을 부과할 수 있다. 그러면 이러한 가정은 아무래도 소득이 높은 가정일 것이다.

또 다른 방안은 조금 더 복잡하지만 좀 더 나은 방법일 것이다. 즉 수도 요금을 높은 가격 수준으로 한 번에 인상한다. 예를 들어 1톤당 35위안으로 정하면 가구마다 물을 사용한 양에 따라 납부할 돈이 달라진다. 수도 회사는 요금을 받고 원가를 공제한 다음 남은 돈을 물을 사용한 사람의 수에 따라 환급하는 것이다.

구체적으로 예를 들어보자. 물 1톤당 원가가 5위안이고 수도 요금은 톤당 35위안이다. 어느 가구는 20톤을 사용했고 다른 가구는 60톤을 사용했다. 그렇다면 수도 회사가 받은 요금은 $(20+60) \times 35 = 2800$위안이다. 여기서 $(20+60) \times 5 = 400$위안의 원가를 빼면 2400위안이 남는다. 이 2400위안을 인원수에 따라 균등하게 돌려주면 (가구의 인원수가 같다면) 가구당 1200위안씩 환급을 받게 된다. 물을 적게 쓴 가구는 $20 \times 35 = 700$위안을 납부했는데 다시 1200위안을 받았으니 결과적으로 500위안이 남았다. 물을 많이 쓴 가구의 순수 납부 금액은 $60 \times 35 - 1200 = 900$위안이다. 이러한 방식의 장점은 1인당 용수량보다 적게 사용한 가구는 돈을 벌고, 1인당 용수량보다 많이 쓴 가구는 많은 돈을 지불하여 모든 가구가 물 절약에 나서도록 유도하는 데 있다. 고소득 가구의 용수량이 대체로 저소득 가구보다 많다는 점을 감안하면 저소득 가구는 수도 요금 인상으로 경제적 부담이 늘어나는 것이 아니라 물을 절약하여 별도의 수입까지 올릴 수 있다.

글의 첫머리에 쓴 말은 틀림없는 사실로, 어떤 사람이 물을 마실 수 없게 된다고 해서 수도 요금을 인상하지 않을 수는 없다. 그러나 현명한 방법을 찾는다면 수도 요금을 인상할 수 있을 뿐만 아니라 모든 사람이 물을 마실 수 있다.

2

'고속철도화'와
설 귀성 기차표 가격

•

설 귀성 기간의 기차표 가격을 대폭 인상하자고 주장하는 사람들은 (예전의 나를 포함하여) 모두
시장에서의 배분의 결과가 가장 '효율적'이라도 인간미가 넘치는 방법이 아닐 수 있음을 잊어서는 안 된다.
기차표의 가격 인상으로 빚어진 부정적인 결과를 소홀히 하는 것은 중대한 실수이다. 더 많은 사람이
빠르고 편리한 고속열차를 이용하기 시작할 때 우리는 고속열차가 제공하는 속도와 편리한 서비스가
일부 사람들이 감수해야 하는, 더 느리고 불편한 서비스를 희생시켜 얻은 것임을 잊어서는 안 된다.

2009년 크리스마스와 신년 휴가 기간에 회사 안은 매우 조용했다. 그렇지만 나와 프랑스인 동료는 곧 시작될 한 해의 업무를 준비하기 위해 여느 때처럼 열심히 일하고 있었다. 이날 영국인 동료가 부리나케 들어오더니 우리에게, 정확히 말하면 나에게 말했다. "중국의 우광武光, 우한武漢과 광저우廣州를 잇는 노선 고속열차가 개통됐대요. 기차가 정말 멋지던데요." 그러고 나서 특별한 일이 없던 영국인 동료는 중국은 왜 지형이 상대적으로 복잡한 우광 노선을 가장 먼저 원거리 고속철로로 건설했는지를 놓고 우리에게 캐묻기 시작했다. 그의 생각에는 베이징 ─ 상하이 노선이 더 합리적이었다. 이어서 우리는 중국이 자체의 힘으로 고속열차 기술을 개발했는지 아니면 해외에서 들여왔는지에 대해서도 토론했다. 나는 나중에 중국으로 돌아와 철도 사정을 아는 사람에게 자세한 이야기

를 들을 수 있었다. 베이징—상하이의 전체 노선은 평야 지대를 달리지만 철로는 대부분 교량 형태로 건설해야 했다. 즉 철근콘크리트가 받치고 있는 고가高架철로이다. 동부 지역은 토지가 매우 비싸기 때문에 토지 자원을 절약하기 위해서는 이렇게 건설해야 한다.

중국의 고속철도를 화제로 삼던 중에 나는 동료 두 명과 '고속철도화被高速'에 대해 이야기를 나누게 되었다. 중국어 특유의 피동형 의미가 담긴 '고속철도화'라는 말에는 모든 사람이 고속철도를 반기는 것이 아니라는 사실이 들어 있다. 고속열차의 기차표 가격이 훨씬 비싸 일반 열차의 운행 횟수가 줄어들고 결국 적지 않은 사람이 교통비 지출을 늘려야 했다. 많은 사람에게 비용은 시간이나 안락함보다 더 중요한 고려 대상이다. 따라서 '고속철도화'는 적절한 원망의 표현으로, 나를 포함하여 중국에서 하루도 살아보지 않은 프랑스인 동료와 영국인 동료도 이런 설명에 고개를 끄덕였다.

경제학의 관점에서 분석하면 모든 시장에서 '고속철도화'의 문제가 발생하는 것이 아니라, 대부분의 시장에서 나타날 수 없다고 말해야 한다. 어떤 사람도 '고급 호텔화되었다'거나 '고급 승용차화되었다'라는 말을 들어본 적이 아마도 없을 것이다. 왜냐하면 고급 호텔이나 고급 승용차는 대체품이 다양해 고급 호텔에 가지 못하고 고급 승용차를 타지 못해도 사람들이 일반 호텔에 가거나 일반 승용차를 구입하는 데 아무런 장애 요소가 없기 때문이다. 그러나 이런 시장과 달리 장거리 대중교통 시장에서는 (고속)열차의 중저가 대체품이 적기 때문에 (서비스의) 공급은 수송 능력의 제한을 받게 된다. 이때 '고속철도화'의 문제가 발생한다. 만약 좋은 대체품이 있다면 고속열차를 타지 못하는 사람은 다른 교통수단을 선택할 수 있다. 그리고 공급에 제한이 없다면 고속열차 때문에 일반 열차의 운행 횟수가 감소하는 상황도 벌어지지 않을 것이다.

'고속철도화'는 수많은 문제의 축소판에 불과하다. 소득 격차가 나날이 커지는 것을 실감하는 사람들을 대상으로 유한한 자원(여기서는 철도 운송 능력)을 어떻게 분배할 것인가는 확실히 문젯거리다. 매년 입에 오르내리는 설 귀성 기차표 가격은 아마도 이 문제를 가장 잘 드러낸다고 볼 수 있다. 과거의 나를 포함해 많은 사람이 설 귀성열차의 문제는 궁극적으로 가격의 문제라고 쉽게 이야기했다. 가격을 충분히 인상한다면 설 귀성 기간 동안 기차표가 부족한 상황은 완전히 사라질 것이다. 이른바 비非탄력적 수요가 있다는 논의는 전혀 발붙일 곳이 없을 것이다. 만약 기차표 가격을 한 장에 1만 위안으로 올리면 기차역이 매우 한산해질 것이다.

그러나 이런 방법은 아주 중요한 사실을 놓치고 있다. 기차표 값이 올라 승객이 감소할 때 줄어든 승객은 과연 누구일까? 분명히 소득이 높아 몇백 위안에서 1000위안 정도는 부담할 수 있는 사람들은 아닐 것이다. 처음부터 집에 특별히 가고 싶어 하지 않은 사람을 제외하면 결국 저소득층일 가능성이 높은데, 그중 농민공이 대부분일 것이다. 물론 인파가 몰리는 것을 억제한다는 측면에서 가격 인상이 무조건 나쁜 아이디어는 아니다. 그러나 평등과 공정이라는 측면에서 말하면 평가를 내리기가 쉽지 않다. 왜 원래 소득이 많지 않고 1년 내내 고향을 등지고 살아야 하는 농민공이 설 귀성 행렬에서도 이등 시민이 되어야 하는 것일까? 왜 돈이 더 많은 사람에게 길마저 양보하고 뒤로 밀려나야 할까?

'고속철도화' 현상은 매우 현실적인 상황을 보여준다. 소득이 높고 쾌

적함과 속도를 중요시하는 사람들에게 고속열차가 개통된 것은 분명히 좋은 소식일 것이다. 이들에게 고속열차는 비행기의 좋은 대체품이 된다. 그러나 돈을 아끼고 싶어 하는 사람들에게 고속열차는 아마도 나쁜 소식일 것이다. 왜냐하면 고속열차가 뚫린 후 일반 열차의 운행 횟수는 줄어들 것이기 때문이다. 물론 이들은 장거리 버스와 같은 대체 교통수단을 선택할 수도 있다. 그러나 중장거리 여행객에게는 열차가 더 편하고 안전한 교통수단이다. 따라서 '고속철도화' 현상이 알려주는 한 가지 사실은 고소득층이 여전히 저소득층을 밀어낸다는 것이다.

누군가 소득이 낮은 숙명 때문에 어쩔 수 없다고 말할 수도 있다. 가난하다는 뜻은 살 집이 없고 물건을 살 수 없으며 또 고향에 돌아가지 못한다는 것을 의미한다. 돈을 쓸 수 있다면 그는 가난한 사람이 아니다. 이 말이 듣기에 거북할 수 있으나 대체로 사실이며 수많은 문제의 해결책은 결국 서민의 소득을 어떻게 증대시킬 것인가라는 문제로 귀결된다.

그러나 노골적인 정글의 법칙이 존재하지 않고 인류 사회가 문명화된 오늘날에도 저소득층은 사라지지 않을 것이다. 설 귀성 기간의 기차표 가격을 대폭 인상하자고 주장하는 사람들은 (예전의 나를 포함하여) 모두 시장에서의 배분의 결과가 가장 '효율적'이라도 인간미가 넘치는 방법이 아닐 수 있음을 잊어서는 안 된다. 기차표의 가격 인상으로 빚어진 부정적인 결과를 소홀히 하는 것은 중대한 실수이다. 더 많은 사람이 빠르고 편리한 고속열차를 이용하기 시작할 때 우리는 고속열차가 제공하는 속도와 편리한 서비스가 일부 사람들이 감수해야 하는, 더 느리고 불편한 서비스를 희생시켜 얻은 것임을 잊어서는 안 된다.

3

배기량이 적은 자동차가 반드시 에너지를 절약하는 것은 아니다

•

전체 유류 소비량으로 보면, 거리에 소수의 고배기량 승용차가 달리는 것이
저배기량 승용차가 거리를 가득 메우는 것보다 에너지를 더 절약할 수 있다.

　　나는 배기량이 적은 자동차에 대해 줄곧 의문이 들었다. 저배기량 자동차를 구입하도록 유도하는 것이 정말 에너지 절감 효과가 있을까? 이런 생각이 든 이유는 현재 중국에서 저배기량 자동차가 크게 유행할 뿐만 아니라 중·저소득 국가에도 배기량이 적은 자동차가 매우 많기 때문이다. 예를 들어 중국에는 큐큐QQ가 있고 인도에는 이보다 더 저렴한 타타나노Tata Nano가 있다. 나는 예전에 소득수준이 중국보다 훨씬 낮은 국가를 방문한 적이 있는데, 이 나라의 자동차 보급률이 굉장히 높아 깜짝 놀랐다. 이곳에서는 대부분의 가정에서 배기량이 적은 자동차를 운행하고 있었다. 나는 현지 공무원에게 이렇게 많은 사람이 어떻게 자동차를 몰 수 있는지 물었다. 그러자 그는 배기량이 적은 자동차는 값이 싸기 때문이라고 간단하게 대답했다.

이런 경험을 바탕으로 나는 스스로 이 문제에 대해 결론을 내렸다. 저배기량 자동차는 에너지 절약에 전혀 도움이 되지 않는다.

왜 이런 결론이 나왔을까? 저배기량이라는 말은 에너지 절약과 같은 의미가 아닌가? 그런데 실제 상황은 꼭 그렇지가 않다. 우리는 다음과 같이 생각할 수 있다. 3만 위안 안쪽이면 배기량이 800씨씨인 치뤄큐큐奇瑞QQ를 구입할 수 있는데, 현재 유가로 100킬로미터를 주행하는 데 30위안 정도 든다. 이때 우리는 반드시 다음과 같이 자문해봐야 한다. 이 정도 가격이면 더 많은 사람이 자동차를 사도록 유도하고, 자동차가 있는 사람은 더 많이 자동차를 운행하도록 유도해, 결국 에너지 사용량은 감소하지 않고 오히려 증가하지 않겠는가?

나는 이 문제의 해답이 경제학에서 자주 사용하는 개념인 탄력성과 크게 관련이 있다는 것을 알고 있다. 가격탄력성이란 가격의 변화에 대한 수요량의 변화를 나타낸다. 어떤 상품이 가격이 조금 하락할 때 수요량이 급격히 증가한다면 우리는 '탄력적이다'라고 말한다. 이때 비로소 '박리다매'가 가능하다. 다시 말해 좀 더 싸게 팔면 상품 하나의 마진은 낮아지지만 대량 판매로 최종적인 (총)이윤은 오히려 더 늘어난다. 배기량이 적은 자동차가 에너지를 절약할 수 있는지의 여부에도 마찬가지 원리가 작용한다. 저배기량 자동차 한 대가 배출한 환경오염 물질은 확실히 적다. 그러나 자동차 구입 비용이 비교적 저렴하고 유류 가격이 싸다면 더 많은 사람이 자동차를 사게 된다. 그리고 자동차를 산 사람도 더 많이 차를 사용하여 결국 에너지 사용량이 오히려 증가하게 된다. 따라서 배기량이 적은 자동차를 타도록 유도하는 것이 에너지 절약에 반드시 도움이 되지는 않는다. 혹은 에너지를 절감할 수 있다고 해도 절감한 에너지의 총량이 우리가 상상한 만큼 그렇게 많지는 않을 것이다.

관점을 달리해 생각해보자. 중국 정부가 중국에서 4000씨씨 이상의 '기름 먹는 하마'와 같은 고급 승용차만 판매하도록 제한했다. 그리고 자동차 한 대 값이 걸핏하면 수십만 위안에서 수백만 위안에 이르고 또 100킬로미터를 주행하는 데 유류 가격이 100위안이 더 든다고 가정해보자. 그렇다면 중국에서 승용차가 얼마나 많이 팔릴까? 중국에서 큐큐를 몰 수 있는 사람은 많지만, '기름 먹는 하마'를 굴릴 수 있는 사람은 상대적으로 적다. 이렇게 되면 길 위를 달리는 자동차는 모두 환경 친화적인 자동차가 아니다. 그렇지만 자동차의 숫자가 많지 않아 기름 사용량은 국가 전체로 볼 때 오히려 더 적을 수 있다. 따라서 전체 유류 소비량으로 보면, 거리에 소수의 고배기량 승용차가 달리는 것이 저배기량 승용차가 거리를 가득 메우는 것보다 에너지를 더 절약할 수 있다.

결론적으로, 자동차 한 대의 배기량과 전체 에너지의 소비량은 필연적인 관계가 없다. 에너지 소비를 줄이기 위해서는 아마도 다른 방식이 필요할 듯하다. 한 가지 방법은 에너지 가격을 인상하는 것이다. 이렇게 되면 사람들이 자연히 배기량이 적은 자동차를 구입하거나 아예 차를 사지 않을 것이며, 자동차가 있다고 하더라도 차량 운행 횟수가 감소할 것이다. 이 경우 에너지 절약 측면에서 더 직접적으로 효과가 나타난다. 만약 중국인마다 큐큐를 한 대씩 소유하고 있어 간장 한 병을 사러 갈 때도 자동차를 몰고 나간다면 상상만 해도 끔찍한 일이다.

온실가스 감축의 관건은 이익을 어떻게 분배하는가에 달려 있다

●

중국은 산업화 과정에서 많은 양의 온실가스를 배출했다. 따라서 감축의 신축성과 여지는 중국이 선진국보다 훨씬 크다. 비록 새로운 기술을 개발하지는 못하더라도 고오염 산업에서 저오염 산업으로 전환하고, 실제로 사용되고 있는 선진적인 청정기술을 채택하면 중국은 경제 성장을 저해하지 않고도 대량으로 온실가스를 감축할 수 있다. 중국은 이 수십조 달러 규모의 신규 시장에서 타고난 '비교우위'를 갖고 있다고 말할 수 있다.

이 글을 쓸 무렵 세계 각국에서 온 대표들이 코펜하겐에서 지구온난화 대책을 논의하고 있었다. 만약 각국의 정상들이 정말로 가시적인 성과를 거둘 수 있다면 인류 역사상 최대 규모의 이익교토의정서 제17조에서 규정한, 온실가스를 배출할 수 있는 권리[배출권]를 이익으로 봄을 평화로운 방식으로 분배하게 된다. 사실이다. 지구온난화에 대처하는 것은 '매우 중요한' 일이지만 가장 어려운 문제는 바로 이익의 분배이다.

지구온난화는 신이 인간에게 부과한 벌금과도 같다. 과학자들의 연구에 따르면, 근현대에 경제가 성장하는 과정에서 값싸고 편리한 화석연료를 대량으로 사용한 결과 재난과도 같은 기후변화가 발생했다. 오늘날 인류는 스스로 배출한 온실가스에 대해 반드시 책임을 져야 한다. 쓰레기를 버릴 때는 원래 돈을 낼 필요가 없지만, 쓰레기가 너무 많이 쌓

이면 사람을 고용해 치워야 하는 것과 마찬가지 이치이다. 지구온난화를 방지하는 데 필요한 비용은 인류가 지구온난화를 억제하려는 의지가 어느 정도인가에 따라 다르다. 즉 단순히 지구온난화의 속도만 완화할 것인가 아니면 온난화의 흐름을 완전히 바꿀 것인가에 따라 비용의 크기가 달라진다. 예일대학교의 노드하우스_{William D. Nordhaus} 교수가 추산한 것에 따르면, 현재의 가치로 계산했을 때 수조에서 수십조 달러의 비용이 필요하다. 만약 지구상에 국가가 단 하나밖에 없다면 일은 비교적 간단하다. 비용이 얼마가 들든 모두 그 나라에서 책임을 지면 그만이다. 그러나 문제는 수많은 나라의 국내 실정이나 역사가 모두 다르다는 점이다. 과연 각국에 거액의 벌금을 어떻게 부과할지가 지구온난화 문제를 둘러싼 협상의 핵심이 되었다. 결국 감축을 약속한 국가는 모두 가격표를 하나씩 달게 되는데, 감축 목표가 높을수록 그 가격도 올라간다.

그렇지만 일이 이렇게 간단하지는 않다. 인류 전체로 볼 때 지구온난화를 방지하기 위해서는 경제적으로 별도의 비용이 발생한다. 수조 달러 심지어 수십조 달러에 이르는 비용은 원래 다른 용도로 쓰일 수 있었지만 지금은 (온실가스의) 감축을 위해 사용된다. 그러나 동시에 수조 달러에서 수십조 달러에 이르는 새로운 시장이 형성되었다. 개별 국가의 입장에서 보면, 감축 비용이 가장 적게 드는 국가나 가장 효율이 높은 대체에너지를 개발한 국가에 실질적인 기회가 돌아간다. 중국의 경우가 좋은 예이다.

중국의 감축 비용은 배출량이 많은 국가 중에서 상대적으로 낮은 편이다. 선진국은 일상생활에서 온실가스를 많이 배출하는 것과 달리 중국은 산업화 과정에서 많은 양의 온실가스를 배출했다. 따라서 감축의 신축성과 여지는 중국이 선진국보다 훨씬 크다. 비록 새로운 기술을 개발하지는 못하더라도 고오염 산업에서 저오염 산업으로 전환하고, 실제로 사용되고 있는 선진적인 청정기술을 채택하면 중국은 경제 성장을 저해하지 않고도 대량으로 온실가스를 감축할 수 있다. 중국은 이 수십조 달러 규모의 신규 시장에서 타고난 '비교우위'를 갖고 있다고 말할 수 있다. 만약 중국이 앞으로 세계 (온실가스의) 감축조약에서 지나친 의무만 지지 않는다면 잘하면 중국은 '감축'의 순수출국이 될 가능성이 전혀 없지는 않다. 다시 말해 감축 비용이 더 많이 드는 국가가 중국에 돈을 주고 감축의 성과를 사갈 수도 있는 것이다.

다음은 신에너지 산업에서의 경쟁이다. 신에너지를 개발하면, 각국은 감축 비용을 줄일 수 있을 뿐만 아니라 우위를 선점한 국가는 기술과 제품을 수출하여 자국의 경제성장을 이끌 수 있다. 중국의 제조업은 최저 비용으로 기술을 상품화할 수 있는 능력을 이미 갖췄으며 생산에 있어서는 그 어떤 나라도 두렵지 않은 수준이다. 신에너지 기술 분야에서도 중국은 결코 뒤처지지 않았다. 이 밖에도 전지, 태양에너지, 전기자동차 분야에서 우위를 지니고 있다. 만약 가격과 인센티브 제도가 적절하다면, 예컨대 기존의 석탄과 전기 가격이 환경과 안전 비용을 포함하여 실질 원가를 모두 반영해 책정된다면 중국의 신에너지 산업은 발전 가능성이 클 것이다.

그러나 미국의 경우는 다르다. 미국은 감축에 드는 비용이 아마 세계 1위일 것이다. 큰 차를 타고 큰 집에서 살며 시내 중심가에서 멀리 떨어진 교외에 거주하는 것이 이미 대다수 미국인의 생활방식이 되었다. 이러한 방식으로는 에너지를 절약할 수 없으며 몸에 밴 생활방식을 바꾸기도 어렵다. 특히 주택이 그렇다. 1인당 배출량이든 누적배출량이든 아니면 총배출량으로 계산하든 세계 1~2위를 다투는 고오염 배출국인 미국이 실제로 구속력 있는 국제 감축조약에서 최대의 배출 저감 의무(비용)를 떠안게 되리라는 것은 의심할 나위 없다. 이 의무의 크기는 총 배출 감소량의 20퍼센트보다 낮아서는 안 된다. 즉 수천억에서 수조 달러에 이르는 별도의 비용이 지출되어야 하는 것이다. 따라서 미국은 신에너지 산업의 발전 외에는 선택의 여지가 거의 없다. 그렇지 않다면 앞으로 미국 경제는 엄청난 감축 비용에 발목이 잡혀 성장이 지체될 것이다. 후발국과 달리 미국은 (신에너지 분야에서) 비용의 우위도 없고 모방할 만한 나라도 없다. 따라서 최고의 기술을 개발해야만 신에너지 산업에서 경쟁력을 얻게 된다. 그러나 이렇게 되기까지는 쉽지 않을 것이다.

반면 중국은 지구온난화 문제를 다룰 때 유리한 위치를 차지할 수 있다. 기회는 빠짐없이 주어졌다. 이때 중국이 직면한 어려움은 미국보다 훨씬 덜하다.

그런데 문제의 핵심은 (온실가스를) 배출할 권리를 정하는 방식에 있다. 지구온난화 문제를 놓고 입씨름할 때 누가 감축할지는 사실 가장 중요한 문제가 아니며, 정치인이나 정부가 결정할 필요도 없다. 감축 비용이 가장 저렴하게 먹히는 국가 혹은 업계가 적절한 감축 방식의 틀 안에서 감축하면 된다. 총량 억제도 괜찮고 거래 방식도 좋으며 탄소세 징수도 나쁘지 않다. 사실 이 문제는 '코스의 정리 Coase theorem'가 지적하는 바와 그 원리가 같다. 20세기 중반의 경제이론이라고 해서 코스의 정리를 케케묵은 이론이라고 생각해서는 안 된다. 총량 억제와 거래 방식의 이면에는 코스의 정확한 인식이 담겨 있다. 재산권, 더 구체적으로 말하면 (온실가스를) 배출할 권리가 있다면 시장에서 가장 효율적인 감축 방법을 찾을 수 있다.

왜 그럴까? 여기서 개인적인 경험을 이야기해보겠다.

내가 막 경제학을 배우기 시작했을 때 코스의 정리에 관한 숙제를 했다. '한 기숙사에 남학생이 6명 있다. 그중 한 학생이 담배를 많이 피우자 남은 학생 5명이 모두 간접흡연을 했다. 코스의 정리를 이용해 이 문제를 해결하시오'라는 내용의 질문이었다.

사실 권리(이익)를 분배하는 방법은 다양하지만 코스의 정리로 이 문제를 해결할 수 있다. 그런데 여기서 다음의 두 가지 극단적인 방법이 가장 재미있다.

방법 1: 기숙사에서 모든 사람은 담배를 피울 권리가 있다고 정의한다. 만약 담배를 피우는 어떤 사람이 담배를 피우지 않게 하고 싶다면 이 사람에게 보상을 해주면 된다.

방법 2: 기숙사에서 모든 사람은 깨끗한 공기를 마실 권리가 있다고 정의한다. 만약 한 사람이 실내에서 담배를 피우고 싶다면 나머지 사람에게 보상을 해주면 된다.

이 두 가지 방식은 모두 담배를 피우는 학생이 궁극적으로 흡연을 줄일 수 있는 효과가 있음이 수학적으로 증명되었다. 더 엄격히 말하면 일정한 조건이 충족될 때 완전히 똑같은 감축 효과가 나타날 수 있다. 그러나 방법 1에서는 나머지 5명의 학생이 돈을 거두어 담배를 피우는 학생의 흡연을 줄인다. 방법 2는 담배를 피우는 학생은 돈을 내야 담배를 피울 수 있기 때문에 흡연이 자연히 감소한 경우이다.

두 가지 방식을 비교하면 감축 결과를 놓고 볼 때 권리의 분배 방식이 서로 크게 다르지 않음을 알 수 있다. 그러나 실제로 이익을 분배하는 측면에서는 두 방식 사이에 현저한 차이가 있다. 지구온난화 문제와 같은 이익(배출권)의 분배는 이 연습 문제보다 조금 더 복잡할 뿐이다.

현재는 6명 중 2명(유럽과 미국)이 하루 종일 담배를 피웠다가 잠시 쉬고 있다. 그러나 문제는 방 안이 온통 담배 연기로 찼다는 것이다. 그런데 세 번째 사람(중국)이 갑자기 싸구려 담배를 엄청나게 피워대 방 안에 담배 연기가 더욱 가득해졌다. 남은 세 사람(아시아, 아프리카, 라틴아메리카)도 담배를 피우는 법을 배우고 있지만 아직까지 별로 피우지 않았다.

감축만 놓고 볼 때 가장 중요한 목표는 아마 싸구려 담배를 적게 피우도록 하는 것으로, 즉 중국이 오염물질의 배출을 통제해야 할 것이다. 앞서 말한 예와 같이 권리를 분배하는 수많은 방법에서 모두 비슷한 결과를 얻을 수 있다.

한 가지 방법은 어느 나라도 배출권을 계속 늘릴 수 없으며 1990년을 기준으로 20퍼센트를 감축하는 것이다 참고: 2012년까지 유효한 교토의정서[1997년 발효]를 실제로는 비준하지 않은 미국과, 이 조약에서 개발도상국 지위를 부여받은 중국, 한국은 의무 대상국이 아님. 그래도 (온실가스의) 배출이 증가하면 다른 국가에서 배출권을 사와야 한다. 이 방법을 시행하면 중국은 배출을 제한할 것이다. 왜냐하면 중국이 배출량이 늘어나면 비싼 값으로 다른 나라의 배출권을 사와야 하기 때문이다. 그런데 이익 분배의 관점에서 보면 중국이 패배자가 되며 아시아, 아프리카, 라틴아메리카 역시 패배자가 될 것이다. 반대로 유럽과 미국은 상대적으로 승리자가 된다. 주로 중국을 비롯해 아시아, 아프리카, 라틴아메리카 지역에서 (온실가스의) 배출량이 늘어나고, 유럽과 미국의 배출량은 이미 안정적이거나 감소하기 시작했기 때문이다. 이 방법은 현재 발전하고 있는 중국과 아시아, 아프리카, 라틴아메리카가 더 많은 배출권을 사도록 요구하는 것과 같다.

또 다른 방법이 있다. 지구에 사는 사람마다 동등한 배출권을 부여하는 것이다. 예컨대 1990년의 전 세계 1인당 배출량의 80퍼센트까지로 정한다. 물론 돈을 지불하면 배출권을 사올 수 있다. 이 방식을 시행해도 중국은 배출을 제한하게 된다. 왜냐하면 중국이 고오염 기업을 퇴출하는 데 드는 비용이 선진국에서 이미 친환경적으로 바뀐 기업을 퇴출하는 데 드는 비용보다 훨씬 적다는 사실을 많은 국가가 알게 되기 때문이다. 이들 국가는 중국에 돈을 주고 배출권을 사려고 할 것이고, 중국은 자금을 투입해 고오염 기업을 퇴출하여 감축 목표를 달성할 것이다. 이 방식의 최대 수혜자는 아시아, 아프리카, 라틴아메리카이다. 왜냐하면 이들 국가의 1인당 배출량은 1990년 전의 세계 1인당 배출량보다 훨씬 낮아 많은 양의 배출권을 팔 수 있기 때문이다. 이때 유럽과 미국은 최대 피해자가 된다. 이들 국가의 1인당 배출량은 1990년의 전 세계 1인당 배출량보다 훨씬 높다.

또 다른 방법이 있다. 이번에는 증가량이 아니라 누적량으로 판단하는 것이다. 먼저 2050년까지 지구가 받아들일 수 있는 온실가스의 총량을 정한다. 그런 다음 이 총량을 인구수처럼 국가의 규모에 따라 각국에 분배한다. 만약 어느 국가의 누적 배출량이 자국의 배출량을 넘어섰다면 이는 단순히 감축의 문제가 아니다. 과거에 배출한 오염물질을 다시 빨아들이거나 아니면 돈을 내 다른 나라의 배출권을 사들여야 한다. 만약 어느 나라가 이 배출권에 도달하지 못했다면 계속 배출해도 되고 아니면 배출권이 필요한 다른 나라에 팔아도 된다. 이럴 경우 유럽과 미국이 최대 피해자가 될 것이 분명하다. 왜냐하면 이들 국가는 누적 배출량이 매우 많아 중국 등 아시아, 아프리카, 라틴아메리카가 수혜자가 될 가능성이 높기 때문이다.

지금까지 말한 것도 몇 가지 예에 불과하다. 우리는 무수히 많은 분배 방식을 생각해낼 수 있고, 또 실제로 이를 시행하면 모두 감축 목표를 달성할 수 있다. 또한 최종적으로 감축되는 과정에서 상당량은 중국이 나서서 축소할 것이 틀림없다. 왜냐하면 중국은 최대 배출국이자 감축의 신축성이 가장 높은 국가이기 때문이다. 그런데 여기서는 방식마다 이익 분배의 대상이 완전히 달라진다. 이 점이 바로 핵심이다.

감축으로 지구에 사는 사람들이 얻게 되는 이익은 기본적으로 모두 동일하다. 그런데 이익 앞에서 국가들은 하나같이 자국의 이익을 도모한다. 그렇지 않다면 협상할 필요도 없이 사람들이 스스로 최선을 다해 감축하면 되지 않겠는가?

5

중·미 양국의 통행료

•

내 생각에 이 문제를 해결하려면 정부가 다음의 두 가지를 할 수 있어야 한다.
첫째, 계약서에 적힌 대로 통행료 부과 기준과 징수 기간을 엄격히 지켜 기한이 만료되면
바로 통행료의 징수를 중단해야 한다. 그런데 많은 지역에서 이 약속을 제대로 지키지 않는다.
둘째, 재정이 허락하는 범위 내에서 정부가 직접 민자 고속도로를 사들여야 한다.

한동안 워싱턴에서 뉴욕까지 자동차를 운전하며 오갔다. 워싱턴에서 먼저 95번 고속도로 북단을 타고 달리다 메릴랜드 주로 들어설 때 통행료 2달러를 내고, 볼티모어를 지날 때 또 2달러의 터널 통행료를 낸다. 그리고 계속 북상해서 델라웨어 주에 진입할 때 통행료 2달러를 낸다. 델라웨어 강 대교를 건널 때 4달러의 통행료를 또 낸다. 강을 건너면 바로 뉴저지 주이다. 뉴저지 고속도로는 뉴저지 서남쪽에서 시작해 뉴욕의 링컨 터널로 연결된다. 이 고속도로의 통행료는 8달러가 넘는다. 링컨 터널을 통과할 때도 8달러의 터널 통행료를 또 내야 한다. 결론적으로 워싱턴에서 뉴욕까지 약 400킬로미터를 달리는 동안 모두 30달러 정도의 통행료를 부담해야 맨해튼에 입성할 수 있다.

많은 사람이 생각하는 것과 달리 미국의 일부 지역에서도 도로와 다

리 통행료를 받으며 또 요금이 저렴하지 않은 곳도 있다. 그렇지만 전반적으로 보면 미국의 편리하고 빠른 고속도로는 무료로 이용할 수 있기 때문에 사람들에게 깊은 인상을 준다. 나는 일부 도로에서 통행료를 내고 대부분의 도로는 무료로 이용하는 동안 한 가지 결론을 내렸다. 고속도로를 무료로 이용할 수 있는 것은 미국 정부가 마음이 너그럽기 때문이 아니다. 정부는 통행료를 받아야 할 지역에서는 조금도 망설임 없이 요금을 받았다. 그러나 미국에서 고속도로는 대부분 50년 전에서 80년 전에 건설되었다. 미국은 대공황 시기에 주州 간 고속도로 체계를 구축하기 시작하여 전후戰後에 대부분 완성했다. 어떤 고속도로가 50년 심지어 80년 후에도 투자액이 회수되지 않을 수 있겠는가? 더군다나 미국은 연방정부가 거의 모든 개인의 급여소득 중 3분의 1가량을 세금으로 직접 거두어간다. 또 지방정부는 거의 모든 소비재에 대해 세금을 부과하고, 자동차나 집이 있는 가구는 재산세도 납부해야 한다. 주식으로 수익을 얻으면 자본이득세를 내야 하고, 유류 가격에는 도로보수유지비가 포함되어 있다. 따라서 미국 정부는 통행료를 받아 도로를 건설할 필요가 없다.

중국은 미국과 상황이 매우 다르다. 중국의 고속도로는 대부분 최근 5년 사이에 건설되었고 가장 오래된 도로도 10년 전에 건설한 것이다. 여기서 통계자료를 한번 살펴보자. 1998년 말 기준으로 중국 전역에서 차량의 통행이 가능한 고속도로는 총 길이가 8733킬로미터이고, 2003년 말에 2만 9800킬로미터, 2008년 말에 이르러 6만 300킬로미터로 증가했다. 만약 부패가 없었다면 중국에서 고속도로를 건설하는 데 드는 비용이 지금처럼 많이 들지는 않았겠지만, 그렇더라도 고속도로 건설은 상당한 비용이 든다. 또한 중국의 많은 고속도로는 대체로 정부의 재정지출로 건설되지 않았으며, 정부의 재정도 그렇게 탄탄하지 않다. 중국은 민간자본으로 도로를 건설했기 때문에 결국 도로 건설 역시 영리가 목적인 비즈니스 행위이다. 따라서 중국의 고속도로가 통행료가 비싼 것은 고속도로의 건설 방식에 따른 필연적인 결과이다. 이런 방식에 대해 많은 사람이 눈살을 찌푸리지만, 사회간접자본을 단기간에 구축하는 데 효과적인 것은 확실한 사실이다. 다른 나라의 경우를 살펴볼 때, 중국과 같은 경제 발전 단계에서 중국처럼 고속도로망을 제대로 갖춘 나라가 과연 있었는가? 사실 좋은 인프라는 중국이 세계 산업사슬 industry chain 에서 상당한 경쟁력을 확보할 수 있는 주요한 원인이 되었다. 만약 민간자본에 의존하지 않고 정부의 재정만으로 도로를 건설했다면 중국이 이렇게 짧은 시간 안에 이 많은 고속도로를 건설할 수는 없었을 것이다.

그런데 도로는 본질적으로 영리를 목적으로 하지 않는 공공재여야 한다. 공공재로서의 고속도로가 아니라 영리가 목적인 고속도로는 다음 두 가지 중 적어도 한 가지 특성이 있다. 첫째, 통행료가 비싸다. 둘째, 통행료의 징수 기간이 길다. 그리고 이것 때문에 많은 사람이 불만을 품는다. 내 생각에 이 문제를 해결하려면 정부가 다음의 두 가지를 할 수 있어야 한다. 첫째, 계약서에 적힌 대로 통행료 부과 기준과 징수 기간을 엄격히 지켜 기한이 만료되면 바로 통행료의 징수를 중단해야 한다. 그런데 많은 지역에서 이 약속을 제대로 지키지 않는다. 둘째, 재정이 허락하는 범위 내에서 정부가 직접 민자 고속도로를 사들여야 한다. 그렇다고 계약 자체가 불합리하다는 구실로 계약을 일방적으로 파기한 후 몰수하는 방식은 절대로 찬성할 수 없다. 이는 어떤 도로의 통행료 징수

기간이 지나치게 길거나 혹은 통행료 부과 기준이 지나치게 높게 설정된 경우도 마찬가지다. 계약을 성실히 이행하는 것은 결국 법치사회와 시장경제에서 가장 기본적인 것이기 때문이다.

중국은 통행료가 비싸고 부과하는 이유도 다양하다. 그다지 좋은 일은 아니지만 중국의 현재 발전 단계와 도로 건설 방식이 낳은 일시적인 현상이 될 가능성이 높다. 추측하건대, 십수 년 길게는 수십 년이 지나면 중국의 고속도로는 대부분 비용을 회수할 것 같다. 혹은 정부가 미리 사들여 좀 더 제도화된 방식을 시행한다면 중국의 고속도로도 미국처럼 빠르고 편리하며 대부분 무료로 이용할 수 있을 것이다.

제6장

고속 성장이 지속 가능할까?

중국 경제는 미로와도 같다. 여러분은 깊이 생각하지 않아도 중국 경제가 안고 있는 수많은 문제를 끄집어낼 수 있다. 예를 들어 부패, 정부의 지나친 간섭, 불명확한 재산권 규정, 불완전한 법률 제도, 경제 구조의 불균형 등과 같은 문제가 다른 나라에서 발생했다면 경제성장이 불가능할 것이다. 그러나 중국은 지난 30년간 개혁개방 정책을 지속하면서 이런 문제들로 경제성장이 지체된 적이 없었다. 그렇기 때문에 중국은 운이 좋았다고 말하는 사람들이 항상 있다. 그들은 중국의 경제성장이 갑자기 멈추거나 혹은 경제가 붕괴되는 등 지속적으로 성장하지 않고 조만간 위기에 빠질 것으로 생각한다. 시기를 불문하고 어떤 이유든 찾아내 중국 경제가 몰락의 길로 접어들고 있다고 말하는 사람이 꼭 있었다. 2009년에 불거진 세계 경제위기는 이들이 목소리를 높일 수 있는 충분한 근거가 되었다.

'중국 경제는 언제 무너질 것인가?'에서는 2009년에 나타난 몇몇 중국 경제 붕괴론의 주장을 반박했다. 그러나 중국은 경제가 고속으로 성장하는 과정에서 인구의 급속한 분화와 같은 문제가 반드시 발생한다. 이는 경제가 안정적으로 성장하는 국가에서는 발생하지 않는 문제다.

내가 좋아하고 또 아마 내가 처음 시도하는 비유로 중국은 '100미터 달리기를 하듯 마라톤 경주를 하는 국가'이다. 여기서 나는 베이징올림픽에서 마라톤 경기를 보고 난 후의 감상을 적었다. 정말 이런 속도로 마라톤을 할 수 있다면 선수 간의 격차는 엄청날 것이다. 이는 오늘날 중국의 모습을 잘 보여준다고 생각한다. 인구의 분화는 너무도 많은 문제를 잉태하고 있다. 이를테면 국가가 나아갈 방향에 대해 공감대를 형성하지 못하고, 의식의 혼란이 정치적 혼란으로 변질될 수 있다.

'경기 침체나 인플레이션이 발생할 가능성이 없다'에서는 2009년의 상황을 기술했다. 당시 중국 경제는 회복의 조짐이 분명하게 나타났으나 그리 안정적이지 못했다. 게다가 은행 대출이 기록을 경신하자 많은 전문가가 중국에 경기 침체와 인플레이션이 동시에 나타나는 스태그플레이션이 발생한다고 걱정하기 시작했다. 그러나 나는 이러한 생각에 동의하지 않으며, 이 시기에 중국에서 경기 침체와 인플레이션이 동시에 발생할 수 없다고 생각한다.

'인구 보너스 효과의 득과 실'에서는 2008년 여름에 내가 귀국했을 무렵 느꼈던 것을 서술했다. 이때 중국은 한편으로는 계속 성장하고 있었으나 다른 쪽에서는 기형적인 인구 구조로 미래의 발전에 먹구름이 드리우고 있었다. 산아제한 정책이 중국 사회를 크게 바꾸어놓았음은 세계가 다 아는 사실이다. 그러나 이 정책이 중국 전반에 걸쳐 어떤 영향을 끼쳤는지는 몇 년이 흘러야 비로소 완전히 알 수 있을 것이다. 이 정책은 과거에는 합리적이었으나 영원히 합리적일 수는 없다. 이 글은 작은 부분에 착안해 문제에 접근했다.

'이것이 중국이나 현재의 중국은 아니다'에서는 나를 포함하여 많은 사람에게 경고하고 싶은 내용을 서술했다. 중국의 미래는 밝지만 현재의 중국은 텔레비전 화면에서 보는 베이징올림픽 공원이나 상하이엑스포 공원의 모습과는 거리가 멀다. 중국의 극히 일부만 세계 선진 수준에 도달했다. 그러나 중국은 국토가 넓어 많은 지역이 여전히 제3세계처럼 낙후되어 있다.

1

중국 경제는
언제 무너질 것인가?

•

거시적 안정이라는 측면에서 보면 중국에서 집값이 큰 폭으로 하락해도, 물론
그럴 가능성이 크지도 않지만, 미국식의 서브프라임모기지 사태가 발생할 가능성은 상대적으로 낮다.

풍향은 빠르게 변화한다.

2009년 상반기에 세계 경제가 위기의 한가운데를 지나가고 있었지만 중국 경제는 가장 먼저 회복세를 보였다. 이때 사람들이 내게 가장 많이 한 질문은 중국의 성장 지표가 사실인지의 여부를 확인하려는 것이었다. 물론 사람들이 직접적으로 이렇게 물을 리는 없다. 그들은 우회적으로 수출 의존도가 매우 높은 중국 경제가 어떻게 무너지지 않을 수 있는지 물었다. 이럴 때마다 내가 한 대답은 간단했다. 중국 쪽 데이터는 때로 사실로 믿을 수 없지만, 다른 데이터에서 볼 때 일본, 한국, 인도네시아, 오스트레일리아, 사우디아라비아, 브라질 등 국가의 대 중국 수출이 크게 증가한 것은 사실이다. 이는 중국 경제가 상당히 활발하다는 것을 반증한다.

2009년 하반기가 되자 사람들이 더 이상 중국 경제가 회복된 것에 의문을 달지 않았다. 그러자 사람들이 내게 가장 많이 던진 질문은 중국 경제에 거품이 있는지, 거품이 꺼지지는 않을지로 바뀌었다. 사람들은 대뜸 이렇게 물었다. 그러나 일부 사람들이 묻는 질문의 배후에는 중국 경제가 언제 무너질 것인가라는 의문이 여전히 감춰져 있었다.

많은 사람이 중국 경제에 회의적인 것을 보면 이런 질문이 나오는 것도 이상하지 않다. 그런데 나는 중국 경제의 미래를 밝게 전망하는 사람 중 하나이다. 중국 경제가 수많은 문제가 있다는 것은 사실이다. 예를 들어 경제 분야에 정부가 빈번히 개입하고 때로는 간섭이 지나치며, 기득권층은 날로 강력해져 권력과 이익이 한곳으로 집중되었다. 그럼에도 중국 경제는 상당 부분 매우 유연해 어떤 환경에서도 살아남을 뿐 아니라 발전할 수 있다. 중국에서는 수많은 사람이 부자가 되기를 꿈꾸며 고생을 마다하지 않고 열심히 일하고 있다. 이들이야말로 중국의 엄청난 자산이다. 높은 저축률은 이미 적정선을 넘어 최고 수준을 연거푸 갈아치웠다. 국민의 저축으로 경제 발전에 필요한 자금을 끊임없이 공급할 수 있었다. 그리고 중국에는 창의력이 넘치는 많은 수의 기업가가 활동하고 있다. 이들은 각자의 영역에서 새로운 시장을 끊임없이 발굴하고 있다. 이러한 요소가 전부 모여 중국 경제가 활력이 넘치고 어떤 변화에도 적응할 수 있는 능력을 갖추게 되었다. 따라서 나는 중국 경제가 붕괴할 것으로 상상하기는 힘들다.

물론 비관론자들은 중국 경제가 무너질 수 있는 이유를 한 무더기로 나열할 수 있다. 이런 물음에 대해 나는 주로 다음과 같이 대답했다. 과거 십수 년간 중국 경제가 무너질 수 있다고 예언하거나 중국 경제에 사

경제, 디테일하게 사유하기

형 판결을 내린 사람이 끊이지 않았다. 이들이 내세운 근거는 제각각이 었는데, 그중 국영기업에 새롭게 관심을 가져 국영기업의 효율성이 떨 어져 중국 경제의 발목을 잡을 것으로 생각했다. 사람들은 나중에 중국 의 은행까지 걱정하며 은행이 부실채권을 많이 떠안고 있어 시한폭탄과 도 같다고 말했다. 또 다른 사람들은 재정의 부담을 내세우며 중국의 직 간접적인 부채가 중국이 발전하는 데 걸림돌이라고 의심했다. 또 생산 능력의 과잉과 디플레이션으로 많은 기업이 이 때문에 적자로 돌아서는 시기에 들어선 것으로 판단했다. 그러나 이들의 예측은 모두 빗나갔다. 중국이 다행히 어려움을 극복했지만 비관론자들이 포기하지 않는 문제 를 계속해서 풀어나갔기 때문에 운이 좋았다고 말할 수는 없다.

지금 유포되고 있는, 중국 경제가 붕괴될 수 있다는 주장은 모두 다음 과 같은 이유를 댄다. 첫째, 2009년에 대출액이 급증해 중국은 대량의 부실채권이 발생하고 인플레이션이 기다리고 있다. 둘째, 중국 부동산 시장의 거품으로 특히 2009년에 은행에서 풀린 엄청난 자금이 부동산 시장으로 몰려들어 집값 폭등을 부추겼다. 또 일단 거품이 꺼지면 중국 의 경제와 금융시스템이 결국 부담을 이기지 못하고 무너질 것이다. 셋 째, 지방정부가 융자 방식을 이용하여 지나치게 많은 자금을 조달하여 인프라를 건설하는 데 투입했다. 이는 시한폭탄과도 같아 조만간 은행 이 떠안게 될 거액의 부실채권뿐만 아니라 재정에서 부담이 늘어날 것 이다.

원론적으로 볼 때 이러한 걱정은 근거가 없다. 나 역시 부실채권과 인 플레이션을 염려하고 자원 배분이 잘못되는 것을 걱정하며, 지방정부가 부담하는 부채가 결국 재정의 거대한 블랙홀이 되지는 않을까 우려한다. 그러나 이런 문제 때문에 중국 경제가 무너질 수 있다고 생각하지는 않는다.

앞서 말한 첫 번째와 세 번째 관점은 모두 2009년에 중국에 투자한 자금에 대한 불안으로, 그것이 민간의 투자이든 지방정부가 부담하는 부채이든 상관이 없었다. 내 생각에 이런 생각은 매우 중요한 사실을 하나 간과한 것이다. 투자 규모가 아무리 크더라도 중국은 여전히 전반적으로 자본이 부족한 국가이다. 중국의 오늘날 발전 단계에서 거시적으로 보면 지나친 투자가 이뤄졌을 가능성은 무척 낮다. 독특한 금융시장 구조에다 정부의 주도권이 더해져 현재 중국의 투자 형태는 대체로 이상적이지 않다. 일부 투자는 단기적으로는 과잉일 수 있다. 예컨대 몇 년 동안 통행량이 거의 없는 고속도로를 건설했다거나 몇 년이 지나도 사람이 이주자를 전부 끌어들일 수 없는 신도시를 건설한다면 자원을 가장 효과적으로 배분한 것이 아니다. 그러나 이러한 투자는 대부분 자원을 영구적으로 낭비한 것이 아니라 투자 시기가 앞당겨졌거나 투자 수익이 아직 발생하지 않았을 뿐이다. 한편 인플레이션이 자원 배분이나 사회적으로 매우 좋지 않은 영향을 끼치는 것은 사실이다. 그러나 고인플레이션을 걱정한다고 해도 인플레이션율 5~6퍼센트 수준은 절망적인 수치가 아니다. 인도와 같은 많은 국가가 두 자릿수의 인플레이션율을 경험한 적이 있다. 물론 이들 국가의 빈곤층이 타격을 가장 많이 받았지만 경제 발전의 추세가 역전되지는 않았다.

부동산 문제는 좀 더 복잡하다. 집값이 이미 많이 올라 사회적으로 나쁜 결과가 나타날 수 있다. 그러나 강력한 실질 구매력이 중국의 주택시장을 뒷받침하고 있다. 첫째, 대량의 농촌 인구가 도시로 계속 이주해

왔기 때문에 주택에 대한 실질 수요가 앞으로 수년간 이어질 것이다. 둘째, 중국은 저축률이 높다. 2009년 중국의 민간 저축액은 20조 위안에 이르렀으며, 기업의 저축액도 20조 위안을 육박했다. 그러나 개인저축의 실질수익률은 제로에 가까웠다. 많은 사람이 집을 장만할 형편이 되지 못한다고 생각했지만 일부에서는 현금으로 집을 샀고 그것도 한꺼번에 집값을 모두 지불했다. 미국의 주택 소유자들과 다른 점은 중국은 수많은 가정이 몇 대에 걸쳐 저축한 돈으로 집을 구입한다는 것이다. 중국의 주택 구매자의 대출 비율은 미국에 비해 평균적으로 낮다. 이 말은 중국의 금융시스템은 부동산 시장이 위험에 처해도 크게 영향을 받지 않는다는 것을 의미한다. 거시적 안정이라는 측면에서 보면 중국에서 집값이 큰 폭으로 하락해도, 물론 그럴 가능성이 크지도 않지만, 미국식의 서브프라임모기지 사태가 발생할 가능성은 상대적으로 낮다.

중국은 사실 세계에서 가장 활력이 넘치는 국가로 단순히 경제 문제로 중국에 치명적인 타격을 줄 수 있다고 보기는 어렵다. 또한 중국 경제가 지닌 자기조절 능력은 많은 사람이 생각하는 것보다 훨씬 뛰어나다. 아시아의 금융위기에서부터 최근의 서브프라임 사태에 이르기까지 중국은 그때마다 위의 사실을 잘 증명했다. 만약 중국의 발전을 가로막는 최대 위기를 구태여 꼽으라면 아마도 비경제(정치) 분야를 더 주목해야 할 것이다.

2

경기 침체나 인플레이션이
발생할 가능성이 없다

●

2009년 상반기에 인플레이션율은 여전히 마이너스였고, 핵심소비자물가지수도
전년 동월 대비 마이너스(혹은 제로) 상태였으며, 임금이 상승할 여지는 없었다.
이 같은 상황에서 인플레이션을 어떻게 예측할 수 있을까?

2009년 상반기에 경제학자들과 각계 평론가들이 중국의 경제 전망을
놓고 토론할 때 유례없는 분열 양상을 보였다. 한쪽에서는 수출 증가세
가 꺾이고 민간 투자가 부진하여 중국은 아시아 금융위기 이래 최악의
성장 둔화를 경험했다. 다른 한편으로 '적절히 완화된' 통화정책이 또
다시 '지나치게 완화되어' 이미 엄청난 규모의 대출금이 시장에 풀렸
다. 그러자 '스태그플레이션'이 중국의 경제 상황을 논할 때 유행어가
되었다.

스태그플레이션은 외래어로 경기 침체와 인플레이션이 동시에 나타
나는 현상을 가리킨다. 고전이 된 케인스이론에 따르면 스태그플레이션
은 나타날 수 없다. 그러나 불가능해 보였던 이 현상이 1970~1980년대
초까지 미국 경제의 전반적인 모습이 되었다. 두 차례 일어난 오일쇼크

로 미국은 수년간 이어진 고인플레이션, 고실업 및 저성장 심지어 마이너스 성장 현상이 나타났다. 스태그플레이션은 닉슨, 포드, 카터 등 3대에 걸쳐 미국 대통령에게 악몽과도 같았을 뿐만 아니라, 권위가 높았던 케인스이론을 휴지 조각으로 만들어 역사의 뒤안길로 사라지게 하고 말았다. 그러나 역사가 반복될지 누가 알았겠는가? 2008년에 세계 금융위기가 발생하자 중국은 재정지출로 4조 위안을 풀었고, 각국은 앞다퉈 케인스식의 경기부양책을 선택했다. 이로써 우리는 다시 케인스 시대로 돌아간 것이다. 이때 많은 사람이 중국에서 스태그플레이션의 악몽이 재연되지 않을까 갑자기 우려하기 시작했다.

나는 스태그플레이션을 걱정하는 사람들이 어디에서 '경기 침체'와 '인플레이션'이 동시에 존재하는 모습을 보았는지 궁금하다.

단지 중국의 경제성장 속도가 10여 년 만에 최저 수준으로 떨어지고 사상 최대의 대출 규모가 되었기 때문에 그런 것일까? 혹은 단순히 주요 상품의 국제 가격이 지속적으로 상승했기 때문일까? 그것도 아니면 주가가 크게 반등하고 부동산 시장이 빠르게 회복됐거나 심지어 과열 상태로 발전했기 때문일까?

나는 인플레이션이나 경기 침체를 우려하는 것은 꼭 필요하고 자연스러우며 또 일리가 있다고 생각한다. 그렇지만 실제로 경기 침체와 인플레이션이 동시에 존재하는 위기를 보지 못했다. 만약 중국이 경기가 '침체'된다면 '인플레이션'은 결코 발생하지 않을 것이다. 또 '인플레이션'이 발생한다면 경기가 '침체'될 수 없다.

내가 이렇게 생각한 근거는 무엇인가?

그렇다. 화폐를 대량으로 발행하는 것은 전형적으로 인플레이션을 발생시키는 방법이다. 중국이 현재 엄청난 규모로 통화를 발행하는 것은 확실히 인플레이션을 부추기는 복선이 된다고 할 수 있다. 그러나 2009년 상반기에 왜 중국에서 '경기가 침체'됐는지를 잊어서는 안 된다. 바로 수요의 붕괴, 특히 해외수요의 급격한 하락 때문이었다. 위기가 발생하기 1년 전까지 해마다 20~30퍼센트씩 증가하던 중국의 수출이 2009년 초에 이르러 10~20퍼센트 증가 수준으로 뒷걸음질쳤다. 그런데 1970년대에 미국에서 발생한 '스태그플레이션'은 중국과 달리 수요가 붕괴한 것이 아니라 오일쇼크로 촉발된 유가의 폭등이 주요한 원인이었다. 당시에 미국이 긴축 통화정책을 실시했다면 인플레이션을 억제할 수 있었을 것이다. 그러나 수요가 동시에 크게 위축하면 경기가 침체될 수 있다. 만약 긴축 통화정책을 실시하지 않았다면 악성 인플레이션이 발생해 생산비용이 증가하는 형태로 경기가 냉각되었을 것이다. 다시 말해 당시에 미국은 비용 면에서 타격을 받았지만, 최근 중국은 수요 측면에서 타격을 받았다.

중국이 2009년 상반기에 부딪힌 상황은 '지나치게 많은 돈이 크게 부족한 상품에 몰린' 것이 아니라 '지나치게 많은 상품이 충분한 돈을 만나지 못한' 것이었다. 나는 거액의 대출이 인플레이션을 유발할 수 있는 시한폭탄과 같다는 것을 인정한다. 그렇지만 지나치게 많은 돈이 크게 부족한 상품에 몰릴 때도 중국에서는 수요의 문제가 존재하지 않는다. 즉 경기가 침체에 빠지지 않는 것이다. 2009년 하반기에 인플레이션이 사실상 고개를 들 무렵, 중국은 이미 경기 침체의 늪에서 빠져나오고 있었다.

확실히 주요 상품의 가격이 오르면 수입재의 가격이 오를 수 있다. 중국에서 '경기 침체'가 실제로 나타났는지의 여부와 관계없이 세계의 주요 상품 가격이 계속해서 높은 가격 수준을 유지할 수 있을까? 지금의 상황에서 세계 주요 상품에 대한 수요가 가장 많이 증가하는 국가는 바로 중국이다. 2009년에 사우디아라비아의 대 중국 원유 수출액이 처음으로 미국을 앞질렀다. 만약 중국 경제의 성장이 정체된다면 세계 주요 상품의 가격도 하락하기 시작할 것이다. 주요 상품이 높은 가격대를 유지할 수 있다고 하더라도 여기서 비롯된 가격효과는 대부분 일회성에 그칠 것이다. 중국 경제가 침체되었다는 것을 전제하면 상위 제품의 높은 가격대가 하위 제품까지 영향을 미치기는 매우 힘들다.

한번 물어보자. 어떤 업체가 상품이 더 이상 팔리지 않는 상황에서 가격을 계속 올리겠는가? 더군다나 경기 침체기에는 임금의 상승 압박도 없다. 따라서 수입재 가격의 상승이 1회의 가격 상승을 유발하더라도 가격이 지속적으로 오를 가능성이 있을 것으로 보이지 않는다. 가격이 지속적으로 상승하는 것이야말로 인플레이션의 주요한 특징이다.

맞다. 논리적으로 보면 주식시장이 활황세를 띠고 부동산 시장이 회복되면 인플레이션이 나타날 가능성이 있다. 그러나 나는 이 의견에 동의하지 않는다. 2009년에 주식시장이 활황세를 보인 국가는 중국만이 아니었다. 중국과 인접한 나라의 주식 가격도 크게 회복됐고, 심지어 금융위기의 진원지인 미국조차 연초에 폭락을 거친 후 강력하게 반등했다. 이는 회복의 기미가 보이지 않던 시기의 미국 경제와 비교하면 매우 놀라운 일이다. 그렇지만 이 같은 상황에서 미국의 주식시장은 중국처럼 대출 확대로 뒷받침되지 않았다. 사실 중국의 대출 증가는 특별한 경우이다. 따라서 나는 중국의 주식시장이 대출이 확대되어 큰 폭의 반등이 이뤄졌다고 생각하지 않는다. 그렇지 않다면 대출이 확대되지 않은 국가(지역)의 주식시장도 활기를 띤 이유를 설명할 길이 없다. 부동산 시장의 회복 문제는 한층 더 미묘하다. 지금까지 나는 다른 곳에서 집값 문제에 대해 상세히 서술한 바 있다. 결론은, 중국의 부동산 시장이 과열되는 모든 원인 중에서 인플레이션의 예측은 주요한 원인이 아니라는 것이다. 그렇지 않다면 2008년에 고인플레이션이 발생했을 때 중국의 부동산 시장이 그처럼 위축되지는 않았을 것이다.

경제학을 많이 공부한 사람이라면 다음과 같이 반박할 수도 있다. "여러분이 앞에서 한 말은 모두 틀렸습니다. 관건은 예측입니다. 일단 인플레이션을 예측하는 사람이 생기면 인플레이션은 자연스럽게 발생합니다." 그러나 2009년 상반기에 인플레이션율은 여전히 마이너스였고, 핵심소비자물가지수 기후나 계절에 영향을 받거나 가격변동이 심한 석유, 농산물 등을 제외하고 산출한 물가지수. 우리나라의 '근원물가지수'와 비슷함도 전년 동월 대비 마이너스(혹은 제로) 상태였으며, 임금이 상승할 여지는 없었다. 이 같은 상황에서 인플레이션을 어떻게 예측할 수 있을까? 한 번 더 물어보자. 서민들은, 도대체 어떤 제품의 가격이 상승하지 않을까 그리고 지속적으로 상승하지 않을까라고 걱정할까? 사실 나중에 중국에서 '경기 침체'와 '인플레이션'이 동시에 발생하지 않았음이 증명되었다. 2010년이 되자 가격 인상이 사람들의 주요 걱정거리가 되었고 '경기 침체'를 걱정하는 사람은 더 이상 없었다.

결론적으로 스태그플레이션이 발생하려면 조건이 필요하다. 수요가 붕괴된 상황에서는 대출을 확대해도 물가가 상승하는 인플레이션이 발생할 수 없다. 왜냐하면 대량의 자금 공급도 부족한 수요를 충당하는 데 그치기 때문이다. 수요가 예전 수준까지 회복되면, 즉 '경기 침체'가 더 이상 현실이 아닐 때 인플레이션이 고개를 들기 시작한다. 아마도 언젠 가 스태그플레이션이 중국 경제가 직면하는 문제가 될 수도 있을 것이 다. 중국은 원자재를 이미 수입에 크게 의존하고 있다. 중국의 노동시장 은 더욱 어려워질 것이다. 그러나 2008~2010년의 경제 주기에는 처음 부터 경기 침체나 인플레이션이 나타날 가능성이 전혀 없었다. 이후 여 러 사실에서 이 점이 증명되었다.

3

인구 보너스 효과의 득과 실

•

아이들은 인구 보너스를 누리지만 정도가 지나쳐 아예 '사랑을 독차지하는' 부정적인 현상도 빚는다.
동시에 아이들은 앞으로 인구 역逆보너스 시대에 대비하도록 요구받는다. 한 아이가 조부모와
부모의 희망을 모두 떠안아야 하는 것이다. 이는 지나친 기대일 수 있다.
요즘 유행하는 말로 '삶의 무게'가 아니고 무엇이겠는가?

2008년 7월 7일, 나와 구주는 워싱턴덜레스 국제공항에서 출발하는 유나이티드 항공의 베이징 직항 편으로 귀국해 가족들과 만났다. 우리는 중국에서 한 달가량 머무는 동안 베이징을 거쳐 허페이肥, 안후이성 성도에 가서 우리 부모님을 뵌 다음 구주의 고향에서 구주의 부모님을 찾아뵀다. 그러고는 다시 베이징에 돌아와 올림픽 경기를 관람하면서 즐겁고 충실한 휴가를 보냈다.

내가 그전에 중국에 온 것은 불과 6개월 전이다. 그렇지만 올림픽의 열기 때문인지 베이징에 와서 느낀 감회는 이전과 매우 달랐다. 예전에 베이징 서우두首都 공항에 도착할 때는 관심이 온통 당시에 건설 중이던 3호 청사에 쏠렸다. 이 대합실은 공항에서도 가장 큰 규모를 자랑했다. 그래서 이번에 나와 구주가 이미 개장한 3호 청사를 직접 보니『뉴욕타

임스』에 실린 기사가 생각났다. 글은 다음과 같이 시작된다.

만약 서구인이 비행기에서 내려 베이징 공항의 새 건물에 들어서면 경탄할 것이다. 그럴 수 있다. 우리는 어마어마한 규모에 놀라는 것뿐만 아니라 한 가지 느낌에서 벗어나기 힘들기 때문이다. 즉 우리는 또 다른 세계로 나가는 길목을 지나고 있다. 이곳은 세상을 변화시키려는 욕구로 넘친다. 이 세계는 서구권의 나라를 먼지 속에 남겨두었다.

같은 베이징올림픽을 놓고 중국어와 영어로 방송하는 보도는 중국의 서로 다른 두 모습을 보여주었다. 중국어 매체는 한결같이 좋은 면만 보도했고, 영어권 매체는 반대로 부정적인 보도가 주를 이루었다. 귀국하기 이틀 전, 『뉴욕타임스』는 미국에서 얼마 전에 발생한 중국인 간첩사건을 대서특필했다. 사실 이는 이미 '지난 사건'으로 이때 보도했을 뿐이다. 보도 시점을 왜 지금으로 잡았는지 한번 생각해볼 만하다.

어쩌면 직접 눈으로 확인해야 올림픽이 진행 중인 베이징에 대해 스스로 판단할 수 있을 것 같다. 나처럼 베이징에서 여러 해를 보내고 해외로 출국해 적어도 6개월에 한 번씩 베이징에 오는 사람들은 베이징이 변화하고 있는 것을 곳곳에서 발견할 수 있다. 한 가지 예를 들어보자. 나는 구주와 베이징에서 친구들과 만난 다음 비행기를 타고 허페이로 왔다. 공항으로 가는 길에 택시는 베이징 동쪽 외곽의 우환루五環路 북단을 달렸다. 이날 날씨가 좋아서인지 서쪽의 시산西山과 북쪽의 옌산燕山이 뚜렷하게 보였다. 그러나 올림픽을 개최하기 전에는 둥우환東五環에서 둥시환東西環의 건물이 잘 보이지 않았다. 그리고 베이징대학교에서 시산이 잘 보이지 않았던 기억을 떠올려보면(민국 시절1949. 10. 1 이전에는 베이징대학교의 서문을 나서면 바로 산이 보였다), 베이징의 공기가 비록 잠시일 수 있지만 정말 눈에 띄게 깨끗해졌다.

허페이에 착륙한 우리는 공항에서 자동차를 타고 집으로 갔다. 차 속에서 구주가 우리 어머니에게 허페이에 새로운 건물이 많이 들어섰다고 말했다. 어머니는 다음과 같이 말했다. "지금은 모두 가족계획을 하는데 20년이 지나 늙은이들이 다 죽고 나면 누가 이 많은 집에서 살지 모르겠다." 나는 어머니의 말씀이, 와튼스쿨의 아벨Andrew Abel 교수가 쓴 유명한 논문에서 본 관점과 비슷하다는 생각이 들었다. 내 어머니의 입에서 이런 말이 나올 줄 누가 상상이나 했을까? 아벨 교수는 미국의 주식시장에 대해 다음과 같이 말했다. "2차 세계대전이 끝나고 십 몇 년간 미국의 출산율이 크게 증가해 흔히 말하는 베이비붐이 일었다. 어린 세대가 성장하여 한창 일할 때도 퇴직 후를 대비해 저축을 해야 했다. 그래서 이들은 엄청난 양의 주식을 샀으며 미국의 주식시장은 수십 년간 상승장bull market이 이어졌다. 그러나 베이비붐 세대가 퇴직하면 수중의 주식을 하나씩 정리할 텐데 이 주식을 양도받을 사람은 많지 않다. 결국 미국의 주가는 계속 하락하게 될 것이다." 만약 아벨의 이론이 맞는다면 미국의 주식시장을 기다리고 있는 것은 수십 년에 걸쳐 진행될 하락장 bear market 이다.

어머니는 주택 시장에 대해 말했지만, 그 논리는 아벨 교수의 관점과 거의 같다. 즉 인구의 연령 구조가 경제에 어떤 영향을 끼치는지 언급한 것이다. 이 문제에 대해 나는 높은 수준의 견해를 갖고 있지 않다. 그렇지만 또 다른 면에서 연령 구조가 경제에 영향을 준 최근의 두 사건이 생각났다.

사건 1

내가 호텔에서 식사를 하는데 반대쪽 테이블에 할머니 두 명, 젊은 여자 한 명, 그리고 서너 살 되어 보이는 아이가 앉아 있었다. 분명히 한 가족으로 외할머니, 친할머니, 아이 엄마 이렇게 세 사람이 아이 한 명에게 밥을 먹이고 있었다. 나는 이 모습이 바로 인구 보너스인가라는 생각이 들었다. 인구 보너스란 한 국가의 총인구수가 일정할 때 (가족) 부양비가 낮으면 1인당 소득이 빠르게 증가한다는 의미이다. 더 쉽게 이야기하면 한 국가에서 일하는 사람은 많고 일하지 않는 사람이 적다면 그 나라(지역)는 활력이 넘친다는 뜻이다. 어쨌든 세 사람이 일을 하고 한 사람은 밥만 먹는 식의 인구 보너스가 좋은 일인지 어떤지는 잘 모르겠다.

사건 2

아침에 일어나 먹을거리를 사러 가는 길에 한 할머니가 손녀의 등교를 돕는 장면을 보았다. 손녀는 앞에서 걸어가고 할머니는 뒤쪽에서 바퀴가 달린 책가방을 끌고 있었다. 이런 종류의 책가방은 내게 익숙한 것으로 박사들이 좋아하는 가방이다. 만약 여러분이 아주 많은 책을 들고 도서관, 사무실, 집 사이를 계속 왔다 갔다 한다면 이런 가방이 참 편리할 것이다. 왜냐하면 많이 담을 수 있을 뿐만 아니라 바닥에서 끌면서 걸을 수 있어 힘이 들지 않기 때문이다. 내가 아는, 책을 좋아하는 수많은 박사가 모두 이 가방을 썼다. 그런데 눈앞에 보이는 여자아이는 초등학교 3~4학년밖에 돼 보이지 않았는데 벌써 이런 가방이 필요했던 것이다.

이 모습은 내가 아는 중국 인구의 연령 구조의 또 다른 단면이다. 아이들은 인구 보너스(사건 1)를 누리지만 정도가 지나쳐 아예 '사랑을 독차지하는' 부정적인 현상도 빚는다. 동시에 아이들은 앞으로 인구 역逆보너스 시대에 대비하도록 요구받는다(사건 2). 한 아이가 조부모와 부모의 희망을 모두 떠안아야 하는 것이다. 이는 지나친 기대일 수 있다. 요즘 유행하는 말로 '삶의 무게'가 아니고 무엇이겠는가?

중국은 산아제한 정책을 실시해 상당히 특이한 인구 구조를 인위적으로 만들었다. 지금 그리고 지난 10여 년 동안 중국의 인구 분포는 기본적으로 마름모 형태였다. 일을 할 수 없는 노년과 어린이의 수가 적었고 노동에 참여하고 있는 중년의 수가 많았다. 다시 말해 양 끝이 작고 중간이 컸다. 이처럼 '일하는 사람이 많고 일을 하지 않는 사람이 적은' 인구 구조는 중국 경제가 빠르게 성장할 수 있는 주요한 원인이었다. 그러나 인구의 고령화로 마름모꼴 구조가 머리는 무겁고 발은 가벼운 역피라미드 형태로 빠르게 바뀌고 있다. 지금은 세 명이 동시에 한 명에게 밥을 먹이지만 박사들이나 사용하는 커다란 책가방을 끄는 아이들이 머지 않아 중국 사회의 주축이 될 것이다.

나는 이런 미래의 모습은 건강하지 않다고, 정말 건강하지 않다고 생각한다.

이것이 중국이나
현재의 중국은 아니다

●

이날 올림픽 경기장에서 나와 구주가 본 것이 어느 테마공원이 아니라
중국의 밝은 미래였기를 진심으로 바란다.

    베이징올림픽을 둘러싼 애깃거리는 정말 많다. 그중 많은 이야기가
논쟁의 도마 위에 올랐다. 그렇지만 모두 접고 올림픽 자체만 놓고 보면
절대다수의 서방 언론에서 베이징올림픽보다 더 멋진 올림픽을 기대하
기는 힘들다고 인정했다. 비판적인 시각을 지닌 사람들은 중국과 같은
개발도상국이 이 정도로 올림픽을 개최하다니 너무 사치스럽지 않은가
라고 생각할 수도 있다.

    올림픽 경기가 있던 어느 날 밤, 나와 구주는 관람을 마치고 올림픽
경기장에서 베이징의 중심 도로를 따라 천천히 걸었다. 이때 이런 생각
이 들었다. 이번 올림픽에 대해 내가 느낀 감정을 어떻게 표현할 수 있
을까? 내 마음속에는 자부심과 감동에 찬 '내'가 있어 지나칠 정도로 칭
찬하는 글도 충분히 쓸 수 있다. 아름답고 웅장한 올림픽 경기장을 보고

감동하지 않은 사람이 없었고, 꿈이 이루어졌다고 생각하지 않은 중국인이 없을 정도였기 때문이다. 그러나 내 마음 한편에는 까다로운 내가 있어 또 다른 면에서 비판적인 시각으로 글을 쓸 수 있다. 왜냐하면 이렇게 아름답고 웅장한 건축물을 짓기 위해 엄청난 예산이 들어갔고, 이 비용은 선진국의 입장에서도 적지 않은 규모라는 사실을 잘 알기 때문이다. 또한 올림픽이 끝나면 이렇게 거대한 경기장이 방치되거나 낭비될 것이 충분히 예측 가능하다. 그러나 이 모든 생각은 이성적인 사고의 결과이지 처음에 느낀 그대로는 아니다.

내가 직관적으로 품은 감정은 간단하다. 나는 냐오차오鳥巢, 새둥지. 주경기장의 별명와 워터큐브Water Cube(베이징 국립수영장)의 중간에 서서 구주에게 '이것이 중국이지만 현재의 중국은 아니다'라고 말했다. 이때 나는 영화「노팅 힐」에 나오는 대사가 문득 떠올랐다. 휴 그랜트와 줄리아 로버츠가 휴 그랜트의 집에서 처음 대화를 나눌 때였다. 휴 그랜트는 줄리아 로버츠에게 "현실적이진 않지만 아름답군요"라고 말했다.

올림픽 경기장이 미래 중국의 축소판이 될지는 모르겠다. 가장 중국적이라고 할 수 있는 당송시대의 축국蹴鞠, 동양의 고대 공놀이, 폴로, 패루牌樓, 중국식 전통 대문, 중국의 전통 색조인 붉은색에서부터 가장 현대적인 빛깔, 전기기술, 환경보호, 건축기술이 한데 어우러져 얼핏 인공미라고는 전혀 찾기 힘든 건축물이다. 한편 올림픽 경기장을 짓기 위해 엄청난 공을 들이고 많은 자금이 투입되었음은 두말할 필요가 없다.

아쉽게도 오늘날의 중국은 이렇지 않다. 이 건물처럼 화려하지도 않고 현대화되지도 않았다. 그리고 이렇게 완벽하지도 않다는 것을 모두 알고 있다. 올림픽 경기장을 보면 모터쇼에서나 볼 수 있는 콘셉트카가 생각난다. 이곳의 자동차가 벤츠나 포르쉐라는 것은 분명히 알 수 있지만 현재 판매되는 벤츠나 포르쉐와는 완전히 다르다. 나는 이런 이유로 '이것이 중국이나 지금의 중국은 아니다'라고 말한 것이다.

중국이 현재의 발전 추세를 유지하고 중국 민족의 전통을 훼손하지 않으며 또 소중히 여긴다면 어느 날, 아마 그렇게 멀지 않은 미래에 중국 전역에서 올림픽 경기장과 같이 전통과 현대의 미가 어우러진 건물을 많이 볼 수 있을 것으로 생각한다. 그런데 베이징과 상하이는 그 밖의 다른 지역과 균형 있게 발전하지 않은 현대화된 거대 도시이다. 이런 도시는 시간이 지나도 많은 중국인이 잘 알지 못하기 때문에 중국 지역을 대표하지 못한다.

중국에서 얼마 동안 살아본 미국인 두 명이 나눈 재미있는 대화가 기억난다. "중국에 가봤니? 사실 아니야. 난 베이징과 상하이만 가봤거든." 외국인조차 베이징과 상하이가 중국의 현실을 온전히 대표한다고 생각하지 않는다. 한편 중국이 발전하는 과정에서 더 서구화된 문화가 중국의 전통을 빠르게 잠식하고 있다. 쓰허위안이 있던 자리에 고층 빌딩이 들어서고 사람들은 차 대신 커피나 콜라를 마시며, 경극 공연장에 걸린 영어 안내문은 외국인들의 유희를 돕는 도구가 되었다. 서구의 선진적인 문명을 가감 없이 받아들일 때, 자칫 잘못하면 선조가 물려준 소중한 재산을 잃어버릴 수 있다.

이날 올림픽 경기장에서 나와 구주가 본 것이 어느 테마공원이 아니라 중국의 밝은 미래였기를 진심으로 바란다.

5

100미터 달리기를 하듯
마라톤 경주를 하는 국가

•

같은 이유로 동질감을 느끼고 또 소원해지다니 정말 역설적이다.

조만간 단순히 경제성장만으로 대다수 중국인이 공감대를 형성하기는 더 이상 힘들게 될 것이다.

이때가 바로 중국적 방식이 문제가 되는 시기이다.

베이징 차오양朝陽 공원이 있는 시먼西門은 술집이 즐비하다. 2008년 여름, 나와 구주는 올림픽 경기의 전반부를 관람하고 미국으로 돌아가기 하루 전날, 친구의 초청을 받아 그쪽 8호 공관에서 식사를 하며 얼굴도 보고 송별연도 가졌다. 집으로 돌아오는 길에 구주가 요즘 사람들은 어떻게 1년에 몇십만에서 몇백만 위안이나 벌 수 있는지 내게 물었다. 구주가 내심 놀라며 이렇게 물은 이유는 그 친구가 수입이 꽤 많았기 때문이다. 나는 구주에게 간단하게 설명했다. 만약 누가 하루에 서너 차례 전화해 밥을 먹자고 하면 두 사람의 관계가 특별히 돈독한 것 외에도 이 사람이 그동안 잘살아왔다는 것이다. 내 말은 베이징에서 우리에게 밥을 사주는 친구는 일반 서민의 삶을 온전히 반영하지 않는다는 이야기이다.

중국에서 한 달여 동안 지내며 연소득이 수십만에서 수백만 위안인 친구를 사실 많이 만났다. 그들도 다른 사람을 대신해 일을 하기 때문에 상대적으로 돈을 많이 번다고 할 수 없다. 그러나 부모와 이미 성년이 된 자식이 10제곱미터 정도의 작은 방에서 함께 살고, 여름에는 씻을 곳이 없어 세수도 제대로 못하는 농민공들을 본 적이 있다. 그럼에도 이들은 일거리가 있기 때문에 사실 최빈곤층은 아니다. 우리는 웅장하고 아름다운 올림픽 경기장과 또 그 옆에 지은 7성급 판구盤古 호텔을 보았다. 이 지역은 집값이 2008년에 1제곱미터당 6만 위안을 넘었다고 한다. 우리는 또 마치 시간이 멈춘 것 같은 작은 시골 마을에도 갔는데 어느 노인이 담벼락에 기대 '이상한 차림새'를 한 우리를 빤히 쳐다보고 있었다.

미국으로 돌아온 후, 나는 NBC 방송이 생중계한 올림픽 남자마라톤 경기를 지켜보았다. 이 경기에 베이징올림픽의 마지막 금메달이 걸려 있었다. 이날 경기의 특징은 베이징의 무더운 여름 날씨에도 불구하고 선두 그룹이 눈에 띄게 빠른 속도로 앞서 나간 점에 있었다. NBC 해설위원은 선수들이 계속 이런 속도로 달린다면 분명히 많은 선수가 쇼크를 받게 될 것이라고 소리쳤다. 그 순간 문득 중국이 생각났다. 중국이야말로 100미터 달리기를 하는 속도로 마라톤 경주를 하는 나라가 아닌가? 맨 앞쪽에서 달리던 사람이 이해할 수 없을 정도의 빠른 속도로 치고 나갔다. 그러자 선수들이 긴 대열을 이루고 많은 사람이 뒤로 한참 처졌다.

엄격히 말해 중국과 마라톤은 많이 다르다. 마라톤은 그런대로 공정한 경기지만 중국이 공정한 국가가 되려면 갈 길이 멀다. 모든 불공정을 해소했다고 해도 그리고 모두 동일선상에서 출발하며 똑같은 법규를 준수한다고 해도 중국은 갈수록 이질화될 것이다. 많은 사람이 중국에서 양극화가 진행되고 있고 중국의 체형이 점점 아령과 같이 변한다고 느낀다. 물론 가장 눈길을 끄는 쪽은 정말 가난한 사람과 가장 부유한 사람인 것은 사실이다. 그러나 내 생각에 중국은 아령이 아니라 물통의 형태로 바뀌고 있다. 어느 계층이든지 사람이 엄청나게 많다.

많은 사람이 공공정책으로 양극화 현상을 바로잡을 수 있다고 생각한다. 예를 들면 취약 계층을 돕는다거나 농업을 지원하고 지역 균형 정책을 추진할 수 있다. 그런데 나는 이러한 정책이 정말로 대세를 역전시킬 수 있을지 의문이 든다. 물론 그렇다고 해서 이러한 일을 추진해서는 안 된다고 말하는 것이 아니다.

양극화는 중국의 정수리에 걸려 있는 커다란 물음표이다. 민주적인 방법이든 권위적인 방법이든 기존의 제도 중에서 양극화된 사회를 조화로운 사회로 바꾸어놓을 수 있는 제도가 과연 무엇인지 잘 생각나지 않는다. 양극화와 조화는 반의어이다. 만약 완전히 다른 두 사람을 한곳에서 함께 살도록 한다면, 집안의 큰일을 결정할 때 투표로 하든 한 사람이 말하는 그대로 결정하든 조화롭게 공존하기가 어렵다. 조화로움은 어떤 동질감이나 관용에서 나올 수 있는 것으로, 계층 간에 이질감을 크게 느끼는 사람들끼리 과연 동질감과 관용이 생겨날 수 있을까?

지난날부터 지금까지 중국인의 동질감은 고속 성장에 기반을 두고 있었다. 따라서 사람들이 대부분 희망을 품고 살았다. 그러나 바로 이 고속 성장 때문에 사람들 간에 양극화 현상이 더욱 심해졌다. 같은 이유로 동질감을 느끼고 또 소원해지다니 정말 역설적이다. 조만간 단순히 경제성장만으로 대다수 중국인이 공감대를 형성하기는 더 이상 힘들게 될 것이다. 이때가 바로 중국적 방식이 문제가 되는 시기이다.

　나는 중국 사회에 새로운 공감대가 형성되기를 초조한 마음으로 기다린다. 내 생각에 중국은 자신을 새롭게 계몽할 사람이 필요한 시기가 도래한 듯하다.

제7장

지진과 재해 복구

2008년 쓰촨성 원촨현에서 발생한 지진은 최근 중국이 겪은 재난 중 가장 심각한 자연재해였다. 그리고 이번 지진을 계기로 여러 문제가 드러나 많은 논란이 일었다. 나는 주로 경제적인 관점에서 이 논쟁을 주의 깊게 지켜봤다. 지진이 발생한 후 얼마 되지 않아, 지진이 거시경제의 발전을 이끌며 또 정책의 변화를 기대할 수 있다고 말하는 사람도 있었다. 나쁜 일이 때로는 좋은 일로 바뀌는 경우가 확실히 있다. 그러나 지진이 발생한 것이 결국 경제에 도움이 된다는 주장은 내가 보기에 지나치게 억지스럽다. '**지진 + 거시경제 = 환상**'에서는 몇 가지 관점에서 지진이 발생한 것이 왜 나쁜 일인지 설명했다. 경제성장을 촉진하는 효과가 있다고 하더라도 이는 단지 회계상으로 존재할 뿐이다. 지진의 피해가 속속 알려진 후, 중국 전역에서 재해 지역으로 보내는 성금 행렬이 줄을 이었다. 이 같은 관심과 사랑은 매우 감동적이다. 그러나 대량의 자금과 물자뿐만 아니라 상당히 즉흥적인 정책 조치가 단기간에 그리고 상대적으로 낙후된 지역에 몰리면서 결국 낭비가 커질 수 있다는 것이 문제다.

'**재해 복구에는 석회나 진흙으로 바르는 식의 해결책은 필요하지 않다**'에서는 재해 복구의 초기 대응이 끝난 다음에 특히 이런 상황이 발생해서는 곤란하다는 사실을 일깨웠다. 지진으로 충격을 겪을 때마다 건물의 내진설계 기준을 정책적으로 강화해야 한다는 주장은 늘 있었다. 그러나 나는 정부의 강제 조치가 선의에서 출발하더라도 심사숙고할 필요가 있다고 생각한다. 강제라는 것은 결국 자유로운 선택을 제한하기 때문에, 선의라고 해서 선택을 제한할 이유가 되지는 못한다.

'**내진설계 기준과 자유선택**'에서는 두 가지를 짚었다. 첫째, 정부가 내진설계 기준을 강화할지의 여부를 분석하는 것은 합리적인 문제이며 정답이 필요하다는 내용이다. 둘째, 네티즌들과 폭넓게 토론한 결과, 내가 내진설계 기준을 강제로 높이는 것이 왜 합리적인 정책이라고 생각하는지에 대해 다루었다.

1

지진 + 거시경제 = 환상

·

나는 재해 복구 사업이 거시경제를 이끄는 효과가 있다는 것은 데이터상으로 나타날 수는 있겠지만
이는 숫자놀음에 불과하고, 소득과 부가 실질적으로 증가하는 것을 의미하지 않는다고 판단한다.

원촨지진이 발생한 후, 가슴 아픈 사연 외에도 지진과 재해 복구가 정부의 정책과 거시경제에 어떤 영향을 줄지를 분석한 수많은 글이 인터넷에 올라왔다.

다른 사람들도 나와 비슷한 경험을 하는지 모르겠다. 나는 결혼식이나 음악회에 갔을 때 혹은 석학의 강연을 듣거나 영화를 보고 나면 느낌이 특별하다. 이때는 몇 시간 동안 평상시와 완전히 구분되는 세계에 빠져 일상의 삶을 잊어버린다. 이 몇 시간은 실제이자 환상이다. 실제라고 말하는 것은 그 시간이 실제로 있었기 때문이고, 환상이라고 말한다면 다음 날 잠에서 깨면 이전의 나 자신으로 돌아오기 때문이다. 생활에 어떤 변화도 없고 아프던 곳이 여전히 아프며 가려운 곳은 여전히 가렵기 때문이다.

원촨지진은 많은 사람의 생활을 송두리째 흔들어놨으며, 쓰촨 서북부 지역의 모습을 크게 바꿨다. 이 사건은 분명히 인간 세상의 실제 비극이다. 그러나 나는 지진과 거시경제를 묶어서 고려하는 담론은 모두 환상이라고 생각한다.

그렇다면 왜 재해 복구가 2008년의 중국에서 거시경제의 발전을 촉진할 수 없다고 생각하는 것일까? 아는 사람이 많지는 않지만 사람들을 속일 수 있는 이유에 대해 먼저 이야기해보겠다. 일반균형 경제 전체의 기능을 각 상품의 수요공급의 균형방정식을 중심으로 파악함을 이루는 동태적 모형을 상상한 다음 정부지출의 충격(재해 복구)과 사람들 간에 일어난 이전지출(재해 성금)을 대입해보자. 산출량은 수요에 따라 결정된다는 케인스의 가설(이론)이 맞는다고 하더라도 재해가 발생하기 전에 중국 경제가 지나치게 위축되지 않았으며 오히려 정상적으로 운영되고 있었다면 재해 복구를 위한 지출이 이론적으로 소득을 크게 늘릴 수 없다. 소득이 늘었다고 해도 그간의 손실을 모두 보상해줄 수도 없다. 사실 지진이 발생하기 전에 중국 경제가 과열되었다는 주장이 많았다. 그런데 경기가 과열되면 경제는 신고전학파가 주장하는 가설(이론)과 맞아떨어진다. 다시 말해 생산능력의 운용 수준이 높을 때 산출은 수요가 아니라 공급이 결정할 가능성이 더 크다. 따라서 자연재해가 발생하면 경제가 활성화되기보다 오히려 둔화될 수 있다. 따라서 나는 재해 복구 사업이 거시경제를 이끄는 효과가 있다는 것은 데이터상으로 나타날 수는 있겠지만 이는 숫자놀음에 불과하고, 소득과 부가 실질적으로 증가하는 것을 의미하지 않는다고 판단한다.

앞에서 살펴본 언어유희는 사실 '깨진 유리창 이론 Broken windows theory'

을 반복한 것에 불과하다. 이 이론은 19세기 프랑스 학자인 바스티아 Bastiat의 일화에서 비롯되었다. 한 아이가 상점의 창문을 깨뜨리자 상점 주인이 유리를 사야 했다. 이렇게 되자 유리가게 사람이 할 일이 생겼다. 또 유리가게 사람이 빵을 사려고 하자 빵집 사람에게 할 일이 생겼다. 이런 식으로 계산하면 유리 하나를 깨뜨렸지만 할 일(일자리)이 많이 생겨난 것이다. 결국 나쁜 일이 좋은 일로 바뀐 것이다. 그러나 바스티아는 이어서 이 과정이 사실은 '오류'임을 논증했다. 왜 그럴까? 우리는 그저 창문이 깨진 후 일자리가 생겨났다는 데 주목했을 뿐 유리를 맞추는 데 돈을 들이지 않았다면 그 돈이 다른 데 쓰여 마찬가지로 일자리를 창출할 수 있다는 점은 미처 생각하지 못한 것이다.

'지진 발생이 거시경제의 성장을 촉진한다'라는 주장은 '깨진 유리창 이론'에 담긴 함정에 깊이 빠진 것이다. 창문이 깨진 것은 좋은 일이 아니라 나쁜 일이다. 마찬가지로 지진이 거시경제에 어떤 특별한 영향을 주지 못한다면 지진 복구에 대처하는 (통화)정책 당국이 방향을 전환해야 한다. 그리고 지진이 주식시장이나 주택 시장에 영향을 준다고 단정하는 것은 더더욱 말이 안 된다. 내 생각에 지진이 경제에 미치는 영향은 영화 한 편이 내게 주는 영향과 같다. 지진이 발생한 후 한동안 사람들은 시선이 모두 지진에 쏠려 마치 세계가 모두 변한 것처럼 느낀다. 그러나 거시적으로 보면 경제 분야에서 어떤 변화도 사실상 거의 발생하지 않았다. 중국의 전체 인구에서 재해 지역의 인구가 차지하는 비율은 1퍼센트에도 미치지 않으며 경제적인 비중은 무시할 만한 수준이다.

재해 복구에 700억 위안이 투입되고 이 돈이 2008년에 한꺼번에 지출되며 또 실제로 경기부양 효과가 있다고 하자. 승수乘數의 크기가 2라고 가정해도 1400억 위안의 부양 효과가 있을 뿐이다. 이 금액은 중국 전체 GDP의 200분의 1 정도로, 가령 2007년 중국 외환보유액의 보름 치 증가분에 불과하다. 만약 이 정도 금액의 변동으로 중국이 통화정책의 기조를 바꿀 수 있다면 중국의 주식시장과 주택 시장의 동향까지 바꿀 수 있는 셈이다. 그런데 중국에서 매년 이 정도의 충격은 셀 수도 없을 정도로 발생하는데 그때마다 중국은 어떻게 대처해야 하는가? 2007년에는 재정지출이 1조 위안 가까이 늘었다. 2007년 중국의 외환보유액은 3조 위안이 넘게 불어났다. 2007년에 상하이와 선전 두 도시에서 1급시장 정부나 기업이 처음 발행하는 채권시장의 융자액은 2006년보다 1000여 억 위안이 많은 약 8000억 위안이었다. 2007년에 원유와 석유 완제품 수입에 들어간 금액은 2006년보다 2000여 억 위안이 증가하여 약 6000~7000억 위안을 지출했다.

역사적으로 미국, 일본, 유럽과 신흥시장 경제권을 살펴보면 근대 이후에 자연재해가 거시경제에 긍정적이든 부정적이든 중대한 영향을 끼친 적이 없다. 중국은 이제껏 발생한 '자연재해'로 '어려운 시기'를 보냈지만, 알고 보니 모든 것이 천재가 아니라 대부분 인재임이 드러났다.

결론적으로 지진으로 촉발된 거시경제의 담론은 하나같이 설득력이 떨어진다. 삶은 영화가 아니다. 거시경제도 마찬가지다.

2

재해 복구에는 석회나 진흙으로
바르는 식의 해결책은 필요하지 않다

•

재해 복구는 사실 이전지출이 대규모로 이뤄지는 경제활동이다. 700억 위안을 잘 쓰는 것과
잘못 쓰는 경우 차이는 크다. 재해 때문에 자원을 재배분하는 것도 경제활동이라는 사실을 잊고
시장원리를 무시한다면, 700억 위안을 비계획적으로 지출할지도 모른다.
그러면 밑 빠진 독에 물 붓기가 되어 분배의 불균형 문제가 나타날 수도 있다.

원촨지진이 일어났을 때 나는 후진타오 주석이 천막 공장을 시찰하고
생산에 박차를 가하라고 기업을 독려했다는 뉴스를 보다가 문득 재미있
는 생각이 들었다.

나는 스스로에게 문제 하나를 내보았다. 천막 공장은 재해 기간 동안
천막의 가격을 올려야 할까 올리면 안 될까?

사람들은 대부분 올리면 안 된다고 대답할 것이다. 국가적인 위기를
이용해 돈을 벌어서는 곤란하기 때문이다. 그렇지만 뉴스 내용을 자세
히 들여다보면 당시 저장성의 어느 천막 기업이 3교대로 바쁘게 천막을
제조하고 있는 것을 알 수 있다. 생산 현장에 있는 사람들은 대부분 한
달에 얼마 벌지 못하는 농민공일 것이다. 이들 역시 이번 사태를 안타까
워하고 있다. 그렇지만 가격을 올리지 않는 것이 과연 이들에게 공정한

것일까? 이 사람들이 전 국민을 대표해 지나치게 큰 책임을 떠안고 사랑과 관심을 베푸는 것은 아닐까? 제3자는 옆에서 팔을 휘두르며 지시만 하면 그만이다. 그러나 일을 직접 수행하는 사람들은 그렇게 수월하지 않다. 따라서 나는 가격을 인상하는 것이 합리적이라고 생각한다. 적어도 공장 근로자에게 추가 근무수당을 줄 정도까지는 인상해야 하며, 나머지 부분은 국가가 재해구조비에서 보충하면 된다. 그러면 모든 사람이 함께 재난 복구 비용을 부담할 수 있으며, 천막을 생산하는 노동자가 모든 책임을 질 필요도 없다.

나중에 나는 '지진으로 상환이 불가능해진 채무는 심사를 거친 후 탕감한다'는 내용의 공문을 은행감독위원회에서 내려보냈다는 소식을 들었다. 이 조치는 정말 인간적이다. 그러나 나는 조금 혼란스러웠다. 은행이 자선단체가 되라고 정부가 명령하는 것과 다를 바 없었기 때문이다. 우리는 지금까지 이렇게 해본 적이 없다. 막대한 규모의 정책 대출을 상환 능력이 근본적으로 없는 기업에 나눠줘, 결국 4대 국영은행이 2~3조 위안의 부실채권을 떠안게 되는 방식 말이다. 위의 금액도 정부쪽 통계이며, 실제는 그보다 많으면 많았지 적지는 않을 것이다. 얼마간의 자선을 베푼 후 2~3조 위안의 부실채권이 발생하면 은행시스템 자체로 경영에 어떤 잘못이 있었는지 분명히 밝히는 것은 불가능하다. 결국 국가가 나서서 은행의 채무를 모두 청산해줄 수밖에 없을 것이다. 나는 은행이 지진 때문에 자신의 권리를 포기해서는 안 되고 합법적인 방식으로 대출을 회수해야 한다고 생각한다. 만약 정부가 재해로 손실을 입은 사람을 돕고 싶다면 직접 돈을 지급하면 된다. 은행이 채무를 심사해 탕감하면 청산이 가능한 채무도 탕감하고 청산이 불가능한 채무도 탕감할 수 있다. 왜냐하면 은행은 자신이 손실액을 책임지지 않고 그저 정부가 단번에 '은행의 채무를 모두 경감해주기'만을 기다려야 하는 것을 알고 있기 때문이다.

재해 복구는 특별한 사건으로 특별한 조치가 뒤따라야 한다. 특히 재해 복구의 초기에는 더욱 그렇다. 그러나 재해 복구 사업 자체의 규모가 워낙 커 국가 차원에서 재해 지역의 재건에 700억 위안을 투입하겠다고 약속했다. 중국 전체를 놓고 볼 때, 이 금액은 특별히 많은 돈도 그렇다고 적은 돈도 아니다. 비교를 해보자면, 1년 동안 감면하는 농업세가 600억 위안이고 국가가 1년에 농촌 기초교육 경비로 지출하는 비용이 2000억 위안이다. 따라서 재해 복구는 사실 이전지출이 대규모로 이뤄지는 경제활동이다. 이 700억 위안을 잘 쓰는 것과 잘못 쓰는 경우 차이가 크다. 재해 때문에 자원을 재배분하는 것도 경제활동이라는 사실을 잊고 시장원리를 무시한다면, 700억 위안을 비계획적으로 지출할지도 모른다. 그러면 밑 빠진 독에 물 붓기가 되어 분배의 불균형 문제가 나타날 수도 있다. 문득 영화 「소오강호」의 한 부분이 떠오른다.

링구충令孤衝은 장검에 어깨를 찔렸다. 칼끝이 등에서 앞가슴까지 밀고 들어가 상처가 매우 깊었다. 잉잉盈盈이 이 광경을 똑똑히 보았다. 그러자 급한 마음에 자신의 신분을 숨겨야 하는 것조차 잊고 쏜살같이 달려와 장검을 뽑고 링구충을 안았다. 헝산恒山파의 여제자들이 몰려와 링구충을 에워쌌다. 이허儀和는 '백운웅담환白雲熊膽丸' 대여섯 환을 급히 꺼내 링구충에게 먹였다. 잉잉은 손가락을 뻗어 링구충의 가슴과 등의 상처 주위의 경혈을 짚어 선홍색 피가 솟구쳐 나오는 것을 벌써 막았다. 이칭儀清과 정어鄭萼가 링구충의 상처에 '천향단속교天香斷續膠'를 번갈아 발랐다. 수장이 상처를 입었는데 제자들이 무엇을 아끼겠는가? 혹시 약을 적게 바를까 걱정되어 천금을 줘도 사기 힘든 귀한 약을 석회나 진흙처럼 이겨 상처 위에 두껍게 발랐다.

　시장의 원리를 고려하지 않는다면 재해 복구 사업은 '천금을 줘도 사기 힘든 귀한 약을 석회나 진흙같이 여기는 식'으로 진행된다. 이는 낭비가 아닐 수 없다.

3

내진설계 기준과 자유선택
•

자유시장＋자유선택이 반드시 '정확한' 선택이라고 할 수는 없다. 인류는 임의의 사건에 대해,
특히 발생할 확률이 낮은 사건에 대해서는 예측 능력이 상당히 취약하다.

    원촨지진이 발생한 이후 나는 정부가 원촨 지역에 있는 건물에 대해 내진설계 기준을 강화해야 하는가를 두고 줄곧 고심했다. 공공건물의 경우는 비교적 간단하다. 학교나 병원, 백화점처럼 사람이 많이 모이는 장소는 내진설계 기준이 좀 더 엄격해야 한다.

    그렇다면 주택은 어떤가? 이 문제는 대답하기가 쉽지 않다. 처음에 나는 내진설계 기준이 낮은 일반 주택에서 지진이 나 사람이 사망할 확률은 담배를 피워 폐암으로 사망할 확률보다 훨씬 낮다고 생각했다. 만약 주택의 내진설계 기준을 강화하면 그 목적은 지진으로 사망할 확률을 낮추기 위한 것이다. 이 논리는 흡연 금지, 육식 금지, 밤샘 금지, 아침 안 먹기 금지 등에도 그대로 적용할 수 있다. 왜냐하면 이러한 조치는 모두 조기에 사망할 확률을 낮출 수 있기 때문이다. 나는 내진설계

기준을 강화하는 것에 반대하지 않는다. 단지 설계 기준을 높여야 하는 이유가 무엇인지 고민했을 뿐이다. 만약 이 목적이 사망률을 낮추는 것이라면 정부는 사망률을 좀 더 효과적으로 줄일 수 있는 일에 아직 착수하지 않은 셈이다. 그렇다면 정부는 앞서 말한 일들을 실제로 수행해야 할까? 만약 그렇지 않다면, 지진에 대해서는 개인용 주택의 내진설계 기준에 관한 규정을 둘 수 있지만, 개인의 생활습관에 대해 규정을 둘 수 없는 이유는 무엇일까? 그런데 알고 보면 나쁜 생활습관 때문에 사망한 사람이 지진으로 사망한 사람보다 훨씬 많다.

　더군다나 일반 주택에 대해 내진설계 기준을 강제적으로 높이려면 재원이 필요하다. 이 돈은 누가 부담해야 할까? 개인 아니면 정부? 이는 매우 현실적인 문제다. 만약 지질 전문가가 어느 지역에 거주하는 사람들에게 이 지역에서 앞으로 30년 안에 큰 지진이 발생할 수 있다고 알려주었다고 하자. 그러면 경제적으로 능력이 있는 사람은 강제 규정이 없더라도 더 안전한 집에서 살기 위해 힘쓸 것이다. 그렇지만 경제 능력이 미약한 사람은 혹시나 하는 마음으로 그냥 살아갈 것이다. 이 문제는 3D(더럽고 힘들고 위험한) 업종 사람들의 주택환경이 좋지 않은 것과 비슷하다. 만약 소득이 많지 않은 가구에 규정에 맞춰 집을 튼튼하게 짓거나 수리하고 그 비용까지 직접 지불하라고 요구한다면, 이는 그들의 삶의 수준을 개선하는 것이 아니라 오히려 악화시키는 것이다. 그런데 정부가 일반 주택의 건축 기준을 강화하는 데 드는 비용을 지불한다면, 이 돈은 어디서 나오는 것일까? 지역에서 낸 세금으로 충당한다면 결국 지역 주민이 부담하는 것이다. 또한 다른 지방의 세금으로 지원한다면 다른 지역 주민에게는 불공평한 일이다.

그렇다면 내진설계 기준을 높이면 안 되는 것일까? 사실 나는 찬성해야 할지 반대해야 할지 잘 모르겠다. 그래서 이 문제를 블로그에 올려 다른 사람들은 어떻게 생각하는지 알고 싶었다. 이에 대해 사람들의 반응은 매우 적극적이었다.

어떤 사람은 외부성 외부효과라고도 함. 어떤 경제 활동과 관련하여 다른 사람에게 의도하지 않은 혜택이나 손해를 발생시켰으면서도 이에 대해 대가를 받거나 비용을 치르지 않는 상태를 일컬음이 존재하기 때문에 정부가 내진설계 기준을 강제적으로 강화해야 한다고 분석했다. 여기서 외부성이란 누군가의 집이 견고하지 않다면 지진 때문에 그 사람은 물론 다른 사람까지 다칠 수 있으며 또 어디선가 구조하러 와야 한다는 것까지 포함한다. 내 생각에 이는 합리적인 이유로 볼 수 있지만 강제성을 띠기에는 충분하지 않다. 한 사람이 하는 다른 많은 일에도 외부성이 있다. 내가 좋은 자동차를 한 대 사고 복권도 당첨되었다면 이 사실을 탐탁지 않게 생각하고 질투하는 사람이 있을 것이다. 이것도 외부성이다. 그러나 이러한 외부성 때문에 정부가 나서서 내가 어떤 자동차를 사고 복권을 몇 장 살 수 있는지 제한하지는 않을 것이다. 얼굴이 예쁜지 안 예쁜지도 외부성이 있다. 예쁜 얼굴을 보면 기분이 좋아지지만 못생긴 얼굴을 보면 반대의 기분을 느낄 수 있다. 그렇다고 정부가 못생긴 사람을 강제로 성형하도록 명령할 수는 없다. 외부성은 정부의 개입이 왜 필요한지를 설명하는 대표적인 이유이다. 나는 개인적으로 내진설계 기준을 강화하는 문제에 대해 외부성이 가장 핵심적인 요소는 아니라고 생각한다.

또 누군가는 지진은 순식간에 엄청난 손실을 가져오는 반면에 흡연이나 비만은 사망률은 높이지만 점진적인 현상이므로 일시에 큰 타격을

경제, 디테일하게 사유하기

주지는 않는다고 말했다. 그러면서 지진에 더 큰 관심을 기울여야 한다고 주장했다. 내 생각에 두 가지 모두 사망률을 높인다는 점에서 성격이 같다. 비행기가 기차보다 위험하고 술을 마시고 운전해도 위험하지 않다고 생각하는 사람이 많은 것처럼, 개인적인 착각 때문에 사람들이 서로 다르게 느끼는 것이다. 그러나 착각에 의해 정책을 수립해서는 안 되고 반드시 과학적으로 이루어져야 한다. 만약 사망률의 감소가 정부가 간섭하는 근거가 된다면 내진설계의 기준뿐만 아니라 생활습관에 대해 관여하는 것 역시 가능하다. 이는 더 간섭하거나 덜 간섭한다는 정도의 문제가 아니다.

일부에서는 실행 가능성이라는 관점에서 문제를 분석했다. 그들은 내진설계 기준을 강화하는 일은 실행하기가 쉽지만 생활습관을 간섭하는 일은 실행하기 어렵다고 한다. 정부가 내진설계 기준을 강제적으로 강화할 순 있지만, 생활습관은 강제로 간섭할 수가 없다는 설명이다. 이러한 분석은 가능성은 설명할 수 있어도 당위성과는 거리가 멀다. 따라서 내가 제기한 문제에 대한 직접적인 답변이 될 수 없다.

나중에 나는 정부가 나서서 마땅히 내진설계 기준을 강화해야 한다고 스스로를 설득했다. 그 이유에는 행동(행태)경제학의 요소가 담겨 있다.

먼저 자동차를 구매하는 것에 대해 이야기해보자. 정부는 자동차의 안전기준에 어떤 제한도 두지 않았으나, 자동차 생산업체는 안전기준을 모두 소비자에게 투명하게 공개할 의무가 있다고 가정하자. 그리고 소비자는 자신의 필요에 따라 자유롭게 선택한다고 하자. 이것이 실제로 가능할까? 나는 불가능하다고 생각한다. 자동차마다 특성이 제각기 다르고 많은 부분이 매우 기술적인 내용이어서 이해하는 데 어려움이 있다. 따라서 소비자는 자신에게 가장 유리한 선택을 할 만한 능력이 거의 없다. 내가 자동차를 샀던 경험을 예로 들어보자. 자동차를 둘러본 후 딜러가 내게 방범장치 중 한 종류를 추천했다. 이 위치추적 장치는 차 안의 은폐된 곳에 설치됐기 때문에 차량 절도범은 자동차에 방범장치를 설치했는지의 여부를 알 수 없다. 만약 차를 도난당했다면 경찰에 신고해 추적 장치를 작동시키고 경찰은 자동차의 위치를 알리는 신호를 추적하여 도난 차량을 찾을 수 있다. 이 장치는 약 600달러였다.

당시 나는 600달러를 쓸 것인가 말 것인가라는 매우 간단한 선택을 해야 했다. 그러다가 구주에게 의견을 물었다. 구주는 "나는 이런 일은 잘 모르니 당신이 알아서 해"라고 대답했다. 20여 년간 교육을 받은 사람으로서 계산 좀 해보려고 딜러에게 종이와 펜을 부탁했다. 나는 이 장치의 중고가격 및 장치를 설치했을 때 보험료가 얼마나 낮아지는지 물었다. 또 차량을 절도당한 뒤에 찾게 될 확률도 물었다. 그러고는 답변을 들을 틈도 없이 사기로 바로 마음먹었다. 이렇게 빨리 결정을 내린 이유는 내가 계산해본 결과 그만한 가치가 있었기 때문이 아니라 사실은 계산이 불가능했기 때문이다. 나는 마땅히 지불할 만한 가치가 있는지의 여부를 알고 싶었고 이 장치를 구입할 경우 앞으로 절약할 수 있는 돈의 현재가치가 600달러보다 많은지 적은지도 대략 계산해보려고 했다. 그러나 주어진 정보가 너무 많아 예측이 불가능해 결국 계산을 포기하고 말았다. 내가 이 자동차를 얼마나 탈 수 있을지, 도난당할 확률은 어느 정도인지 도저히 알 수 없었다. 왜냐하면 나는 앞으로 어디에서 거주할지조차 정하지 않은 상태였기 때문이다. 그래서 생활의 편의를 위해 기회가 왔을 때 그냥 사기로 결정했다.

이는 아주 간단한 선택의 예에 불과하다. 만약 자동차의 안전기준이 모두 객관식 문제의 정답을 고르듯 하나하나 선택한 다음에 원하는 가격을 도출한다면 자동차는 안 사는 쪽이 더 낫다고 생각한다. 우리가 선택에 직면할 때 모든 '유용한' 정보를 충분히 고려해 계산하기란 불가능하다. 이는 인간 두뇌의 한계이며 지식의 한계이다. 정부가 '강제적인 기준'을 마련하면 여기에 맞춰 여러분이 모든 세부 사항을 스스로 선택할 필요 없이 전문가가 암묵적으로 알아서 대응한다. 그저 여러분 생각에 가장 중요한 부분만 관심을 기울이면 된다. 그러면 여러분이 소홀히 여긴 부분에 대해서는 정부가 정한 기준이 마지노선이 된다. 내진설계도 마찬가지다. 이는 기술적인 부분이므로 보통의 사람들은 자신에게 가장 적합한 내진설계 기준을 선택할 만한 능력이 없을 것이다. 따라서 정부가 강제적으로 규정하면 일이 매우 간단하다.

내진설계 기준을 강제로 강화해야 하는 또 다른 이유는 통계학자라도 인간은 확률적인 동물이 아니라는 사실에 있다. 이는 심리학에서 여러 차례 증명한 바 있다. 자유시장＋자유선택이 반드시 '정확한' 선택이라고 할 수는 없다. 인류는 임의의 사건에 대해, 특히 발생할 확률이 낮은 사건에 대해서는 예측 능력이 상당히 취약하다. 또 내 경험을 예로 들어보겠다. 나는 몇 년 전에 수술을 받은 적이 있다. 수술 전에 의사가 내게 수술이 실패할 수 있는 원인과 확률에 대해 일러주었다. A 상황은 약 1만 명 중 1명꼴로 발생하고 A 상황이 실제로 발생하면 대개는 모두 사망한다. B 상황이 발생할 확률은 1000명 중의 1명이며 B 상황이 발생하면 바로 대수술을 받아야 한다. C 상황이 발생할 확률은 100명 중의 1명으로 비교적 흔히 발생하며 다음 조치를 취해야 한다. 무슨 말

제1부 100미터 달리기를 하듯 마라톤 경주를 하는 중국

인지 이해가 되는가? 만약 그래도 수술을 받고 싶다면 각서에 서명해야 한다.

그런데 이 숫자들은 내게 큰 의미가 없었다. 선택은 간단했다. 나는 A와 B의 상황을 바로 제외했다. 나는 1만 분의 1의 사망률이 어떤 것인지 상상할 수 없었기 때문에 내가 죽을 리가 없다고 생각했다. 사실 이 확률은 제로였다. 많은 안전기준이 예방하고자 한 것은 발생할 확률이 낮은 사건이다. 그렇지만 사람들은 이 정도로 확률이 낮은 사건은 정확히 예측할 수 없다. 2002년에 다롄大連을 출발한 베이팡北方 항공의 비행기가 사고를 냈다. 그 이후 많은 사람이 비행기가 갑자기 더 위험한 교통수단이 된 것처럼 한동안 무서워서 비행기를 타지 못했다. 그러나 일정한 시간이 흐르자 사람들이 다시 비행기를 이용하기 시작했다. 사실 이 기간 동안 비행기가 추락할 확률에 큰 변화가 생긴 것은 아니다. 그렇지만 이 사고를 접한 후 사람들의 생각이 크게 바뀐 것이다. 만약 일반인이 주택에 대한 내진설계 기준을 자유롭게 선택할 수 있다면, 시기에 따라 선택이 크게 달라질 것이다. 예를 들어 오랫동안 큰 지진이 발생하지 않았다면 사람들은 지진이 발생할 가능성과 파괴력을 과소평가해 지나치게 낮은 기준을 선택할 것이다. 반대로 큰 지진이 발생한 직후라면 사람들은 아마 과민반응을 보이며 지나치게 높은 기준을 선택할 것이다.

물론 개인이 잘못을 저지를 수 있다고 해서 시장 또한 반드시 잘못한다는 법은 없다. 만약 많은 사람이 시행착오를 겪고 있고 또 많은 사람이 경쟁하고 있다면 결국 시장은 균형을 이루게 된다. 다시 한 번 자동차 구매 과정을 예로 들어보자. 많은 사람이 자동차를 사고, 세상에는 정부가 정한 강제 규정이 필요 없다고 가정하자. 이 경우 자동차 생산업체가 자발적으로 차량의 안전성과 성능을 보장하려고 할 것이다. 우리 개개인의 입장에서는 하나뿐인 선택이지만, 생산업체의 입장에서 보면 수없이 많은 선택을 받아야 한다. 또 다른 예를 보자. 여러분이 중관춘_中關村, 한국의 용산 전자상가와 흡사한 전자제품 전문 쇼핑 매장에서 조립형 컴퓨터를 살 때, 주요한 부품 가격을 일일이 알아야 할 필요는 없을 것이다. 왜냐하면 컴퓨터를 조립해주는 곳이 셀 수 없이 많아 서로 경쟁하기 때문에 같은 종류의 부품을 턱없이 높은 가격에 판매할 수 없기 때문이다. 그들이 돈을 벌려면 그 밖의 다른 부품에서 이윤을 남겨야 한다. 따라서 개개인은 주요 부품 가격을 미리 알아볼 필요가 없으며 제시된 가격이 바로 최저가이다. 경쟁은 가격을 흥정하는 데도 이미 도움을 주었다.

이 세계의 시장은 대부분 중관춘의 컴퓨터 시장이나 자동차 시장과 같지 않으며 주택 시장은 더욱 그렇다. 모든 사람에게 집이 필요하지만 주택 시장은 지역에 따라 다르게 형성되므로 경쟁이 충분히 이뤄지지 않는다. 여러분은 구역, 건물의 방향, 지역 특성, 면적, 내부 장식, 층수, 건축자재, 그리고 최근에 더해진 내진 수준 등이 완전히 일치하는 집은 영원히 찾을 수 없을 것이다. 시장의 힘으로 잘못을 바로잡고 합리적으로 내진설계 기준을 정할 수 있을 때까지, 이것들이 가능하다면 앞으로 얼마나 많은 시간이 흐르고 또 얼마나 많은 재난을 경험해야 할지 모르겠다. 이러한 상황에서 정부가 강제적인 조치를 마련하는 것도 반드시 나쁜 선택만은 아니다.

THE
WORLD
IN A
GRAIN
OF SAND

제 2 부

침체에 빠진 미국

제8장

위기에 이은 침체와
디플레이션

2009년의 경기 침체는 내가 처음으로 경험한 경기 침체였다. **'침체의 증거'**에서는 미국에서 관찰한 재미있는 침체의 증거를 차례로 서술했다.

디플레이션이라는 수년간 자취를 감췄던 경제용어가 2009년에 갑자기 사람들의 이목을 끌었다. 오랜 기간 미 연방준비은행을 비롯해 일본의 중앙은행에 이르기까지 디플레이션의 발생을 매우 경계했다. **'디플레이션은 호랑이보다 무섭다'**에서는 중앙은행의 입장에서 볼 때 디플레이션과 인플레이션은 같은 것으로 모두 엄청난 재난임을 설명했다.

'스트레스가 없는 '스트레스 테스트''에서는 스트레스 테스트가 무엇인지 간단히 소개하고, 설계한 스트레스가 어느 정도인가에 따라 스트레스 측정 결과가 완전히 달라짐을 밝혔다. 가정한 스트레스가 크지 않다면 이 스트레스 테스트는 스트레스가 전혀 없는 테스트가 되고 만다. 그러면 결국 최종 결과도 아무런 의미가 없다.

버나드 메이도프의 폰지사기(금융사기)와 월가의 '내막'이 밝혀지면서 많은 사람이 결론을 잘못 내린 것이 드러났다. 즉 만약 월가에 그런 나쁜 사람들이 없었다면 금융위기가 일어나지 않았을 것이라는 주장 말이다. **'폰지사기를 방관하다'**에서는 사건이 생각처럼 그렇게 간단하지 않음을 이야기하려고 했다. 인류가 만들어낸 자산 버블의 규모는 메이도프와 같은 사람이 만든 규모보다 훨씬 크다. 설령 메이도프가 없었다고 해도 거품은 생겨나고 붕괴했을 것이다. 거품이 무한히 지속될 수 있다고 믿고 싶어 하는 사람들에게 메이도프는 핑계에 불과하다.

1

침체의 증거

·

이렇게 비율이 늘어난 것은 사람들이 갑자기 슈퍼마켓, 주유소, 약국에서 돈을 많이 썼기 때문이 아니라
다른 부분에서 소비를 줄였기 때문이다. 이는 서민들의 지갑이 가벼워졌음을 알려주는 분명한 신호이다.

2008년 말에 이르러 미국 경제가 급속하게 침체 국면을 보였는데 기간이나 충격의 강도 면에서 대공황 이후 가장 심각했다. 설령 개인적으로 위기의 영향을 조금도 받지 않았다고 하더라도 또는 신문을 보지 않았거나 경제에 아무런 관심이 없더라도 곳곳에서 경기 침체의 조짐을 어렵지 않게 발견할 수 있었을 것이다. 다음은 내가 관찰한 몇 가지 증거이다. 물론 분명하지 않을 수도 있으나 어쨌든 문제점이 뚜렷이 드러나는 것들이다.

증거 1

신용카드 광고가 사라졌다. 미국 생활의 특징 중 하나는, 인터넷 쇼핑을 하거나 신용카드를 신청하고 백화점 회원으로 등록할 때, 어느 한 곳

이든 자신의 정보를 남기면 인터넷 메일함에 엄청난 양의 스팸 메일이 쌓인다는 것이다. 이 메일 중에는 마트의 할인권도 들어 있고 은행이 금융상품을 안내한 것도 있으며 주택의 임대나 매매 정보를 소개한 것도 있다. 이 밖에도 신문과 잡지를 구독하면 혜택을 준다는 것도 있으며 화장품 회사가 신상품을 선보인 것도 있다. 그중 가장 많은 것이 신용카드 회사의 광고일 것이다. 심할 때는 거의 매일 이런 광고 메일을 받았고 어떤 때는 하루에 여러 통이 오기도 했다. 그러다가 신용카드 광고 메일이 하룻밤 사이에 사라져 몇 달간 보이지 않았다. 금융시장에서 무슨 일이 벌어진 것을 아는 사람이라면 이런 일은 매우 자연스러운 현상임을 일찌감치 짐작했을 것이다. 금융위기가 정점에 다다르자 금융기관조차 어느 누구에게도 돈을 빌려줄 엄두가 나지 않은 것이다. 다행히 2009년 말이 되자 신용카드 광고 메일이 다시 날아들기 시작했다. 물론 이전만큼 광고가 쏟아지지는 않았지만 간간이 보이기 시작했다. 이는 경기가 하락세에서 반등하며 금융시장이 안정되고 있으나 회복세가 뚜렷하지는 않다는 의미이다.

증거 2

생활필수품의 소비 비율이 상승한다. 나는 평상시에 아메리칸 익스프레스 카드를 자주 사용하는데, 내가 지출한 내역 외에도 카드 소지자들의 총지출 내역을 구해 두 개의 원형 그래프를 만들어 비교분석했다. 예컨대 주유소나 약국, 식당 등에서 얼마를 지출했는지를 구분한 것이다. 2008년에 모든 카드 소지자들이 슈퍼마켓, 주유소, 약국 등에서 생활필수품을 구입하기 위해 지출한 평균 금액은 전체 지출의 약 10퍼센트를 차지했다. 이 비율이 2009년에는 18퍼센트로 가파른 상승세를 보였다. 이렇게 비율이 늘어난 것은 사람들이 갑자기 슈퍼마켓, 주유소, 약국에서 돈을 많이 썼기 때문이 아니라 다른 부분에서 소비를 줄였기 때문이다. 이는 서민들의 지갑이 가벼워졌음을 알려주는 분명한 신호이다. 경제학에는 엥겔의 법칙이 있다. 다시 말하면 가난한 가계일수록 식품과 같은 생활필수품의 소비 비율이 더 높다는 설명이다. 증거 2의 통계는 엥겔의 법칙을 그대로 반영하고 있다.

증거 3

상점 앞에 매일 할인 행사를 알리는 안내문이 붙고 걸핏하면 70퍼센트 세일을 하며 1+2행사까지 감행한다. 중국에서 미국으로 출장을 왔거나 여행 온 사람 중 내가 만나본 이들은 하나같이 미국은 물건 값이 정말 싸다고 감탄한다. 중국에서 온 시찰단이 워싱턴에 있는 어느 고급 가방가게에 들렀는데 한번 휙 둘러보는 사이에 가방 몇 종류는 다 팔려 한 개도 남지 않았다고 한다. 이런 현상은 사람들이 정말 돈이 많아서가 아니라 그들이 생각하기에 물건이 좋고 가격이 저렴하기 때문이다. 나는 미국에 살지 않는 사람들에게 미국의 물건 값이 늘 이처럼 싼 것은 아니라고 말한다. 경기가 침체되기 전 미국의 상점들은 일반적으로 추수감사절이나 성탄절과 같은 기념일 때만 세일했다. 기념일이 지나면 대규모 판촉 행사도 끝난다. 그러나 2008년 말부터 시작하여 2009년을 거쳐 2010년에 이르기까지 수많은 상점이 큰 폭의 할인 행사를 계속했고 그것도 날마다 판촉 행사를 벌였다. 특히 상대적으로 가격이 비싼 상품들이 그랬다. 이런 할인 행사가 빈번하다는 것은 상점들이 자비심을 크게

경제, 디테일하게 사유하기

베풀었다기보다 소비자들의 구매력이 약화되었거나 소비할 여력이 없어 상점에 쌓아둔 물건이 팔리지 않았기 때문이다.

증거 4

중국 마트에서 물건을 구입하는 아프리카계나 아시아계 사람이 늘었다. 미국에 있는 중국 마트는 중국산 제품과 중국 식료품을 판매할 뿐만 아니라 저가형 상품을 살 수 있는 곳이기도 하다. 이곳의 야채와 과일, 여러 종류의 일용품은 주요 마트보다 더 저렴하지만 일반적으로 그다지 신선하지 않다. 중국인이 중국 마트에서 물건을 사는 것은 자연스럽다. 왜냐하면 다른 곳에서는 라오간마老干媽, 중국 구이저우 지역의 소스, 장류 판매 브랜드, 룽옌龍眼, 남아시아 열대지역의 특산품, 월병과 같이 매우 중국적인 물건을 구하기가 어렵기 때문이다. 그런데 비중국인 혹은 넓은 의미에서 아프리카계나 아시아계 사람이 중국 마트에 왔다는 것은 라오간마를 사러 온 것은 분명히 아니다. 내가 관찰해본 결과 이들은 일상생활에 사용하는 '수입산 제품'을 사러 온 것이다. 그리고 이들이 중국 마트에 온 단 한 가지 이유는 가격이 저렴하기 때문이다. 중국 마트에 아프리카계, 아시아계 사람이 많이 몰리는 것은 더 많은 사람이 싼 곳을 찾는다는 것으로, 이는 지갑이 얇아진 결과일 가능성이 크다. 사실 다른 곳은 매출액이 떨어졌지만 월마트의 매출액은 오히려 증가했다. 미국의 월마트는 저렴한 상품을 파는 곳이기 때문이다.

물론 직접적인 증거는 여전히 많다. 예를 들면 세를 놓는다는 공고를 붙인 상가가 갑자기 늘었고, 일정 기간을 두고 휴업한 후 헐값에 점포를 넘기는 상점이 생겼다. 이 중에는 심지어 미국 전역에서 볼 수 있는 대형 프랜차이즈 가맹점도 있었다.

　이런 증거로 미루어 볼 때 미국에서 이번의 경기 침체가 얼마나 심각한지 잘 알 수 있다. 좋은 디플레이션과 나쁜 디플레이션은 현실에서 구분하기가 어렵지 않다.

2

디플레이션은
호랑이보다 무섭다

•

좋은 디플레이션은 가격이 하락함과 동시에 판매량이 증가하지만
나쁜 디플레이션은 가격과 판매량이 모두 떨어진다.

매년 11월 말의 추수감사절부터 새해 초까지의 한 달여 동안은 미국에서 쇼핑하는 데 황금 시즌이다. 이때가 되면 사람들이 '설 용품'을 구매하기도 하지만, 더 중요한 이유는 상점마다 다양한 판촉 행사와 대규모 바겐세일을 진행해 소비자들에게 많은 혜택을 안겨준다는 데 있다.

그렇지만 2009년의 상황은 예년과 달랐다. 2008년 추수감사절을 보낸 후 2009년이 시작되자 가게마다 할인 폭이나 할인 품목의 수에서 사상 최대의 바겐세일을 실시했다. 일부 브랜드는 전체 매장에서 50퍼센트(적어도 50퍼센트 할인), 심지어 70퍼센트까지 세일했고, 1＋2행사 광고도 자주 눈에 띄었다. 레노버 Lenovo, 중국의 PC 생산업체 는 미국에서 유행하는 노트북컴퓨터를 50퍼센트나 할인해 팔았다. 그 결과 중국에서 1만 위안을 웃도는 컴퓨터를 미국에서는 위안화로 환산했을 때 4000위안이면

살 수 있었다. 소비자 입장에서는 좋은 소식 같아 보인다. 그렇지만 많은 경제학자가 이런 현상을 보고 혹 디플레이션이 발생할까 걱정했다.

디플레이션은 물가의 전반적인 하락을 의미한다. 인플레이션이 사람들의 수중에 있는 돈의 가치를 떨어뜨리는 것과 달리, 디플레이션은 돈의 가치를 더욱 높이거나 또는 소비자들이 같은 돈으로 더 많은 물건을 살 수 있게 한다. 이는 소비자에게 좋은 소식인데 크게 걱정할 필요가 있을까?

그렇지만 관건은 다음 두 가지다. 첫째, 무엇 때문에 디플레이션이 발생할까? 둘째, 디플레이션이 정말 돈의 가치를 계속 높이는 것일까?

간단히 말해 디플레이션은 크게 좋은 디플레이션과 나쁜 디플레이션으로 나뉜다. 일반적으로 좋은 디플레이션은 공급이 갑자기 늘었을 때 발생한다. 예컨대 풍작으로 곡물 가격이 하락하면 더 나아가 물가도 전반적으로 하락한다. 이 경우 소비자는 더 많이 구매하거나 같은 양이지만 지출액이 줄어들어 생산자와 소비자가 모두 웃을 수 있다. 나쁜 디플레이션은 일반적으로 수요가 줄어들어 제품의 판매가 부진할 때 발생한다. 이때 생산업체는 어쩔 수 없이 가격을 내리는 방법으로 판매를 촉진한다.

좋은 디플레이션과 나쁜 디플레이션은 현실에서 구분하기가 어렵지 않다. 좋은 디플레이션은 가격이 하락함과 동시에 판매량이 증가하지만 나쁜 디플레이션은 가격과 판매량이 모두 떨어진다. 2009년에 정말 디플레이션이 발생했다면 아마도 나쁜 디플레이션일 것이다. 왜냐하면 여러 보도를 보면 할인 폭이 엄청났음에도 불구하고 미국 업체의 경영 실적이 참담했기 때문이다. 대부분의 기업에서 판매량이 수십 년 만에 가장 큰 하락 폭을 기록했다. 창사 이래 70여 년 동안 적자가 한 번도 난 적이 없는 도요타자동차도 사상 처음 적자가 발생할 것으로 예측했다. 이처럼 2009년에 수요가 급격히 감소하여 미국 사회가 직면한 이 디플레이션은 계속 진행될 수 있다. 다시 말하면 수요는 갈수록 줄어들고 생산능력은 남아돌며, 그럴수록 가격은 더 큰 하락 압박을 받게 되어 디플레이션이 더욱 심화된다. 이렇게 나선형으로 가격이 하락하는 조짐은 미국뿐만 아니라 중국과 다른 수많은 나라에서 나타나고 있다.

일단 나선형의 가격 하락이 시작되고 돈의 가치가 점차 올라가면 머지않아 경제가 깊은 수렁에 빠질 수 있다. 이런 상황에서 돈의 가치가 점차 높아진다는 것도 전혀 반길 일이 아니다.

왜 그럴까?

돈의 가치가 오르면 현금을 보유하는 것이 괜찮은 투자 방식이 된다. 그러나 돈은 스스로 돈을 벌 수 없으며, 하나의 국가에서 누군가는 공장이나 집을 짓고 기계를 사며 또 도로를 닦고 다리를 건설하는 등 진정한 의미에서 투자를 해야 한다. 만약 모든 사람이 현금을 보유하는 것이 더 수익이 난다고 생각하면 진정한 투자는 필연적으로 감소하게 될 것이다. 소비도 마찬가지다. 물건의 가격이 계속 하락하면 일찍 사는 것보다 늦게 사는 편이 낫다. 따라서 소비 행위가 크게 지연된다.

투자를 하는 사람도 없고 물건을 사는 사람도 없다면 유휴 생산 능력이 갈수록 늘어나 디플레이션과 경기 침체가 심화될 것이다. 만약 한 국가에서 기업과 개인이 모두 은행에 빚이 있다면 일은 더 복잡해진다. 왜냐하면 돈의 가치가 점차 올라간다는 것은 그들이 상환해야 할 부채액이 더욱 커지는 것을 의미하기 때문이다. 이러한 시장은 건강하지 않으며 다른 한편으로 채무의 부담이 계속 늘어나면 많은 기업과 개인이 파산으로 내몰리게 된다. 파산이 증가하면 은행의 부실채권도 늘어나 결국 금융시스템 전반에 악영향을 미치게 된다.

경제학사에서 가장 인상적인 두 차례의 디플레이션은 모두 좋지 않은 방식으로 끝났다. 한 번은 대공황이고 다른 한 번은 1990년대에 일본이 겪은 10년에 걸친 경기 침체와 부진으로 흔히 '잃어버린 10년'이라 부르는 것이다. 중국도 21세기 초에 잠깐 디플레이션을 경험했다. 그러나 린이푸林毅夫, 중국의 저명한 경제학자가 말한 대로 당시의 디플레이션은 공급의 증가에서 비롯된 좋은 디플레이션이었다.

더 안타까운 사실은 디플레이션에 대처하기 위한 인류의 경험과 지식이 상대적으로 미흡하다는 점이다. 지금까지 10명의 경제학자가 12종의 디플레이션 대처 방법을 제시했다. 그러나 이 모든 방법이 직접 시행되어 효과가 있는지의 여부가 확인된 것은 아니다. 아마 하늘만이 그 결과를 알 것이다. 실제로 '양적 완화' 통화정책을 채택한 미국은 일본의 경우와 정책 효과가 완전히 달랐다.

2008년 가을에, 즉 위기가 발생하기 반년 전만 해도 세계 각국은 인플레이션에 대처하기 위해 골머리를 앓고 있었다. 그런데 반년이 지나자 디플레이션의 그림자가 길게 드리웠다. 이런 극적인 변화로 우리가 사상 초유의 경제위기를 겪고 있음이 더욱 분명해졌다. 또한 전 세계적으로 디플레이션의 발생을 성공적으로 예방할 수 있는지의 여부가 이번의 위기를 극복하는 관건이 되었다.

3
스트레스가 없는
'스트레스 테스트'

•

결국 스트레스 테스트는 '스트레스' 정도에 대한 주관적인 판단에 따라 결과가 전적으로 달라진다.
미국의 주요 매체는 연방준비은행이 스트레스의 수준을 더 이상 올리지 않을 것이라고 보도했다.

금융위기가 한창일 때 미 연방준비은행은 미국의 주요 금융기관을 대상으로 '스트레스 테스트'를 실시했다. 스트레스 테스트는 이름 그대로 금융기관들이 더 큰 스트레스를 견딜 수 있는지 알아보는 것이다. 많은 사람이 방식은 다르지만 모두 내게 이 스트레스 테스트와 관계가 있는 내용을 물었다. 나는 업무상 스트레스 테스트와 관련된 일을 조금 한 적이 있으므로 여기서 간단히 설명해보겠다.

기술적으로 스트레스 테스트는 세부적으로 많은 주제가 있어 대량의 데이터가 필요하다. 특히 테스트에 참여하는 은행은 매우 상세한 재무제표와 업무 데이터를 제공해야 한다. 많은 경우 이런 자료는 회사의 기밀로서 관리, 감독을 맡고 있는 당국만 볼 수 있다. 이때 데이터 외에도 많은 매개변수를 고려해야 하는데 마지막으로 가정을 세워야 스트레스

[표 8-1] 시중은행의 간단한 대차대조표

자산	부채
중앙은행 예치금(지급준비금)	예금
대출	자기자본

테스트를 진행할 수 있다. 결론적으로 스트레스 테스트는 복잡하며 또 기술적으로 다룰 내용이 많은 작업이다.

　그러나 개념적으로만 보면 스트레스 테스트는 그다지 복잡하지 않다. 간단한 예를 하나 들어보자. 은행의 가장 간단한 대차대조표는 위의 표와 같다. 좌변은 자산이고 우변은 부채이다. 대차대조표에서 자산(좌변)은 영원히 부채(우변)와 같다. 다시 말해 자기자본에 예금을 더한 것은 중앙은행 예치금과 대출을 합한 것과 같다. 이해를 돕기 위해 좀 더 쉬운 방식으로 설명하면, 자기자본은 중앙은행에 예치한 금액에 대출을 더한 다음 (고객이 맡긴) 예금을 뺀 값이다.

　만약 대출이 부실채권이 되어 회수가 불가능해진 경우처럼 은행의 자산 항목에서 손실이 발생하면 위의 등식에서 알 수 있듯이 은행의 자본이 감소하게 된다. 자본이 너무 줄어들 경우에 이를 새로 보충하지 않으면 부채가 자산을 초과하게 된다자본을 확충하면 동시에 자산도 늘어남. 상황이 심각하면 은행이 파산할 수도 있다.

　스트레스 테스트로 은행이 해야 할 일은 스트레스 상황에서 자산의 손실이 어느 정도 발생했고, 자기자본이 얼마나 잠식당했으며, 더 나아가 은행에 자금을 얼마나 더 투입해야 파산을 막을 수 있는지 추산하는 것이다. 여기서 가장 복잡한 작업은 당연히 자산이 얼마나 줄어들지 추산하는 일이다. 이는 매우 섬세한 육체노동으로 기본적으로 은행의 모든 자산 항목을 한 줄 한 줄 다 봐야 한다. 그런데 단순한 육체노동일 경우 체력만 소모하면 그만이지만 이 일은 그렇지 않다. 여기서는 특정한 스트레스 상황에서 각종 자산이 현금화가 가능한 가격과 실현될 확률까지 추산해야 한다. 예컨대 환율이 어떻게 변동할지, 금리 수준과 구조는 어떻게 형성될지, 집값이 어떻게 변화할지, 주가가 어느 정도 변화할지, 신용카드 연체율은 얼마나 될지, 대출에서 차지하는 부실채권의 비율은 어느 정도인지, 채권 중에 실제로 얼마가 휴지 조각이 될지 등이다. 이 모든 것은 스트레스 테스트의 결과에 크든 작든 영향을 줄 수 있다. 때로는 제각기 다르게 세운 가정에 따라 스트레스 테스트 결과에 미치는 차이도 크게 다를 것이다.

나는 연방준비은행의 경제학자가 성심성의껏 스트레스 테스트를 진행했을 것임을 의심하는 것은 아니다. 그렇지만 거시경제를 연구하는 사람들은 모두 이번 금융위기에서 겪은 어려운 문제에 예외 없이 부딪혔을 것으로 생각한다. 이번의 위기는 사실상 완전히 새로운 세계로, 예측에 사용된 과거의 데이터나 모형이 유용하다고 확정적으로 말할 수는 없다. 결국 스트레스 테스트는 '스트레스' 정도에 대한 주관적인 판단에 따라 결과가 전적으로 달라진다. 미국의 주요 매체는 연방준비은행이 스트레스의 수준을 더 이상 올리지 않을 것이라고 보도했다. 연방준비은행은 미국의 대다수 은행이 생존할 것이라고 스트레스 테스트의 최종 결과를 발표했다. 이 점은 조금도 이상하게 느낄 이유가 없다. 내가 스트레스 테스트를 직접 실행하지 않았어도 이런 결과는 충분히 예상할 수 있다. 연방준비은행은 스트레스가 더 이상 커지지 않을 것이라고 가정했는데, 그렇다면 과연 이를 스트레스 테스트라고 말할 수 있을까? 차라리 '스트레스가 없는 스트레스 테스트'라고 불러야 맞다.

연방준비은행에 근무하는 수백 명의 전문가가 미국 경제를 주시하고 있는데, 이곳은 어느 개인이나 기관보다 미국 경제에 대한 이해도가 깊은 조직이다. 이들이 스트레스가 이번으로 끝이라고 판단했던 것 역시 결국 옳다고 증명될 수 있다. 그런데 스트레스가 없는 '스트레스 테스트'는 사실 스트레스 테스트의 본질에서 한참 벗어난 것이다.

폰지사기를 방관하다

●

메이도프의 죄는 용서받을 수 없으며 금융 감독기관이 관리를 소홀히 한 책임이 있다.
그렇지만 메이도프가 투자자를 속였다기보다 투자자들에게 자기도 속고
남도 속일 수 있는 토대를 마련해준 것이라고 보는 편이 맞다.

이탈리아계 미국인인 폰지 Charles Ponzi(1882~1949)는 20세기 초에 세계적으로 유명한 '불법 자금조달' 범죄를 저질렀다. 폰지는 고수익을 약속하고 고객의 투자를 받은 다음 새로운 투자 자금을 사용하여 기존의 투자자에게 원금과 이자를 상환했다. 이런 행태가 반복되던 어느 날, 자금 조달이 끊기자 그간의 사정이 만천하에 공개되었다. 폰지가 사용한 수법은 결국 그의 이름을 붙인 범죄행위로 통칭되었으며, 이것이 바로 악명 높은 폰지사기이다.

폰지사기는 중국에서도 널리 사용되는 수법으로 불법 다단계에서 신장성의 툰허시 屯河系, 중국 기업명 파산에 이르기까지 폰지사기가 끊이지 않고 있다. 그런데 미국에서 서브프라임 위기로 낱낱이 밝혀진 버나드 메이도프 Bernard Lawrence Madoff의 폰지사기는 기간(20년)도 길었고 규모

(300~400억 달러)도 컸으며, 더군다나 메이도프의 높은 지위(나스닥 총 재 역임)를 생각해보면 사람들이 경악할 수밖에 없었다. 그러나 자세히 들여다보면 메이도프의 죄는 용서받을 수 없으며 금융 감독기관이 관리 를 소홀히 한 책임이 있다. 그렇지만 메이도프가 투자자를 속였다기보 다 투자자들에게 자기도 속고 남도 속일 수 있는 토대를 마련해준 것이 라고 보는 편이 맞다.

금융 버블은 대부분 '폰지사기'의 성격을 갖고 있으며 이때 버블은 스 스로 만든 폰지사기나 폰지가 없는 폰지사기라고 부를 수 있다. 버블은 말 그대로 금융자산의 가격이 실제 가치가 받쳐주지 않는 상황에서 지나 치게 높게 형성된 것을 의미한다.

만약 누군가 거품이 있는 금융자산을 사기를 원한다면 그 이유는 간단 하다. 즉 높은 가격에서 자산을 인수한 다음 더욱 높은 가격으로 매각하 기를 원하기 때문이다. 자금이 계속 투입된다면 이런 거품이 계속 부풀 어 오르다가 어느 날 순식간에 터지고 말 것이다. 시장에서 거품이 저절 로 생겨난 것은 한두 차례가 아니다.

경제학에서 버블이 있는지의 여부를 어떻게 판단할 것인가는 줄곧 논 쟁의 대상이었다. 예컨대 이름 있는 경제학 잡지인 『정치경제학 저널 Journal of Political Economy』에 네덜란드에서 발생했던 유명한 튤립거품이 왜 거품이 아닌지를 논증한 글을 발표한 사람도 있다. 그러나 거품이 실제 로 존재했다고 일단 인정하면, 거품은 수많은 시장 참여자가 앞서거니 뒤서거니 하면서 대규모 폰지사기에 동참했기 때문에 발생한 것이리라. 이러한 거품은 나중에 시장에 들어온 사람이 먼저 시장에 자발적으로 진입한 사람에게 '사기'를 당하고 난 다음에 더 늦게 자발적으로 시장에 들어온 사람에게 '사기'를 친 것에 불과하다. 거품이 꺼져 더 많은 사람이 엄청난 손실을 입게 되더라도 어느 누구에게도 폰지사기의 책임을 물을 수 없다. 손해를 본 사람은 폰지사기극에서 사기를 당한 사람과 마찬가지로 아무런 잘못이 없다. 왜냐하면 그들이 산 것이 실제로 그만한 가치가 없는 자산이라는 사실을 아무도 미리 알려주지 않았기 때문이다. 이런 의미에서 거품은 폰지사기극과 매우 비슷하다.

메이도프가 벌인 행각은 훨씬 더 악랄했다. 그렇지만 폰지사기극이 20년 가까이 지속될 수 있었고 규모가 크게 확대될 수 있었던 것은 투자자들이 메이도프를 눈감아주었기 때문이다. 어느 펀드의 수익률이 다른 데보다 높고 변동 폭이 작으며 더군다나 십 몇 년이 하루와 같았다면, 다시 말해 더 많은 리스크를 지지 않고도 더 많은 수익을 얻을 수 있었다면, 이 펀드는 금융 분야에서 '맨손으로 호랑이를 잡은 것'과 마찬가지다. 만약 투자자가 자기 재산의 전부를 '맨손으로 호랑이를 잡는 투자 기회'라고 분명히 말해주는 이런 펀드에 투자하면서 아무런 의심도 하지 않는다면, 이것이야말로 사기를 눈감아주는 것과 무엇이 다르겠는가?

사실 메이도프 사건이 터지기 전에도 많은 사람이 이미 그의 투자 기록에 깊은 불신을 드러냈다. 물론 투자자들 대부분이 정말 아무 잘못이 없다고 해도 이들은 투자자로서 책임을 다하지 못하고 맹목적으로 메이도프만 믿는 우를 범했다. 이 일로 미래에 투자하는 사람들은 메이도프처럼 절대로 손해를 보지 않고 안정적인 수익을 창출할 수 있다고 장담하는 것이 대부분 사기라는 사실을 깨닫게 되었다. 만약 투자자가 모두 조금만 경계했다면 폰지사기가 100년 가까이 성행하지는 못했을 것이

다. 다시 말해 방관적인 태도를 보이는 투자자가 있다면 폰지사기극은
아마 영원히 계속될 것이다.

제9장

혹시 오바마에게 투표했는가?

2009년에 세계적으로 경제위기가 발생하자 각국 정부는 이번 위기로 드러난 시장의 실패를 해결하기 위해 적극적으로 개입했다. 그러자 적지 않은 사람이 정부만이 유일하게 문제를 해결할 수 있다고 생각하기에 이르렀다. 그러나 정부는 사실 만능이 아니다. **'정부를 신격화해서는 절대로 안 된다'**에서는 두 가지를 지적했다. 하나는 정부가 왜 조정에 실패하는가이고 또 하나는 시장이 기술진보를 어떻게 이끄는가이다. 이 두 이야기는 또 다른 측면에서 시장 기능이 한계가 있다는 것과 실제로 정부의 한계가 더 심각하다는 것을 서술했다.

'오바마의 세금 계산'에서는 작은 주제에서 간단하게 몇 가지 설명했다. 즉 정부가 제공하는 서비스는 절대로 공짜가 아니며 바로 국민의 세금이 모습을 바꾼 것이라는 점이다. 미국은 복지제도가 잘 갖춰졌으며 적어도 중국보다는 좋다고 말하는 사람이 있다. 그러나 오바마 대통령 가족이 1년에 세금을 얼마나 내는지 알게 된다면 미국의 복지제도를 부러워할 사람은 그다지 많지 않을 것이다.

'모두 다 좋아하는 것은 아무도 좋아하지 않는 것과 같다'에서는 '공짜 점심'을 제공하는 개혁은 매우 드문 일로 오바마가 약속한 의료개혁이 한 가지 예임을 말하고 싶었다. 즉 오바마의 개혁이 성공하면 더 많은 사람이 의료서비스를 받을 수 있게 된다. 그리고 많은 사람의 부담이 늘어나지 않으면서도 누리는 의료서비스의 질이 떨어지지 않을 수 있다. 그렇지만 이런 식의 개혁은 결국 일부 계층에서 지갑을 더 열어야 가능하다.

1
정부를 신격화해서는
절대로 안 된다

•

강력한 정부는 일을 처리할 때 추진력이 있지만 억누를 때도 철저하다.
요컨대 추진해야 하는 일은 두 나라의 비교가 가능하지만 억누를 때 서로 비교하기는 불가능하다.

미국의 3대 방송사 중 하나인 CBS에서 2010년 2월에 「60분」이라는 프로그램을 방영했는데 정말 유익했다. 모두 3편의 이야기로 구성되었는데, 첫 번째 이야기는 악명 높은 블랙워터월드와이드Blackwater Worldwide, 사설 경호회사 간판을 내걸고 있는 전쟁 대행 용역회사가 어떻게 사람들의 생명을 앗아갈 수 있었는지를 다룬 것이다. 이번에 그 대상은 아프가니스탄의 민간인이 아니라 미군 사병의 목숨이었다. 두 번째 이야기는 새로운 에너지 기업인 블룸에너지Bloom Energy가 사람들의 전기 사용 방식을 어떻게 획기적으로 바꿀 수 있는지에 관한 것이었다. 2개의 작은 상자와 기름이 담긴 드럼통 하나로 한 가정에서 사용할 수 있는 전기를 제공하는데, 콘센트를 꽂을 필요 없이 전기를 발생시킨다. 만약 이 기업이 실패한다면 실리콘밸리는 또다시 비싼 수업료를 치러야 한다. 왜냐하면 블룸에너지는 이미 넷스케이프Netscape, 아마존, 구글에 투자한 적이 있는 벤처 투자기업들에 모두 3억 달러 정도의 투자 자금을 제공받았지만 아직 정식으로 시장에 제품을 선보이지 않았기 때문이다. 세 번째 이야기는 세계무역센터의 옛 터에 관한 내용이다. 9·11테러가 발생한 지 9년 가까이 지났으나 세계무역센터 부지가 아직도 커다란 구덩이 상태인 이유가 무엇인지 추적 조사했다. 당초의 계획대로라면 세계무역센터 부지에는 높은 빌딩이 새로 세워져야 했다. 또 지금까지 70억 달러를 이미 지출했다. 다시 말해 70억 달러로도 이 웅덩이를 다 메울 수 없었다는 이야기이다.

세계무역센터에 관한 이야기는 정리하면 간단하다. 적어도 「60분」의 보도 내용에 따르면 문제 해결의 가장 큰 걸림돌은 돈과 정치, 그리고 조금도 일의 진척을 이루지 못하는 관료체계이다. 복잡다단한 정치적, 경제적 이해관계와 힘겨루기 그리고 맨 마지막에 남은 것이라고는 어디에 썼는지 모르는 70억 달러와 큰 구덩이이다. 알고 보니 세계무역센터의 주인은 뉴욕시와 뉴저지 주 항만사무국이었다. 이들은 규모가 거대한 준準정부기관이다.

많은 사람이 미국은 민주국가라서 미국 정부가 상대적으로 더 효율적이며 국민에게 더 많이 봉사한다고 생각한다. 그러나 내가 처음 미국 정부기관과 접촉했을 때 이런 환상은 여지없이 무너졌다. 이제 막 미국에 온 사람은 반드시 사회보장번호를 받아야 한다. 사회보장번호를 신청하러 갔을 때, 그곳 직원은 하는 일이 없는데도 사람들에게 전혀 관심을 보이지 않았다. 그리고 아무런 이유도 없이 오랫동안 기다리게 했다. 그러자 중국의 파출소에서 후커우戶口, 거주지 등록를 신청할 때의 기억이 자연스럽게 떠올랐다. 나중에 운전면허증과 다른 증명서를 신청하러 갔을 때도 푸대접을 받기는 마찬가지였다. 미국에 온 다른 사람들과 이야기를 나눈 결과 모두 비슷한 경험이 있었다. 따라서 내가 겪은 경험은 절대 우연이 아니라는 사실을 알게 되었다. 세계무역센터의 부지는 미국 정부가 행정 효율이 낮은 것을 보여주는 하나의 예에 불과하다.

나는 때로 미국의 헌법이 얼마나 훌륭한지 감탄한다. 만약 누군가 미국 헌법을 읽어봤다면 곳곳에 정부의 권력을 제한하는 내용이 있음을 알 수 있다. 더 광의로 말하면 정부의 힘을 제한하면 이 국가의 창조력이 세계무역센터의 부지처럼 관료들 때문에 말살되는 것을 피할 수 있을 것이다.

한편으로 블룸에너지와 같은 이야기가 등장할 수 있다. 이전에 미항공우주국NASA의 어느 과학자가 화성에서 산소를 생성하는 장치를 설계해 그곳에서 인류가 생존할 수 있는 기지를 건설하기 위한 준비 작업을 맡았다. 그는 매우 효율적으로 에너지를 사용하는 장치를 고안해 산소를 생산하려고 했다. 훗날 화성 탐사 계획이 보류되자 그가 담당하던 프로젝트도 중단되었다. 그런데 그는 모든 장치의 기능을 거꾸로 운용하면, 즉 산소와 연료만 있으면 에너지를 효율적으로 생산할 수 있을 것으로 생각했다. 그 후 블룸에너지 장치가 탄생했다. 이 장치는 몇 개의 작은 상자, 연료 한 통만 있으면 되며, 연소시킬 필요도 없고 열을 발산하지도 않는다. 더 중요한 것은 원거리 송전 시스템인 전력망에 의존하지 않고도 한 가정에서 사용하는 충분한 양의 전력을 공급할 수 있다는 것이다. 여기서 앞으로 나올 제품은 고효율 연료전지의 한 종류이다. 예전에 중국에서 '물을 기름으로 바꾸려 했던' 사이비 과학과 달리, 구글과 이베이Ebay와 같은 기업은 이미 블룸에너지의 시제품을 사용하기 시작했는데 효과가 상당하다고 한다. 이 장치가 양산되기 시작하면 제품 가격이 상당히 저렴해진다는 점이 매력적이다.

이렇게 전도가 유망하고 혁명적으로 에너지 사용 방식을 전환할 수 있는 제품이 연구 개발되는 과정에서 민간자본이 리스크를 모두 감당했다. 지금까지 투자가 이루어진 3억 달러의 벤처 자금은 바로 이 사업이 성공할 것이라는 데 도박을 건 것이다. 블룸에너지가 성공한다면 차세대 아마존이나 구글과 같은 경로를 밟아 성장할 수 있을 것이다. 아마존이나 구글은 전적으로 민간자본의 지원을 받아 최종적으로 성공을 거두고 세계를 변화시켰다.

세계무역센터와 블룸에너지의 이야기는 미국이 제로효율과 고효율이라는 두 극단 사이에 놓인 엄청난 간극을 잘 보여준다. 세계무역센터와 같은 상황이 중국에서 벌어졌다면 정부의 고위층에서 바로 강력하게 개입을 시도할 것이다. 협력 회의를 개최하고 책임자가 결정을 내린 다음 야근을 해서라도 공사 기일을 맞추려고 힘쓸 것이다. 이런 의미에서 중국 정부가 미국 정부보다 확실히 더 효율적이라고 말할 수 있다. 도로나 다리를 건설하는 일에서 중국 정부보다 더 효율적인 나라를 찾기란 쉽지 않다. 그러나 강력한 정부는 일을 처리할 때 추진력이 있지만 억누를 때도 철저하다. 요컨대 추진해야 하는 일은 두 나라의 비교가 가능하지만 억누를 때 서로 비교하기는 불가능하다.

지금과 같은 금융위기 상황에서는 정부의 역할이 커지고 있으며 중국도 예외가 아니다. 시장이 스스로 제자리를 잡아갈 수 있다는 견해는 현재 많은 도전을 받고 있다. 그러나 바로 지금 모든 사람에게 정부도 만능이 아니라는 사실을 일깨워주어야 한다.

2

오바마의 세금 계산

•

오바마는 연소득이 25만 달러가 넘는 계층에 속하기 때문에 2010년에 납부할 세금은 세율이
훨씬 높을 것이다. 오바마는 이 계층의 사람들이 내야 할 세금이 증가할 것이라고 스스로 분명히 말했다.

2009년 4월, 오바마 미 대통령은 취임 후 모든 가족의 세금 내역을 처음으로 공개했다. 미국의 세금 부과 방식을 알아보기 위해 몇 년간 고심하던 나는 오바마의 세금 내역을 보고 많은 부분을 이해할 수 있었다.

세금 내역서상의 큰 숫자들은 비교적 간단하다. 오바마 가족은 2008년에 소득공제가 가능한 총소득 금액이 265만 6902달러였다. 주로 오바마가 출간한 책 몇 권의 저작권료와 급여소득이다. 소득에서 30만 1519달러는 공제가 가능한 면세 대상으로 그중 17만 2050달러는 기부를 받은 금액이었다. 오바마가 제안한 정책에서 기부액은 조세 부과 대상이지만, 2008년도분 세금을 신고할 때는 대통령이 부시였기 때문에 납부할 필요가 없었다. 이렇게 계산하면 오바마 가족이 납부해야 할 세금 총액은 85만 5323달러이다.

이제 간단히 계산해보자. 오바마 가족의 평균 세율은 855,323÷2,656,902＝32.19249퍼센트로 소득의 3분의 1이 세금이다. 더욱이 이 금액도 오바마 가족이 낸 전체 세금이 아니라 연방정부가 부과한 개인소득세에 불과하다.

만약 계산이 틀리지 않았다면 오바마 가족이 추가로 납부해야 할 세금은 최소한 다음과 같을 것이다. 오바마가 급여를 받기 전에 연금과 퇴직 후 의료비용에 사용될 6.2퍼센트의 사회보험료를 이미 납부했다. 또 일리노이 주의 개인소득세 및 워싱턴 특구(시)의 개인소득세를 납부해야 한다. 왜냐하면 오바마 가족은 2008년에는 시카고 주민이었지만 상원의원 시절의 소득은 워싱턴에서 번 것이기 때문이다. 이 두 지역의 구체적인 세율은 정확하지 않지만 5퍼센트 정도일 것이다. 그렇지만 동일한 소득에 대해서는 한 주州의 세금만 납부하면 되며 이중과세를 부담할 필요는 없다. 그다음 오바마 가족은 자동차와 주택을 소유하고 있기 때문에 재산세를 납부해야 한다. 세율은 구체적이지 않으며 과세표준은 자동차와 주택의 시가에 따라 결정된다. 마지막으로 소비세를 빠뜨려서는 안 된다. 미국의 거의 모든 주는 소비세를 징수한다. 그런데 워싱턴의 소비세는 특히 높아 음식점에서 식사를 할 경우 10퍼센트의 세금을 물어야 한다.

따라서 갖가지 세금을 모두 더하면 오바마 가족의 세율은 40퍼센트를 넘거나 심지어 45퍼센트에 이른다고 해도 이상하지 않다. 다시 말해 그가 이끄는 미국 정부가 대통령 가족의 한 해 소득 중 절반 가까이를 가져간다는 것이다.

당연히 오바마가 부담하는 조세율이 이 소득계층에서 특별히 대표성을 띠는 것은 아니다. 오바마의 소득은 대부분 급여와 인세로 근로소득에 속하지 자본소득이 아니다. 미국에서 자본소득세의 세율은 근로소득보다 훨씬 낮다. 고소득층의 근로소득 세율은 35퍼센트지만 자본소득세의 세율은 15퍼센트이다. 워런 버핏이 예전에 말한 대로 자신이 납부해야 할 세금의 세율이 자기 비서보다 낮은 이유는, 버핏은 주 소득이 자본소득이지만 비서의 소득은 근로소득이기 때문이다. 그런데 기업은 15~39퍼센트의 기업소득세를 내야 하는데 자본소득은 기업소득세를 납부하고 난 후의 소득임을 기억해야 한다. 따라서 15퍼센트가 35퍼센트보다 얼핏 생각하면 훨씬 낮지만, 이미 기업소득세를 납부한 것을 고려하면 자본소득세의 유효세율은 35퍼센트보다 결코 낮지 않다.

어쨌든 오바마가 부담하는 세율은 비전형적인 가구의 전형적인 세율을 보여준다. 비전형적이라고 말한 이유는 세금을 납부한 후 이를 공개해야 하는 첫 번째 가구이기 때문이다. 전형적이라고 말한 것은 첫 번째 가구도 일반인들과 마찬가지로 세금을 납부해야 하며 또 소득액에 따른 적용 세율도 같기 때문이다. 이 세율이 높은지 낮은지에 대해선 사람마다 생각이 다를 것이다. 그렇지만 이렇게 많은 세금을 거두고도 미국 정부는 지출이 수입을 초과한다. 그리고 미국 정부가 제공하는 공공서비스가 특히 중산층에게 실제로는 저렴하다고 볼 수 없다. 한 가지 더 분명한 사실은 오바마는 연소득이 25만 달러가 넘는 계층에 속하기 때문에 2010년에 납부할 세금은 세율이 훨씬 높을 것이다. 오바마는 이 계층의 사람들이 내야 할 세금이 증가할 것이라고 스스로 분명히 말했다.

한 가지 다른 이야기를 하자면, 오바마의 세금 내역은 모두 67개 항목으로 구성되어 있다. 따라서 미국의 세법이 얼마나 복잡한지 쉽게 짐작

할 수 있다. 이런 사실에서 미국에서 왜 세무 신고를 대행해주는 시장이
크게 형성되었는지 알 수 있다.

3

모두 다 좋아하는 것은
아무도 좋아하지 않는 것과 같다

•

오바마는 사실상 '공짜 점심 개혁'을 약속한 것이다. 그는 돈을 더 쓰지 않아도
더 많은 사람이 더 다양하고 더 좋은 의료서비스를 누릴 수 있다고 말했다.

2009년 9월 20일 일요일. 여느 일요일과 마찬가지로 많은 미국인이 교회에서 예배를 드리고, 아침에는 정치 대담 프로그램을 보며 오후와 저녁에는 스포츠 중계를 시청한다. 이번 일요일은 오바마 미 대통령이 5개 방송사가 마련한 주요 정치 대담 프로그램에 잇달아 출연해 곤경에 빠진 의료개혁에 대해 미국인들에게 설명했다는 점이 여느 때와 달랐다. 하지만 오바마는 자신에 대해 시종일관 비판적이고 정치적으로 보수 성향인 폭스 뉴스에는 유일하게 출연하지 않았다.

아무래도 NBC 뉴스 앵커인 데이비드 그레고리의 질문이 오바마가 주도한 의료개혁이 왜 곤경에 빠졌는지 가장 잘 설명해주는 듯하다. 그레고리가 다음과 같이 물었다. "경선 당시 대통령께서는 의료개혁 문제에서 우리는 힘이 들고 또 많은 사람이 좋아하지 않는 선택을 해야 한다

고 말했습니다. 그러면 이 선택이 어떤 것인지 구체적으로 설명해주시겠습니까? 대통령께서는 어떤 일에 대해 '아니다'라고 말할 수 있습니까?" 실제로 오바마는 이 문제에 대해 세세한 언급을 피했다. 그러자 데이비드는 어쩔 수 없이 중간에 끼어들어 다음과 같이 말했다. "대통령께서 말씀하신 내용은 어려운 선택이 아니지 않습니까?"

사실 이 말이 문제의 요점이다. 의료개혁은 모든 사람의 이익과 직결되는 것인데, 오바마는 미국인들이 '모두 좋아하며', 너무나 많은 힘든 선택은 하지 않아도 되는 약속을 내놓았다. 오바마가 제시한 약속은 다음과 같다. 첫째, 현재 의료보험 대상자가 아닌 미국인 4600만 명이 보험 혜택을 누릴 수 있다. 둘째, 현재 의료보험에 가입한 사람의 경우 의료 혜택이 줄어들지 않고 보험료도 오르지 않는다. 즉 모든 것이 다 좋아질 뿐이지 나빠지지 않는 것이다. 셋째, 재정적자가 증가하지 않는다. 다시 말해 정부가 의료시스템에 보조금을 지급할 필요가 없다. 넷째, 사람들이 대부분 세금을 더 내지 않아도 된다.

오바마는 사실상 '공짜 점심 개혁'을 약속한 것이다. 그는 돈을 더 쓰지 않아도 더 많은 사람이 더 다양하고 더 좋은 의료서비스를 누릴 수 있다고 말했다. 만약 오바마가 한 말이 모두 사실이라면 이 개혁은 확실히 힘든 선택을 하지 않아도 된다.

'공짜 점심 개혁'이 전혀 불가능한 것은 아니다. 만약 어떤 시스템이 지나치게 효율이 낮다면 돈을 더 쓰지 않고 효율성만 개선해도 확실히 더 많은 일을 할 수 있다. 중국은 개혁개방 초기에 '공짜 점심 개혁'과 유사한 변화를 경험한 바 있다. 왜냐하면 과거의 계획경제는 효율이 지나치게 떨어졌기 때문에 시장시스템을 도입하자 거의 모든 사람이 이점을 누릴 수 있었다.

미국 의료시스템의 효율성을 놓고 논의가 분분하지만, 사실 미국의 의료체계가 효율적이라고 말하기는 힘들다. 의료시스템의 효율이 낮다고 생각하는 사람들은 미국이 매년 GDP의 6분의 1(2003년의 경우는 중국의 GDP 총액에 해당함)을 의료 부문에 지출하고 있다고 지적한다. 총액이나 1인당 비용으로 볼 때 미국이 의료 부문에 지출하는 금액은 여느 국가보다 훨씬 많다. 그럼에도 미국인의 15퍼센트는 의료보험이 없다. 신생아 사망률과 기대수명 등 국민이 의료혜택을 얼마나 누리는지를 반영하는 상용 지표를 보면, 미국은 선진국 중에서 하위권이다. 이렇게 많은 돈을 지출해도 효과가 나쁘다면 효율이 낮다는 것을 보여주는 유력한 증거가 된다.

그러나 미국의 의료시스템이 괜찮다고 생각하는 사람도 있다. 미국은 세계에서 가장 앞선 의료 기술과 최고의 병원, 의사, 의약품을 보유하고 있다. 그리고 의료 분야에 투자가 많은 이유는 최상의 의료 기술로 가장 치료하기 힘든 병까지 낫게 할 수 있기 때문이라는 것이다. 사람들은 이렇게 많은 돈을 투자하지 않았다면 최첨단 기술과 신약이 개발될 수 없었다고 말한다.

따라서 관건은 미국의 의료시스템이 과연 효율이 떨어지는가의 여부일 것이다. 만약 미국의 의료시스템에서 엄청난 비효율이 발견되지 않는다면 공짜 점심은 어디서 얻을 수 있을까? 오바마는 이 문제에 대해 상세하게 언급하는 것을 줄곧 피했다. 오바마가 효율이 떨어진다고 예로 들었던 의료 사기, 낭비, 의료 정보의 비공유, 예방의학은 독립적인 의회예산처에서 이미 사형판결을 내렸기 때문에 여기서 많은 돈을 절약하기는 힘들다. 또 예방의학은 더 많은 돈이 필요한 것이다.

오바마는 각계각층의 사람들에게 각기 다른 장밋빛 청사진을 제시하려는 듯하다. '민주당은 전 국민이 의료보험 가입을 희망하므로 이를 실현하겠다. 공화당이 (재정)적자를 걱정하므로 적자가 나지 않도록 보장하겠다. 보험이 없는 사람이 보험에 들었으면 하므로 그렇게 해주겠다. 보험에 가입한 사람은 자신이 가입한 보험에 변화가 없기를 바라므로 변화를 주지 않겠다. 증세를 좋아하는 사람이 없으므로 증세하지 않겠다. 모든 사람이 보험료의 인하를 바라므로 더 인하하겠다. 보수파는 불법 이민자도 의료보험 혜택을 누릴까봐 걱정하므로 불법 이민자가 의료보험 혜택을 받지 못하도록 명확한 법 규정을 마련하겠다……' 결국 오바마가 내놓은 이런저런 약속을 보면 사람들은 모두 걱정할 필요가 없다.

그러나 오바마는 정말 어려운 선택에 대해서는 사실 언급을 전부 피했다. 그는 의료개혁에서 중요한 이익집단인 의사, 병원, 보험회사, 제약회사, 노조, 그리고 현재 정부에서 제공하는 의료보험의 혜택을 누리고 있는 노인과 빈민 등 어느 누구에게도 미움을 사지 않으려고 했다. 따라서 의료개혁안이 어떻게 포장되어 나오든 결국 의료시스템의 실질적인 문제를 해결하기가 힘들게 되었다. 단지 기존의 시스템을 확대해 더 많은 사람을 보험 대상으로 포함시킬 뿐이다. 그렇다면 누군가가 이번에 늘어난 4600만 명을 책임지거나 아니면 이 사람들이 스스로 돈을 내거나, 이것도 아니면 세금을 더 거두거나 또는 기존의 의료보험 가입자들의 혜택을 줄여야 한다. 다시 말해 모두 만족시키려고 시도했으나 결국 불가능한 일이 되는 셈이다.

오바마가 텔레비전에 출연해 정책을 홍보하기 몇 주 전이다. 상하원 의원들을 대상으로 의료개혁에 관해 연설할 때, 공화당의 조 윌슨 하원 의원은 미국의 시청자들이 보는 앞에서 '거짓말!'이라고 소리쳤다. 이는 매우 무례한 행동이다. 그러나 윌슨을 가리켜 『벌거벗은 임금님』에서 천기를 누설한 그 어린이가 아니라고 말할 수는 없다.

　　공짜 점심이 어떻게 가능할까? 모두를 만족시키기는 말처럼 쉽지 않다.

제10장

미국의 다양한 모습

효율과 공평은 인류 사회가 출현한 이래 우열을 가리기 힘든 중요한 가치이다. 누구는 효율을 더 중시하고 또 누구는 공평을 더 중시한다. 물론 이 두 가치가 늘 대립하는 것은 아니지만 많은 경우 효율과 공평을 동시에 얻기는 어렵다.

'차당 Tea Party의 풀뿌리 시민운동'에서는 이 두 가지 다른 가치관이 미국 사회에서 어떻게 충돌을 일으키는지 서술했다. 진보 성향인 오바마 대통령은 큰 정부와 평등한 분배에 치중하지만 수많은 국민이 이에 동의하지 않는다.

사람들은 조기 치료, 조기 진단이 의료비용을 현저히 줄일 수 있는 방법이라 생각한다. 개개인에 대해서는 이 방식을 적용할 수 있겠지만 전체가 대상일 때는 거의 불가능하다. '조기 치료, 조기 진단이 의료비 절감의 묘책인가?'에서는 유선암을 예로 들어 이 문제를 논의했다. 더 나아가 논란의 여지가 큰 '생명은 가치를 따질 수 없다'에 대해 서술했다.

에드워드 케네디가 2009년 여름에 세상을 떠났다. 그는 케네디 가의 4형제 중 막내로 유일하게 천수를 누렸다. '케네디 시대가 끝나다'에서는 에드워드 케네디와 형인 케네디 대통령의 삶과 비극적인 가족사, 그리고 이들로 대표되던 시대에 관해 서술했다.

비만은 이미 미국 사회의 고질적인 문제가 되었고 가난한 사람일수록 더 뚱뚱하다. '비만율과 1인당 소득'에서 이 사실을 확인했으며 또 이 현상에 대해 설명했다. 그리고 내가 기르던 금붕어에서 문제를 해결할 만한 영감을 얻었다.

1

차당 _{Tea Party} 의 풀뿌리 시민운동

●

정부는 결국 조세 수입이 있어야 지출을 모두 감당할 수 있다. 현재의 납세자에게 징수하지 않는다면 재정적자의 방식으로 미래의 납세자에게 거둔다. 직접세로 징수하지 않으면 각종 가격에 세금을 얹는 방식(간접세)으로 거둔다. 경제부처에서 부과하지 않는다면 중앙은행이 인플레이션을 조성하여 거둔다.

미국에서 4월 15일은 한 해의 세금 납부액을 신고하는 마지막 날이다. 2009년 4월 15일, 50만이 넘는 미국인이 거리로 나와 오바마 행정부의 재정정책과 조세정책에 항의했다. 이번 시위는 근래 미국에서 발생한 것 중 최대 규모였다. 시위자들은 자신을 '차당'이라고 불렀으며 많은 사람이 차_茶 잎이 담긴 봉지를 손에 들고 거리로 나왔다. '차당'의 유래는 1773년에 발생한 유명한 '보스턴 차사건'에서 비롯된다. 미국 독립혁명의 서막으로 잘 알려진 이 사건은 원래 당시 북아메리카 식민지 주민이 식민지에 대한 영국 정부의 불공평한 조세정책에 반발해 일어난 것이다.

세금 납부 신고의 마지막 날에 '차당'이라는 기치를 앞세우고 정부의 조세정책에 항의한 시위가 무엇을 의미하는지는 말하지 않아도 알 수 있다. 이번 시위를 주도한 사람들은 보수 우익으로, 항의의 대상은 인기가 높은 진보 진영의 대통령이었다. 이 때문에 미국의 주요 언론에서 보도하는 태도도 분명한 차이를 보였다. CNN과 같이 진보적인 성향을 띠는 언론에서는 이번 대규모 시위를 가볍게 다뤘다. 그리고 시위 참가자들을 성향이 과격한 비주류로 묘사하는 데 힘썼다. 그렇지만 머독이 이끄는 우익 성향의 폭스 방송FOX TV은 거의 24시간 내내 전국 각지에서 발생한 시위를 생방송으로 중계했다. 폭스 방송은 스타를 초청해 기세를 북돋우고 전체 시위 활동이 미국인들의 뜻을 반영하는 풀뿌리 운동이라고 말했다.

이번 시위가 우익 극단주의자들의 정치적인 행동이든 아니면 민의를 반영한 풀뿌리 운동이든 간에 기저에는 매우 심각한 문제가 깔려 있다. 즉 정부의 규모가 어느 정도여야 좋은지, 세금 부담은 어느 수준일 때 적당한지 하는 문제 말이다. 만약 1773년 영국인이 미국에서 세금을 지나치게 많이 징수하지 않았더라면 '보스턴 차사건'은 발생하지 않았을지도 모른다. 그렇다고 해서 미국의 독립전쟁이 늦춰졌을 것이라고 단정적으로 말하기는 힘들다.

미국은 서구의 산업화된 나라 중 국민의 세금 부담이 상대적으로 가벼운 국가이지만 결코 세율이 낮다고 할 수는 없다.

보스턴대학교에서 2명의 교수가 연구한 결과에 따르면, 모든 미국 가정이 납부해야 하는 세금을 뭉뚱그려 계산하면 미국인 한 명이 부담하는 실질 한계세율은 40퍼센트나 된다. 다시 말해 미국인은 1달러를 벌 때마다 평균적으로 40센트는 정부에 주어야 한다. 오바마는 방대한 규모의 정부지출을 계획해 정부가 더 많은 혜택을 제공하겠다고 약속했다. 그러나 오바마는 정부라면 맞닥뜨릴 수밖에 없는 현실에 대해서는 국민에게 알려주지 않았다. 즉 정부는 결국 조세 수입이 있어야 지출을 모두 감당할 수 있다. 현재의 납세자에게 징수하지 않는다면 재정적자의 방식으로 미래의 납세자에게 거두게 된다. 직접세로 징수하지 않으면 각종 가격에 세금을 얹는 방식(간접세)으로 거둘 것이다. 또 경제부처에서 부과하지 않는다면 중앙은행이 인플레이션을 조성하여 거둘 것이다.

어쨌든 정부가 제공하는 모든 서비스는 알고 보면 납세자가 자신의 돈을 정부에 맡긴 후 자신을 위해 쓰는 것이다. 국방, 공중보건, 공공의 안전, 기초교육과 같은 일부 서비스는 세금을 납부한 다음 정부에서 제공받는 것이 합리적이다. 시장에서는 이런 서비스를 효과적으로 제공할 수 없다. 그러나 또 다른 극단에서 보았을 때, 시장에서 제공할 수 있는 고품질의 서비스를 굳이 정부에서 공급받고 이 때문에 무거운 세금을 내야 한다고 생각해보자. 그러면 이 시장은 더 이상 성장할 수 없고 서비스의 질도 보장받기가 무척 어려우며 경제는 활력을 잃게 된다. 더 중요한 점은 개인이 자유롭게 선택할 권리가 제약을 받게 된다는 것이다.

일이 더 복잡한 것은 정부가 직접 전 국민을 대상으로 서비스를 제공한다는 사실이다. 그런데 시장과 민간에서 제공하는 서비스를 누리려면 대부분 돈이 있어야 하므로 정부가 제공하는 서비스는 따라서 재분배의 의미를 띤다. 하나의 극단은 모든 돈을 정부에 우선 납부한 다음 정부가 모든 서비스를 제공하는 것이다. 또 다른 극단은 정부는 역할이 지극히 제한된 작은 정부여서 사람들은 모두 스스로 살아가야 한다. 이렇듯 정부의 크기는 공평과 효율, 그리고 자유와 집중에 영향을 미친다. 많은 경우 정부 능력의 한계가 바로 사회적 선택의 문제가 된다. 일반적으로 사회마다 선호하는 것이 다른데 이 때문에 국가마다 정부의 규모, 평균 세율이 제각기 다른 결과로 나타나는 것이다.

오바마의 경우, 현재 그가 직면한 난제는 정부의 역할과 세율의 고저에 대해 국민과 이견이 있다는 것이다. 많은 사람이 세금을 더 거두고 또 많이 지출하는 오바마의 정부 모델을 지지하지만, 이를 반대하는 사람 역시 많다. 공감대가 두루 형성되지 않은 상황에서 오바마 정부는 민주당이 백악관과 의회를 좌지우지하는 것에 기대어 독단적으로 민주당이 선호하는 정부 모델로 강경하게 이끌려는 것 같다. 그러나 소수파로서 작은 정부, 낮은 세율을 주장하는 공화당은 통상적으로 의회에서 '투쟁'하는 것 외에 거리 시위로 불만을 표출할 수밖에 없다.

'차당'이 재연되어 오바마 정부가 어려운 시험대에 올랐다. 클린턴 대통령도 집권 초반에 민주당의 정책 이념을 밀어붙인 결과 1994년의 중간 선거에서 좌절을 맛보았다. 이번에 오바마가 클린턴의 전철을 밟게 될지는 아무도 모른다.

2

조기 치료, 조기 진단이
의료비 절감의 묘책인가?

•

한 종류의 질병을 예방하기 위해 20만 달러를 정부가 지출해 한 생명을 구한다면,
전체 사회에 큰 부담이 아닐 수 없다. 아마도 대다수 사람이 일생 동안
의료비로 지출하는 금액은 1인당 20만 달러를 넘지 않을 것이다.

2009년 가을 오바마가 아시아 순방길에 올랐을 때, 미국 내에서는 의료 개혁을 둘러싸고 논쟁이 활발했다. 이때 며칠간 가장 눈에 띄는 기사는 오바마나 의료 개혁에 관한 것이 아니라 유선암에 관한 보고서였다. 이 보고서는 미국 정부가 임명한 팀이 초안을 마련했는데, 고위험군 여성을 제외한 40~50세는 이전처럼 해마다 유선 엑스레이를 촬영할 필요가 없다고 건의했다. 왜냐하면 엑스레이를 찍을 경우 나타나는 부작용, 예를 들면 방사선 노출, 오진, 심리적인 영향 등의 위험이 유선암을 적기에 발견할 수 있는 이점보다 더 크기 때문이었다. 보고서에서 이런 결론을 내린 이유는 40~50세 여성의 경우 2000명이 엑스레이를 찍어야 비로소 1명의 생명을 구할 수 있기 때문이다.

이 보고서는 미국인들의 그간의 통념을 벗어난 것이기 때문에 큰 파

장을 일으켰다. 여기에는 의학적으로 순수한 의견이 있고, 정확하고 강력한 의학적 증거를 반영했는지를 캐물은 것도 있다. 그리고 2000명에 1명꼴이기 때문에 엑스레이를 찍지 말아야 하는지를 둘러싸고 윤리적인 논쟁도 벌어졌으며, 정부가 의료서비스를 '제한'해 비용을 절감하려는 전조가 아닌가라는 등 현재 진행 중인 의료 개혁과 관련된 것도 들어 있었다. 여러 이견이 난무하는 가운데 미국암협회, 보험회사 등 수많은 이익단체의 이해가 얽혀 있어 사안의 진위가 더욱 모호해졌다. 최종적으로 대중은 갈피를 잡지 못했다. 지난 수십 년 동안 미국 여성들은 40세가 되면 매년 병원에서 유선 검사를 받으라는 통지를 받았다. 그런데 갑자기 누군가 이렇게 할 경우 폐단이 더 크다고 말하고 나선 것이다.

나는 이 일로 작은 사실을 하나 알게 되었다. 즉 조기 예방, 조기 진단으로 의료비용을 절감할 수 있다는 주장이 반드시 옳은 것은 아니라는 사실이다.

이 이야기를 어떻게 설명하면 좋을까?

유선 엑스레이를 한 번 찍는 데 드는 비용은 약 100달러이다. 만약 실제로 2000명이 엑스레이를 찍어야 1명의 생명을 구할 수 있다면, 20만 달러를 써야 1명을 살릴 수 있는 셈이다. 유선암을 조기에 발견하는 행운을 얻은 사람은 100달러로 자신의 생명을 구한 것이므로 엑스레이를 찍을 만한 값어치가 충분히 있다. 그러나 전체 사회의 입장에서 보면, 20만 달러를 지출해야 1명을 살릴 수 있다. 그것도 유선암이라는 특정한 질병에만 해당되는 것이다. 만약 개인이 100달러를 지불한다면 이는 전적으로 개인의 자유이다. 그러나 정부의 예산에서 100달러를 지불한다면, 예를 들어 영국과 캐나다처럼 전 국민 의료보험 제도를 시행하는 나라에서 한 종류의 질병을 예방하기 위해 20만 달러를 정부가 지출해 한 생명을 구한다면, 전체 사회에 큰 부담이 아닐 수 없다. 아마도 대다 수 사람이 일생 동안 의료비로 지출하는 금액은 1인당 20만 달러를 넘 지 않을 것이다.

누군가는 반대 의사를 밝히며 다음과 같이 말할 수 있다. 생명은 가치 를 논할 수 없는 것으로 얼마를 지불하여 생명을 구할 것인가 말 것인가 와 같은 이야기를 어떻게 할 수 있는가? '한 명밖에 못 살린다'는 식의 말을 어떻게 입에 담을 수 있는가? 당신은 동정심도 없는가? 과연 사람 에 대한 애정이 눈곱만큼이나 있는가?

맞는 말이다. 생명은 가치를 따질 수 없다. 그러나 자원은 유한하다. 이것이 바로 인류가 어쩔 수 없이 직면한 냉엄한 현실이다. 하버드대학 교의 맨큐 교수가 『뉴욕타임스』에 기고한 칼럼에서 극단적이기는 하지 만 문제를 잘 설명할 수 있는 예를 하나 들었다. 맨큐는 인류가 불로장 생약을 발명했는데 하루에 한 알씩 먹으면 영원히 죽지 않을 수 있다고 가정했다. 그런데 문제는 이 약을 생산하는 데 비용이 많이 들어 한 알 에 1만 달러가 필요하다. 그는 이 약을 누가 먹어야 하는가에 대해 문제 를 제기했다. 정부가 나서서 돈을 내지 못하는 사람들을 책임져야 할 까? 당연히 이런 일은 영원히 생기지 않을 것이다. 그러나 이 예는 유한 한 자원이 안고 있는 문제를 잘 표현했다. 설사 불로장생약이 있다고 하 더라도, 모든 생명이 가치가 있다고 하더라도, 정부가 모든 사람을 위해 값을 치른다고 하더라도, 이 돈을 전부 감당할 수 있는 나라는 지구 어 느 곳에도 없다. 어느 누구도 그리고 어느 나라 정부도 모든 사람이 불 로장생하도록 할 수 없다. 가치를 논할 수 없을 정도로 소중한 생명도

유한한 자원 앞에서는 무릎을 꿇을 수밖에 없는 것이다.

20만 달러로 한 사람을 살리는 것도 마찬가지 논리가 적용된다. 각각의 사람이 죽기 전에 주사 한 대를 맞으면 1년을 더 살 수 있는데 주사한 대 값이 20만 달러라고 가정하자. 그러면 모든 사람에게 이 주사를 맞게 해야 하는 것일까? 돈을 내지 못하는 사람들을 위해 정부가 돈을 대신 지불해 주사를 맞도록 해야 하는 것일까? 안타깝게도 이만한 돈을 지불할 수 있는 나라는 어디에도 없다. 국가의 재정을 모두 목숨을 살리는 데 쏟아 붓고, 먹지도 마시지도 않는다고 하더라도 몇 년이나마 버틸 만한 나라는 얼마 되지 않는다. 사람을 살리고 싶지 않아서가 아니라 20만 달러로 한 사람을 살리는 데 실제로는 너무 많은 비용이 드는 것이다.

유선 엑스레이 검사 비용은 얼핏 보기에는 커 보이지 않는다. 그러나 투입 대비 산출로 볼 때 젊은 여성에게는 상대적으로 매우 비싸다. 조기 진단, 조기 치료로 의료비를 절감하자는 주장은 마침 병이 있어 적기에 진단을 받은 사람에게는 옳은 말이다. 그러나 전체 사회의 입장에서 보면 대체로 돈을 절약하는 것이 아니며 심지어 적지 않은 비용이 들어간다. 만약 의료 개혁을 진행해 예방적 진단으로 의료비의 지출을 줄이려고 한다면 오히려 결과가 반대로 나올 것이다.

3

케네디 시대가 끝나다

•

에드워드 케네디가 세상을 떠나자 빛나면서도
비극으로 가득했던 케네디 일가와 그들의 시대가 함께 막을 내렸다.

2009년 8월 25일, 에드워드 케네디 Edward Moore Kennedy가 77세로 세상과 이별했다. 그는 케네디 가家 4형제 중 막내로, 애칭은 테드였다.

나는 케네디 대로, 케네디 공원, 케네디(행정) 대학원, 케네디 대통령 박물관 등 도처에 케네디의 흔적을 발견할 수 있는 보스턴에서 5년간 생활했다. 지금은 워싱턴에 거주한다. 그러나 이곳에서도 케네디 센터, 케네디 체육관 등 곳곳에서 케네디를 만난다. 또 출근하는 길에 재클린 빌딩을 지나간다. 이 빌딩은 케네디 대통령의 부인인 재클린 케네디 Jacqueline Kennedy의 이름을 딴 건물이다. 얼마 전에 사망한 4남 테드를 비롯해 케네디가 4형제 중 3명이 모두 강을 사이에 두고 워싱턴을 바라보는 알링턴 국립묘지에 묻혔다.

많은 사람이 보스턴에서 내가 가장 좋아하는 곳이 어디인지를 물었다. 몇 년 전에 은사님 가족이 보스턴에 잠시 들렀다. 호우가 쏟아지던 그날 은사님이 내게 말했다. "반나절밖에는 시간이 없네. 보스턴에서 가장 가볼 만한 곳을 골라 구경시켜주게." 나는 여행 경험이 많은 선생님과 사모님의 보스턴 방문을 낭비하도록 할 마음이 전혀 없었다. 결국 케네디 대통령 박물관을 선택했다.

내가 케네디 대통령 박물관에 몇 번이나 갔는지는 잘 모르겠다. 이곳을 좋아하는 이유 중 가장 평범한 것은 박물관의 건축 설계 때문이다. 이 박물관은 이오 밍 페이 I. M. Pei의 손에서 탄생했다. 전체 건축물 중 정면은 사람들의 시선을 조금도 끌지 못한다. 그러나 건축의 정수는 앞쪽은 절제하고 뒤쪽에 힘을 준 데 있다. 박물관의 전시물 중 맨 끝은 케네디가 암살되는 장면이다. 좁고 긴 복도는 양쪽 벽이 검게 칠해져 있고 불빛마저 거의 없다. 벽에는 크고 작은 흑백텔레비전이 달려 있는데, 화면에서는 케네디가 암살당했다는 뉴스와 장례식 장면이 계속 흘러나온다. 한마디로 매우 억눌린 분위기로 전시장 내부를 구성했다. 그러나 이곳을 빠져나와 모퉁이를 한번 돌면 눈앞에 보스턴의 해변이 펼쳐진다. 커다란 홀은 천장이 적어도 4~5층은 될 정도로 높고, 실내의 절반이 훨씬 넘는 벽이 온통 투명한 유리창이다. 창밖으로 바다가 펼쳐지고 해변에는 케네디 대통령이 아끼던 요트가 정박해 있다. 홀로 들어서면 사람들은 답답했던 마음이 순식간에 풀리는 느낌을 받는다.

케네디 대통령 박물관을 좋아하는 또 다른 이유는 미국의 중요한 역사를 기록했기 때문이다. 나도 예전에는 아는 것이 별로 없고 또 순진해서 미국이 옛날부터 계속 지금과 같았다고 생각했다. 그러나 케네디 대통령 박물관에 오고 나서 케네디 시대의 미국은 지금의 미국과 크게 달랐다는 것을 알게 되었다. 냉전과 공민권운동Civil Rights Movement이라는 두 가지 역사적 사건이 전시관 곳곳에 담겨 있다. 냉전이 최고조에 이르렀던 시기, 피그 만Bay of Pigs 침공, 쿠바 미사일 위기, 베를린 장벽, 베트남 전쟁, 그리고 달 탐사 계획은 모두 냉전의 산물이다. 케네디 암살을 다룬 전시물 외에 이러한 주제를 표현한 전시관은 사람들에게 숨이 막히는 듯한 압박감을 준다.

   또 공민권운동 부분도 미국 사회가 당시에 얼마나 분열되었고 또 인종 간 차별과 단절이 얼마나 극심했는지 잘 보여주고 있다. 케네디는 군대를 파견해 흑인 학생이 등교하는 것을 보호해야 했다. 극렬한 보수주의자인 앨라배마 주 월리스George Wallace 주지사가 카메라 앞에서 "오늘도 (인종) 분리, 내일도 (인종) 분리, 영원히 (인종) 분리 segregation now, segregation tomorrow, segregation forever"라고 외치는 장면을 보면, 이 일이 불과 반세기 전에 발생한 사건임을 알게 된다. 그런데 이 사건은 미국의 「독립선언문」에서 "우리는 다음의 사실을 자명自明의 진리로 확신한다. 즉 모든 사람은 태어날 때부터 평등하며 조물주에게서 부여받은 권리를 빼앗기지 않고 누리며 살아간다. 여기에는 생존, 자유와 행복을 추구할 권리가 포함되어 있다"라고 선언한 지 200년 가까운 시간이 흐른 후 발생한 것이다. 이전에 누군가가 인류를 계몽했더라도 시간이 한참 흐른 후에야 우매함과 좁은 견문에서 벗어날 수 있었다. 전체 전시관에 시위나 집회, 진압하는 장면이 지나치게 많아 관람자들은 말로 표현하기 힘든 불편함을 느낀다. 그리고 혼란한 시기에 대해 가장 정확하게 설명하는 것은 케네디 대통령의 서거일 것이다. 내가 구주에게 "미국 대통령이 1960년대에 국내에서도 암살당할 수 있어"라고 말하자, 구주는 짧게 대답했다. "시대가 혼란했잖아."

　케네디 대통령 박물관을 좋아하는 가장 큰 이유는 이곳에 오면 생동감이 넘치는 한 사람과 비록 매우 비극적일지라도 생명력을 지닌 한 가족의 모습이 전시되어 있기 때문이다. 전시관에는 많은 가족사진과 여러 통의 편지, 쪽지, 대통령 가정에서 입던 많은 옷이 전시되어 있다. 이런 전시물 덕분에 신비감이 모두 사라지고 살아 있는 사람, 따뜻한 피가 흐르는 한 가족의 실체가 드러난다. 그중 한 전시실에는 커다란 가족사진 한 장이 벽면 가득히 걸려 있다. 이 사진은 케네디 대통령의 부모와 4명의 아들 그리고 5명의 딸이 함께 찍은 사진이다. 이 사진은 1939년에 영국 런던에 있는 미 대사관저에서 찍은 것으로, 케네디 대통령의 부친은 당시 주영 미국 대사였다. 그 당시 케네디 가는 사진에 보이는 그대로 행복이 가득했다. 그렇지만 안타깝게도 4명의 아들 중 3명이 횡사했고, 사진 속의 막내인 에드워드 케네디만 천수를 누리다가 얼마 전에 사망했다. 이외에도 그의 누나인 로즈메리 Rosemary 는 정신이상이었고, 또 다른 누나인 캐슬린 Kathleen 은 비행기 사고로 죽었다. 케네디 대통령의 외아들도 비행기 사고로 비명에 갔다. 에드워드 케네디 역시 비행기 사고를 당했으나 놀랍게도 살아서 돌아왔다.

　에드워드 케네디가 세상을 떠나자 빛나면서도 비극으로 가득했던 케네디 일가와 그들의 시대가 함께 막을 내렸다.

4

비만율과 1인당 소득

•

비만율과 1인당 GDP가 반비례하는 것을 분명하게 알 수 있다.

어느 날 저녁 구주와 저녁을 먹으며 텔레비전을 봤다. 뉴스에서 2009년에도 미국인의 비만 문제가 심각하다고 보도했다. 2009년에 성인의 비만율이 가장 높은 지역은 미시시피 주로 성인 3명 중 1명이 비만이었다. 이 뉴스를 들은 후 나는 머릿속에서 1인당 GDP로 계산했을 때 미시시피가 미국에서 가장 가난한 주라는 사실이 불현듯 떠올랐다. 그래서 미국 각 주의 GDP와 해당 주의 비만율과 관련된 통계를 조사해보았다. 그 결과 새로운 사실은 아니지만 다음과 같은 자료를 만들 수 있었다(표 10-1 참조). 도표의 각 점은 미국의 주를 나타내고, 가로축은 2007년의 GDP이며 세로축은 성인의 비만율이다. 고차원적인 분석 방법을 사용하지 않더라도 가난한 주일수록 사람들이 뚱뚱하며, 비만율과 1인당 GDP가 반비례하는 것을 분명하게 알 수 있다.

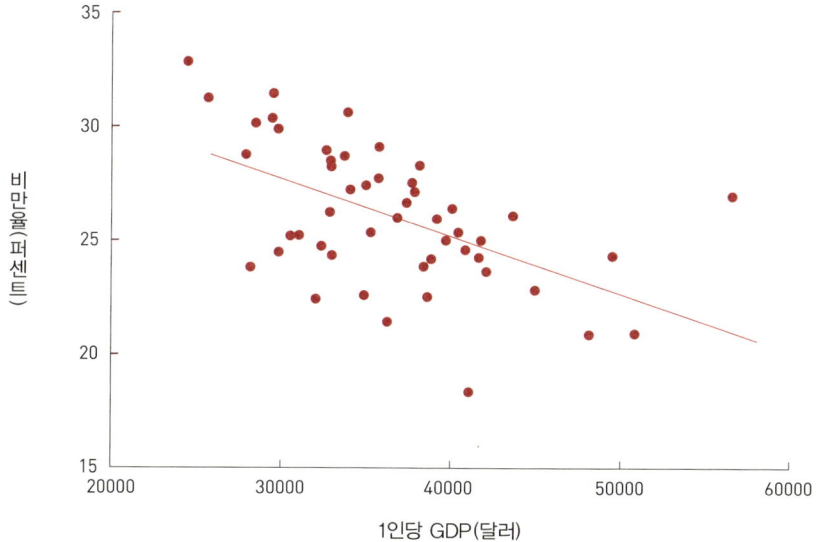

[표 10 – 1] 미국 각 주의 비만율과 1인당 GDP

비만율(퍼센트)

1인당 GDP(달러)

출처: 미국 경제분석국과 미국 질병관리본부(CDC)

비만은 미국 사회가 직면한 골치 아픈 문제다. 대통령 영부인인 미셸 오바마도 백악관에서 채소를 가꾼다. 영부인은 "스스로 일해야 생활이 윤택해진다"는 메시지를 간접적으로 던진다. 그러나 더 중요한 목적은 건강한 식습관을 보여주는 데 있을 것이다. 물론 비만을 연구한 문헌이 엄청나게 많으며 나는 이 분야에서 전문가가 절대로 아니라는 사실을 잘 안다. 그렇지만 비만율과 소득의 관계에 대해서는 나만의 해석을 내놓을 수 있다.

다음 이야기는 내가 키우는 금붕어에서 시작된다. 금붕어를 키워본 사람은 알겠지만 금붕어를 키울 때 가장 조심해야 할 점은 먹이를 너무 많이 주면 안 된다는 것이다. 너무 많이 주면 배가 불러 금붕어가 죽을 수 있다. 나는 처음에 물고기가 멍청해서 자신이 배가 고픈지 부른지 모른다고 생각했으나 나중에는 꼭 그렇지 않다는 생각이 들었다. 자연계를 살펴보면 야생에서 살아가는 동물의 경우 먹이를 찾는 데 대부분의 시간을 사용한다. 동물에게 먹이는 절대적으로 부족해 야생동물이 배부르게 먹거나 너무 먹어서 배가 터져 죽는 일이 일어날 가능성은 거의 없다. 따라서 동물들이 배부르게 먹지 못하는 것은 매우 자연스럽다. 나는 동물의 유전자에는 생존본능이 작용하여 많이 먹어야 한다는 정보가 자연스럽게 저장되었다고 생각한다. 금붕어가 배가 불러 죽을 수 있는 이유는 인위적인 환경과 관계가 있다. 즉 금붕어의 유전자가 기본적으로 생각하지 못했던, 먹이가 지나치게 많은 상황이기 때문이다. 사람도 동물에서 진화했다. 그래서 수백만 년 동안 굶주린 까닭에 사람의 유전자에도 에너지에 대한 강렬한 욕구가 담겨 있을 것이다. 맛있는 음식이란 열량이 높은 음식과 동의어라는 사실을 모두 잘 알 것이다. 인류는 열량이 높은 음식을 거부하기가 힘든데, 이는 뼛속 깊은 본능 중 하나로 수백만 년 동안 굶주렸던 시간이 남긴 유산이다. 그런데 인간의 유전자는 인류가 현재 먹을 것이 넘치는 풍요로운 시대를 살아가고 있음을 알지 못한다. 이러한 의미에서 비만은 현대병이자 부자병이다.

그런데 왜 가난한 사람이 뚱뚱하고 부자들이 말랐을까? 우리는 예전에 부자는 잘 먹어서 살이 피둥피둥하고 가난한 사람은 굶어서 피골이 상접했다고 말하지 않았던가? 한 가지 해석은 부자들은 자제력이 강하다는 것이다. 자제력이 강하기 때문에 사업에서 성공해 부자가 되었으며, 음식에 대한 유혹도 참아낼 수 있었다는 설명이다. 그러나 이런 해석은 '인종론'적인 분위기를 풍긴다. 더군다나 많은 부자가 자기 힘만으로 부를 일군 것도 아니다. 내 생각에 더 중요한 원인은 현대의 식품 생산 방식과 농업보조금에서 찾아야 할 것 같다.

2009년도 오스카상에 노미네이트된 기록영화인 「푸드주식회사Food, Inc」가 이 문제를 제대로 짚었다. 현대의 바이오기술에 정부의 엄청난 농업보조금이 더해져 공장화된 방식으로 칼로리가 대량생산되었다는 점이다. 사건의 발단은 옥수수이다. 바이오기술을 이용해 옥수수를 개량한 결과 생산량이 늘었을 뿐만 아니라 전분의 함량도 높아졌다. 그다음 옥수수의 전분은 공장에서 가공되어 닭고기, 돼지고기, 쇠고기, 각종 유지, 시럽, 그리고 우리가 들어봤거나 들어보지 못했던 식품의 원료가 되었다. 게다가 농업보조금으로 고칼로리 음식이 이상하리만큼 저렴해졌다. 반대로 친환경적이고 열량이 낮으며 유기농으로 재배한 식품은 생산량이 줄고 또 비싸졌다. 미국에서 할인마트에 가면 채소가 고기보다 비싸고 생수가 콜라보다 비싼 것을 알 수 있다. 이는 자연적인 것과 완전히 반대되는 결과다. 가난한 사람은 값싼 식품을 먹는다. 그런데 저렴한 음식이 바로 고열량 식품이다. 돈이 있는 사람만 더 건강한 식품을 사 먹을 수 있다. 결국 가난한 사람은 살이 찌고 부자는 마른 현상이 자연스럽게 발생했다.

기술이 진보하자 인류의 생활수준이 크게 향상되었다. 그러나 우리가 기술을 사용한 결과 자연계에서는 나타날 수 없는 현상이 연출되고 있다는 사실을 기억해야 한다. 특히 가난할수록 살찐 사람이 많은 문제는 인류 사회와 자연계가 조화를 이루지 못해 발생한 작은 결과라고 말할 수 있다.

THE

WORLD

IN A

GRAIN

OF SAND

제 **3** 부

생활 속의 경제학

제11장

좋은 물건은 싸지 않다

경제학은 생활하는 곳곳에서 작동한다. 어느 시점이든 취사선택이 있기 마련이고 이해득실이 따른다면 경제학의 분석틀을 이용해 아무리 사소한 문제라도 이에 대한 생각을 전개할 수 있다. **''차익거래'를 좋아하는 운전자와 '효율적'인 도로'**에서는 효율적 시장 가설 모든 정보가 가격에 충분히 반영되는 시장. 효율적 시장에서는 시장 평균 이상의 수익을 얻는 것이 불가능하다 을 운전하는 일에 응용한 예를 설명했다. 운전은 어쩌면 주식 종목을 고르는 것과 비슷할지 모른다. 운전할 때 차선을 어떻게 변경하더라도 평균을 내보면 차선을 변경하지 않은 경우와 속도에서 별로 차이가 나지 않는다. 주식 투자를 할 때 적극적으로 매매를 하더라도 사람들은 대부분 평균 수익률에서 벗어나지 못한다.

주위를 보면 알 수 있듯이 신용카드가 출현하여 사람들이 많이 편리해졌을 뿐만 아니라 소비 행위에도 큰 변화가 일어났다. **'신기한 플라스틱 카드'**에서는 신용카드가 사람들의 행동을 어떻게 바꾸어놓았는지 예를 들었으며 전통적인 경제학과 행동경제학의 관점으로 쉽게 설명했다.

'신용카드 회사는 왜 그렇게 당신을 사랑할까?'에서는 신용카드 회사는 무슨 이유로 돈을 빌리지도 않는 고객을 쫓아다니고, 이 고객에게 포인트를 쌓아주고 돈을 되돌려주며 또 각종 서비스까지 제공해주는 것일까에 대해 살펴봤다. 결론적으로 신용카드 회사는 밑지는 장사를 하지 않는다.

'**해적판 판매금지 이후**'에서는 지적재산권 문제를 다뤘다. 지적재산권은 개발비용은 엄청나지만 복제하는 데 드는 비용이 매우 적다는 특징이 있다. 영화나 소프트웨어가 모두 비슷하다. 이런 특성 때문에 많은 사람이 지적재산권을 침탈하는 것은 실제로 물건을 훔치는 것만큼 나쁘지 않다고 오해한다. 그러나 이는 완전히 잘못된 생각이다. 나는 이 문제를 지적하는 선에서 그치지 않고 한 걸음 더 나아가 만약 모든 사람이 지적재산권을 보호한다면 영화나 소프트웨어의 정품 가격이 높아지는 것이 아니라 낮아질 것임을 증명하고 싶다.

1

'차익거래'를 좋아하는
운전자와 '효율적'인 도로

•

만약 여러분이 인도 위에 아무런 이유도 없이 100달러 지폐가
공연히 떨어져 있을 리가 없다고 생각한다면, 서로 나란히 달리는 도로 중 한쪽 길은 막히고
다른 쪽 길은 막히지 않을 수 있다는 사실도 아마 믿지 않을 것이다.

2008년에 나는 구주와 자동차를 타고 필라델피아에 간 김에 펜실베이니아대학교에서 박사과정을 밟고 있는 후배들을 만났다. 이들은 우리에게 나무에서 직접 딴 신선한 앵두를 내오고 두 시간가량 교정을 구경시켜줘 매우 즐거웠다. 저녁에는 시내에 있는 차이나타운에 가서 저녁을 함께하자며 우리더러 자기들 차를 따라오라고 말했다. 나는 도시에 신호등이 많아 앞 차를 놓칠 것만 같았기에 만날 장소를 약속한 다음 나와 구주는 GPS를 보면서 찾아가겠다고 제안했다. 그러자 한 여자 후배가 "그래도 우리를 따라오세요. 아니면 어느 길이 막히고 어느 길이 안 막히는지 잘 모르실 거예요"라고 말했다. 그러자 다른 남자 후배가 바로 말을 받아 "길이 막힌다면 모든 길이 막히지. 이런 게 균형이야. 어떤 길이 막히지 않는다면 모두 그쪽으로 몰릴 것이고, 그러면 결과적으로 그

길도 막히게 되잖아"라고 반박했다.

　결국 우리는 GPS도 살피고 다른 차도 따라가는 두 가지 방법을 모두 사용해 앞서가는 차를 놓치지 않았다. 나는 이 과정이 개인적으로 매우 재미있었다. 나는 남자 후배의 생각에 전적으로 동의했다고 말하고 싶다. 그렇지만 이것이 남자들의 공통점인지 아니면 경제학의 원리 때문인지, 그것도 아니면 두 가지가 공존한 것인지는 잘 모르겠다.

　나와 구주가 자동차를 타고 가다 고속도로가 막히면 이견이 많이 생긴다. 구주는 GPS로 고속도로와 나란한 길을 찾으려고 애쓴 후 그 길로 가자고 제안한다. 그러나 나는 이 제안에 무작정 동의하지 않는다. 왜냐하면 앞서 남자 후배가 말한 것처럼 고속도로가 주차장처럼 막혀 있는데, 고속도로와 나란히 있는 일반국도가 막힘없이 뚫려 있으리라고 생각하지 않기 때문이다. 이를 가리켜 균형이라고 말하거나 효율적인 시장이라고 말해도 좋고, 무無차익거래라고 해도 좋다. 만약 여러분이 인도 위에 아무런 이유도 없이 100달러 지폐가 공연히 떨어져 있을 리가 없다고 생각한다면, 서로 나란히 달리는 도로 중 한쪽 길은 막히고 다른쪽 길은 막히지 않을 수 있다는 사실도 아마 믿지 않을 것이다. '더 빠른' 길을 좋아하는 운전자들이 양쪽 도로의 교통량을 비슷하게 만들어 여러분에게 더 빠른 길을 찾을 수 있는 기회를 남겨두지 않을 것이다.

　나와 남자 후배는 이 문제에서 시장원리에 충실하다고 생각한다. 나와 구주가 여러 번 시험해본 결과, 나란한 길이 때로는 한쪽이 확실히 더 빠르거나 당연히 더 느릴 때도 있다. 시장은 평균적으로 보면 효율적이지만 늘 효율적인 것은 아니다. 시장이 언제나 효율적이라는 생각은 매 순간을 떠올리면 잘못된 생각이지만 전체를 평균 내면 거의 맞아떨어진다.

이 일로 중국에서 차를 타거나 직접 운전할 때의 상황을 되돌아보게 된다. 중국의 도로는 미국보다 훨씬 복잡하다. 최근 중국에 자동차가 늘어났기 때문이 아니다. 한 사람이 자동차를 한 대씩 갖고 있는 미국에서는 수많은 도시에서 출퇴근 시간대의 차량 수가 중국보다 많다. 중국의 도로가 미국보다 더 막히는 더 중요한 원인은 중국에서는 수많은 운전자가 하나같이 차선을 자주 변경하여 상대적으로 덜 막히는 길로 가려고 하거나 좀 더 빠른 길을 찾기 때문이다. 내가 관찰해본 결과, 이렇게 하면 모든 차량이 속도가 느려지며 차선을 자주 바꾼다고 해서 더 빨리 가지도 않는다.

베이징에 사는 한 형이 이런 생각을 사실로 증명해 보였다. 그 형은 그 자신과 형제들이 실험을 해본 적이 있다고 말했다. 쓰환루四環路에서 차량 흐름이 가장 적고 속도가 가장 빠른 구간을 선택한 후 차선을 변경한 경우와 한 차선만 계속 주행한 경우를 비교한 결과 별로 차이가 나지 않았다는 것이다. 물론 한 집의 이야기지만 나는 그 형의 말을 믿는다. '차익거래' 동일한 상품이 지역에 따라 가격이 다를 때 이를 매매하여 차익을 얻으려는 방법를 좋아하는 베이징의 운전자들이 이미 쓰환루를 상당히 '효율이 높은' 도로로 바꾸어놓았다. 즉 여러분이 차선을 변경해도 더 빨리 달릴 여지가 없어진 것이다.

2

신기한 플라스틱 카드

•

택시기사가 별도의 비용을 더 부담해야 하는 것은 사실이지만, 또한 택시를 타는 사람이 늘어나면서
받는 팁도 쏠쏠해졌다는 것이다. 손익을 비교해보면 결과적으로 수익이 확실히 늘었다.

나와 구주는 신용카드가 많다. 어느 날 우리는 각자 수십 쪽에 이르는 신용 자료를 받았는데 앞쪽에 수십 장의 신용카드가 나열된 것을 보고 사태가 심상치 않음을 비로소 깨달았다. 미국에서 특히 서브프라임 위기가 발생하기 전에 신용카드를 신청하기는 매우 쉬웠다. 신용이 나쁘지만 않으면 수중에 한 푼이 없어도 백화점에서 수천 달러의 물건을 아무런 걱정 없이 살 수 있었다. 계산하는 곳에 가서 5분도 안 되는 시간을 내어 백화점 신용카드를 신청하면 되었다. 그리고 새로 신청한 신용카드로 그날 산 물건을 결제하면 그만이었다. 일반적으로 할인 혜택도 있으므로 실제로는 카드 발급을 유도하는 셈이다. 앞으로 신용카드 회사에 요금을 어떻게 상환할지는 다음 문제다.

나와 구주는 이렇듯 안이한 생각으로 그동안 신용카드를 여러 장 발

급받았다. 사용 내역을 잃어버리지 않기 위해 우리는 결국 한두 장의 카드만 남기고 나머지 카드는 쓰지 않고 그냥 두기로 했다. 우리는 이런 식으로 간단히 재테크를 했다.

매월 카드를 사용한 명세서가 날아오면 지난달 지출 내역을 빠르게 확인했다. 이 가운데 한 가지 공통점을 발견했는데, 바로 구주가 뉴욕에 갈 때마다 명세서의 항목이 늘어난다는 것이다. 그중 대부분은 택시요금으로 한 번에 십 몇 달러 심지어 몇 달러를 카드로 사용한 경우도 있었다.

처음에 이 사실을 알고 나서 속으로 중얼거렸다. '왜 뉴욕의 택시는 신용카드를 받으려고 하지? 괜히 비용만 늘어나는 것인데. 택시에 신용카드 결제기를 추가로 설치해야 하고 결제할 때마다 신용카드 회사에 많지도 않지만 그렇지만 적다고 할 수도 없는 수수료를 지불해야 하는데 말이지.' 교통요금이 많이 나오지 않는 택시업계에게 이 비용은 무시해도 될 정도로 적은 돈이 아니다. 사실 뉴욕의 택시기사들도 처음에는 나처럼 생각해 강력하게 반발했으나 택시에서도 신용카드를 쓸 수 있게 해달라는 고객의 요구를 막는 데는 성공하지 못했다. 결국 그들은 어쩔 수 없이 신용카드 결제 방식을 받아들였다. 그러나 나나 택시기사가 전혀 생각지도 못했던 현상이 발생했다. 카드를 사용하기 때문에 택시기사가 별도의 비용을 더 부담해야 하는 것은 사실이지만, 또한 택시를 타는 사람이 늘어나면서 받는 팁도 쏠쏠해졌다는 것이다. 손익을 비교해 보면 결과적으로 수익이 확실히 늘었다. 이 같은 일은 단지 택시업계에만 해당되지 않는다. 2009년에 자선기관인 구세군이 미국의 일부 지역에서 신용카드로 성금을 모금하기 시작했다. 이렇게 한 결과 신용카드로 낸 성금의 평균 금액이 현금으로 낸 경우보다 더 많았다.

한 장의 플라스틱 카드가 조용히 많은 사람의 행동에 영향을 준 것이다. 그 이유는 아마 다양할 것이다. 가장 간단하게는 신용카드가 거래 비용을 절감했다는 설명이다. 더 이상 지갑에 돈이 부족하지 않을까, 잔돈이 없을까 걱정하지 않아도 된다. 매번 은행에 달려가 현금을 찾아올 필요도 없다. 그저 카드를 한 번 긁어 결제하면 그만이다. 이렇게 지폐를 사용하는 거래 방식이 줄어들고 신용카드 시대가 자연스럽게 도래했다. 비자카드사의 텔레비전 광고가 좋은 예이다. 누군가 술집에서 나와 돈이 부족하다는 사실을 알았을 때 옛날에는 전철을 타거나 걸어서 집에 돌아갈 수밖에 없었다. 그러나 지금은 택시를 타고 카드로 결제하면 된다. 택시기사의 입장에서 보더라도 수입을 관리하기가 더 쉬워졌다. 카드로 결제된 택시비는 전자 기록이 정확하게 남아 1달러가 남지도 모자라지도 않는다.

그러나 더 흥미로운 것은 행동경제학의 해석이다. 본래 사람은 특히 소비할 때 자제력이 약하며 충동적인 동물이다. 누구라도 한순간 충동적으로 돈을 쓰고 후회한 경험이 있을 것이다. 그러나 지폐 시대에는 적어도 두 가지 사실이 이 같은 행동을 막아주었다. 먼저 돈을 꺼내는 과정이다. 과거에는 현금을 지불해야 물건을 가져갈 수 있었다. 이 경우 지갑이 얇아지는 과정에서 많은 사람이 '주머니에 33위안밖에 없어. 이러면 오늘 밤은 걸어서 집에 가야 해'라고 정신을 차렸다. 더 중요한 이유는 지폐 시대에는 수중에 있는 돈만 쓸 수 있었다는 것이다. 따라서 소비하려는 충동이 일더라도 지갑 속에 남은 돈을 다 쓴 것뿐이다. 물론 이날이 월급날이라고 하더라도 한 달 월급을 털어 술을 마신 것뿐으로 손실은 늘 제한적이었다. 그러나 신용카드 시대에 이러한 방어벽은 더 이상 존재하지 않는다. 사람들이 '먼저 단맛을 본 후 나중에 쓴맛을 보자는 식'으로 빚이 미래까지 이어지는 소비 방식을 무한정 허용할 수 있게 되었다. 원래 사지도 않을 옷을 사고 원래 하지 않았을 외식도 하고 원래 타지 않았을 택시를 타고 원래 그러지 않아도 될 바가지까지 쓴 것이다.

귀둥린郭冬臨, 중국 이춘以純그룹 대표은 책에서 '충동은 악마와도 같다'고 표현했다. 신용카드가 등장한 후 이 악마는 늘 신용카드 뒤에 숨어 있지만 조용히 우리의 행동에 영향을 주고 있다. 이 사실은 대형 백화점이 왜 그렇게 흔쾌히 신용카드를 발급해주는지 잘 설명하고 있다. 여러분이 수중에 한 푼이 없어도 다음 달에 먹을 것이 없어 끼니를 때우지 못한다는 사실을 알더라도 이들은 신용카드를 발급해준다. 그 이유는 바로 외상으로 물품을 구입하는 충동을 억제하지 못한다는 사실을 백화점 측에서 알기 때문이다. 닐슨미디어리서치가 조사한 결과에 따르면, 2008년 말 현재 미국에서 신용카드를 소지한 가계가 신용카드 회사에 진 평균 부채는 1만 679달러에 이른다. 미 연방준비은행의 통계를 보면 중간 수준의 신용카드 이자율은 12~13퍼센트이다. 이렇게 많은 가정이 이 정도 높은 금리로 돈을 빌렸다. 사실상 거의 고리대금 수준이다. 이러한 행동은 충동으로만 설명이 가능하다.

이전에 재테크와 관련해 『백만장자 제조기 The Millionaire Maker』라는 책을 읽어본 적이 있다. 저자는 여기서 한 가지를 제안했는데 바로 신용카드를 모두 절단하라는 것이다. 앞서 이야기한 일을 곰곰이 생각해보면 일리가 있는 제안이다.

3

신용카드 회사는 왜 그렇게
당신을 사랑할까?

•

시장경제에서 무조건적인 사랑이란 있을 수 없다.
신용카드 회사가 여러분을 쫓아다닌다면 분명히 돈을 벌기 위해서이다.

보스턴에서 공부할 때 나와 구주는 '옌징燕京'이라는 중국 음식점에 자주 갔다. 보스턴을 오가는 중국인들 중 특히 하버드대학교를 들른 많은 중국인이 이 소박한 음식점에서 식사를 했다. 그곳에 가면 종종 유명한 사람도 만날 수 있다. 예컨대 옌징을 거의 학교 식당처럼 애용하는 수학의 대가 추청퉁丘城桐 교수 외에도 작가 룽잉타이龍應臺를 비롯해 수많은 학자와 관리, 유명한 사업가를 만날 수 있다.

어느 날 저녁 나는 늘 그렇듯이 집에서 가장 가까운 이 중식당에서 구주와 밥을 먹었다. 우리는 식사를 하면서 갓 미국에 왔을 때의 일을 떠올렸다. 그다음 처음으로 신용카드를 신청했다 거절당했으나 나중에는 거의 매일 신용카드 회사가 보낸 광고 메일을 받게 된 경험을 이야깃거리로 삼았다.

당시 나는 왜 대다수 중국 유학생이 미국의 신용카드 회사가 열심히 쫓아다니는 고객이 되는 것일까라는 의문이 들었다. 나와 구주는 신용이 좋고 제때 돈을 납부해 신용불량 기록이 하나도 없기 때문이라고 분석했다. 그러나 문제는 내가 신용카드 회사에 어떤 수익도 안겨주지 못한다는 점이다. 중국인은 돈을 빌리는 것을 좋아하지 않는다. 따라서 많은 중국인이 매달 신용카드 사용요금을 제때 납부해 연체이자를 물지 않는다. 나 역시 마찬가지다. 또 내가 사용하는 카드는 연회비를 낼 필요가 없고, 많은 신용카드가 포인트나 돈을 적립해주기 때문에 나는 신용카드 회사에서 한 해에 몇백 달러씩 되돌려 받을 수 있었다.

신용카드 회사 측이 내가 신용카드를 사용해 물건을 구매할 때마다 수수료를 조금씩 떼어간다는 사실은 알고 있다. 그러나 이 수수료는 근본적으로 신용카드 회사의 주 수익원이 될 수 없다. 통계에 따르면 신용카드 회사의 가장 큰 수익은 대출이자, 각종 요금, 한도 초과나 연체에 따른 위약금이다. 그리고 신용카드 회사는 수많은 서비스를 제공한다. 예를 들면 누군가 내 카드를 도용해 수천 달러를 사용한 적이 있다. 그때 내가 전화 한 통화를 건 결과 신용카드 회사에서 사용 내역을 삭제해주고 또 내게 불편을 끼쳐 미안하다고 사과까지 했다. 비행기 표를 사면 많은 신용카드 회사가 나를 위해 자동으로 보험에도 가입한다. 그렇다면 신용카드 회사는 나로 인해서는 돈을 얼마 벌지 못하는 것이 아닐까 하는 매우 의아한 생각이 들었다.

그래서 나는 구주에게 이 궁금증에 대해 얘기했다. 구주는 중국에서 가장 먼저 자산의 증권화 업무를 담당한 전문가 중 한 사람이다. 구주는 자신의 경험을 바탕으로 답을 내놓았는데, 내 생각에 너무나 탁월한 답변이었다. 신용카드 회사는 자신의 신용카드 자산(고객의 부채)을 포장해 판매할 때, 즉 증권화할 때 나 같은 고객을 포함하여 전체적으로 리스크를 낮춰야만 적당한 가격에 팔 수 있다. 신용카드 회사는 아마도 고위험의 고객군에게서 돈을 벌겠지만, 나같이 안전한 고객으로 균형을 유지할 필요가 있다. 혹은 자산 구성이라는 면에서 볼 때 신용카드 회사는 자신의 자산 구성을 고도화할 때 반드시 최상의 리스크 구성을 고려해야 한다. 여기에는 안전한 자산이 반드시 포함되어야 한다. 이러한 자산은 아무래도 평상시에 많은 수익을 창출하지 못한다. 그렇지만 경기가 악화될 때 손실도 발생시키지 않는다. 나 같은 사람이 가입한 것이 이런 안전 자산에 속한다.

나와 구주가 대화를 나눈 지 얼마 지나지 않아, 미국에서 서브프라임 위기가 터졌다. 경기가 침체되어 실업률이 높아지자 고객의 위약률이 급증해 많은 신용카드 회사가 엄청난 손실을 입었다. 바로 이때 나는 구주가 분석한 것이 매우 설득력이 있다고 생각했다. 나뿐만 아니라 중국인들은 대부분 많은 빚을 지지 않았기 때문에 신용카드를 여전히 사용했고 매달 이용 대금을 꼬박꼬박 납부했다. 우리처럼 수익률은 낮지만 리스크도 적은 고객은 위기가 닥칠 때 신용카드 회사가 살아남기 위해 붙잡는 지푸라기가 된다.

이런 생각에까지 미치자 나는 갑자기 마음이 한결 편안해졌다. 매년 신용카드 회사에서 수백 달러를 돌려받고 또 이렇게 많은 서비스를 누리는 것이 당연했다. 왜냐하면 리스크를 통제하는 관점에서 보면 신용카드 회사의 입장에서 나는 매우 가치 있는 고객이기 때문이다.

그러나 신용카드에 대한 나의 관심은 여기서 멈추지 않았다. 나중에 관련 자료를 읽은 후 나와 같은 고객에게서도 신용카드 회사가 실제로 수익을 거둔다는 사실을 알게 되었다. 따지고 보면 우리가 수익의 근원인 셈이다.

먼저 일반적인 수수료는 카드를 사용할 때마다 신용카드 회사가 가져가는 비용이다. 이 수수료는 요율이 매우 높아 의아할 정도이다. 비자와 마스터카드의 평균 수수료는 1.7퍼센트나 된다. 그럼에도 카드 발급 은행의 요금 수수료나 고정적인 카드 사용료는 포함되지 않았다. 이론적으로 이 수수료는 모두 판매업체가 지불하지만 실제로 업체는 이 때문에 상품의 가격을 올린다. 결과적으로 소비자가 수수료의 일부를 간접적으로 부담하는 것이다.

그러나 이것이 전부가 아니다. 내가 사용하는 카드처럼 포인트나 돈을 적립해주는 카드의 경우 수수료가 더 높다. 사실 신용카드 회사가 받는 수수료는 카드마다 다르며, 어떤 부가서비스를 제공해주는가에 따라 결정된다. 따라서 신용카드 회사가 어떤 혜택을 제공한다면 결국 수수료를 높여 이를 메우는 것이고 신용카드 회사 자체로는 어떤 돈도 내놓지 않는다.

이 모든 것을 알고 난 후 다시 생각해보니 조금도 이상할 것이 없었다. 시장경제에서 무조건적인 사랑이란 있을 수 없다. 신용카드 회사가 여러분을 쫓아다닌다면 분명히 돈을 벌기 위해서이다. 물론 겉으로 봤을 때는 연회비도 없다. 그러나 우리는 결국 신용카드 회사가 제공하는 여러 가지 편리함과 서비스에 대해 비용을 지불해야 한다. 경제학에서는 공짜 점심이 없다는 말을 자주 한다. 이 말은 신용카드 문제에 있어서도 예외가 아니다.

해적판 판매금지 이후

•

정품이 비싸기 때문에 불법 복제품이 범람하는 것이 아니라,
불법 복제품 때문에 정품이 고가가 되었다.

나는 글쓰기를 좋아하는 사람이다. 내가 쓴 글이 뛰어나든 그렇지 않
든, 혹은 관점이 정확한지의 여부와도 상관없이 글을 쓰기 위해서는 많
은 시간과 정력을 소모해야 한다. 또 이면에는 수십 년간 받은 교육이
받치고 있다. 내가 쓴 글은 대부분 블로그 형식으로 공개되기 때문에 무
료로 볼 수 있다. 따라서 내 블로그 글을 복제하려고 하면 마우스를 몇
번 클릭하거나 키보드를 몇 차례 두드리면 끝난다. 조금도 힘이 들지 않
는다.

나는 또 직업적인 경제학자이다. 때문에 글쓰기는 생계를 유지하는
중요한 수단이다. 그리고 업무와 관련이 있는 글을 쓸 때는 더 많은 시
간과 정력이 소요된다. 어떤 때는 지극히 중요한 문제를 다룰 때도 있으
며 최종 결과물의 가격이 적지 않은 선에서 결정된다. 이 말은 내가 괜

찮은 보수를 받으며 글을 쓴다는 의미이다. 그런데 내 글을 복제하기는 조금도 어렵지 않은데, 이는 블로그 글을 복제하는 것과 본질적으로 조금도 다르지 않다.

이런 소소한 사실로 볼 때 지적재산권의 보호를 받는 상품들은 매우 유사한 특성이 있음을 쉽게 알 수 있다. 즉 초기의 고정투자 금액은 크지만 복제할 때는 비용이 매우 낮다는 점이다. 이런 의미에서 보면 지적재산권을 담고 있는 상품의 판매 가격과 2차 제작비용을 비교하면 차이가 엄청나다. 한 장의 DVD를 제조하는 데 드는 비용은 1～2위안이면 충분하다. 그러나 이 가격에「아바타」의 정품 DVD를 팔라고 요구할 수는 없다. 왜냐하면 초기에 투입한 수억 달러의 제작비와 중간에 들어간 억대의 홍보비뿐만 아니라 이 과정에서 감수해야 했던 리스크 비용까지 모두 고려해야 하기 때문이다. 마찬가지 원리가 소프트웨어와 칩에도 빠짐없이 적용된다. 이런 것들은 2차 제작비용은 얼마 되지 않지만 개발비용이 엄청나다. 따라서 지적재산권이 있는 상품의 판매가가 2차 제작비보다 훨씬 높다고 해서 폭리를 취한다고 말할 수 없다. 결론적으로 지적재산권의 보호를 받는 상품이 2차 생산비가 매우 낮다고 해서 판매가가 반드시 낮을 수는 없는 것이다.

이야기가 여기까지 왔으므로 나도 과거에 해적판 사용자였음을 인정할 수밖에 없다. 나는 소프트웨어 복제품을 사용했고 해적판 DVD를 봤으며, 심지어 길거리에서 인쇄의 질이 아주 조악한 해적판 서적을 산 적도 있다. 나를 비롯해 해적판을 구하는 사람들은 대부분 돈을 절약할 수 있다고 생각한 것이다. 그런데 나는 다음의 세 가지 상황에서는 정품을 구매했다. 첫째, 해적판이 없다. 둘째, 해적판과 비교했을 때 정품의 가격

경제, 디테일하게 사유하기

이 그렇게 비싸지 않다. 셋째, 정품과 해적판의 질적인 차이가 엄청나다.

내가 해적판을 사용한 것에 대해 변명을 늘어놓으려는 것은 아니다. 그러나 해적판을 손쉽게 구할 수 있는 상황에서 소비자에게 스스로 해적판을 사용하지 말라고 요구하는 것도 현실과 걸맞지 않다. 해적판을 근절시키기 위해 정부는 지적재산권의 보호에 더 많은 신경을 써야 한다. 요컨대 지적재산권이란 자기 집 정원처럼 담을 둘러싸 스스로 보호할 수 있는 성질의 것이 아니다. 앞서 이야기했듯이 지적재산권이 있는 상품은 생산하기까지는 매우 어렵지만 복제하기란 정말 쉽다. 따라서 지적재산권 소유자가 스스로 권리를 보호하기는 매우 어렵다.

그런데 중국은 과연 지적재산권의 보호에 힘써야 하는 것일까? 이렇게 하는 것이 과연 소비자에게 이득일까 아니면 해가 될까? 언뜻 보기에 부정적인 대답이 나올 수 있다. 중국은 아직까지 주요 지적재산권의 생산국이 아니어서 복제품으로 발생하는 손실은 대부분 중국인이 책임지지 않는다. 날마다 고통을 호소하는 사람은 바로 미국인이다. 표면적으로 보면 중국은 불법복제라는 게임의 수혜자이다. 미국인이 돈을 들여 무대를 설치하고 중국인은 공짜로 공연을 즐기는데 어찌 즐겁지 않겠는가?

나는 여기서 지적재산권을 보호하면 단기적으로는 손해가 발생하지만 장기적으로 중국이 자체의 혁신 역량을 키워 국가의 경제 발전에 유리하다는 따위의 상투적인 말을 되풀이하고 싶지는 않다. 나는 한 명의 소비자로서 지나치게 먼 미래의 일까지 정확하게 내다보지 못한다. 내가 가장 관심을 두는 것은 만약 불법 복제품이 사라진다면 내일 수천 위안을 들여서라도 정품 오피스 소프트웨어를 구입할 수 있을까의 여부이다. 곰곰이 생각해본 결과 대답은 놀랍게도 '아니다'이다. 한편 정품 소프트웨어의 가격은 큰 폭으로 하락할 것이다.

왜 이런 결론이 나온 것일까? 스타벅스 커피와 하겐다즈 아이스크림을 예로 들어보겠다. 하겐다즈는 중국에서 비싼 것으로 정평이 났고, 스타벅스도 저렴하지 않다. 그런데 내가 미국에 와서 가장 놀란 것 중 하나가 하겐다즈는 할인마트에서 값싸게 팔리는 축에 드는 것이었다. 스타벅스도 사람들이 새벽에 일어나 몽롱한 상태에서 한 잔씩 사가는 곳이다. 물론 미국에서는 물건이 대부분 중국보다 비싸다. 그러나 이 두 가지는 중국보다 훨씬 싸다. 이는 중국인이 아둔하거나 미국인이 부도덕해서가 아니라 전략적으로 가격을 책정했기 때문이다.

만약 하겐다즈의 가격이 멍뉴蒙牛, 중국의 유가공업체의 아이스크림과 같다면 태평양을 건너 아이스크림을 중국까지 운반한 하겐다즈는 밑지는 장사로 파산할 것이다. 그래서 하겐다즈는 아예 소비 수준이 낮은 층은 포기하고 젊은 연인처럼 가격에 가장 둔감한 고소비층을 공략하기로 결정했다. 즉 하겐다즈는 미국에서는 박리다매를 선택하고 중국에 와서는 바가지를 씌워 돈을 벌었다. 스타벅스도 마찬가지다. 카푸치노 한 잔 가격을 25위안에서 2.5위안으로 낮춘다고 해서 녹차를 즐겨 마시던 중국인의 대부분이 커피로 바꿀 리가 없다. 스타벅스에 들어가는 사람들은 태반이 커피를 마셔야 하거나 커피를 좋아하는 사람이다. 이런 사람들을 대상으로 바가지를 씌우지 않을 이유가 어디에 있겠는가?

다시 소프트웨어 문제로 돌아가보자. 만약 해적판이 지금처럼 성행하는 상황에서 마이크로소프트사가 MS 오피스 정품 한 세트를 200위안에 판매한다면 이는 바보 같은 짓이다. 10위안이면 불법 복제된 오피스를 살 수 있는 나라에서 정품을 고집하는 사용자라면 분명히 소프트웨어 가격에 민감하지 않을 것이다. 예를 들면 정부기관이나 외국기업이 이에 해당된다. 이런 사용자에 대해서는 당연히 더 비싼 가격에 판매해야 할 것이다. 이런 고객은 하겐다즈나 스타벅스가 공략하는 고객과 본질적으로 차이가 없다. 그러나 해적판이 철저히 자취를 감추기를 기다린다면 마이크로소프트사는 다음과 같은 선택을 해야 할 것이다. 즉 가격을 내려 좀 더 많이 판매하거나 아니면 기존의 고급 소비자에게만 정품을 판매하는 것이다. 나는 컴퓨터 사용자가 이미 수억 명이나 되는 나라에서 마이크로소프트사가 개인용 컴퓨터의 90퍼센트 이상이 정품 워드프로세서를 사용할 것으로 기대할 리가 없다고 생각한다.

이러한 관점에서 문제를 바라보면, 한 명의 소비자로서 우리는 정부의 불법 복제품 단속을 지지할 이유가 생긴다. 정품이 비싸기 때문에 불법 복제품이 범람하는 것이 아니라, 불법 복제품 때문에 정품이 고가가 되었다. 물론 정품은 영원히 해적판보다 더 비싼 가격에 판매될 것이다. 그러나 정품의 품질과 서비스를 비교한다면 나는 많은 사람이 충분히 그 차액을 지불할 용의가 있을 것이라고 생각한다. 이렇게 되면 불법 복제품이 만연해 정품이 설 자리를 잃고 한 모퉁이에서 고가의 제품으로 근근이 판매되며, 정품을 사고 싶어도 높은 가격에 놀라 뒷걸음치는 오늘날과 같은 상황은 계속되지 않을 것이다.

제12장

소득과 수요
그리고 행복

외아들인 나는 세상일에 대해 관심을 고루 가져본 적이 없다. 집안의 유일한 자식으로 남성 중심의 사회에서 성장했기 때문에 내 머릿속에 남녀평등의 관념이 자리 잡기 힘들었다. 남녀평등은 지나치게 추상적이어서 나와는 거리가 먼 것이었다. 그렇지만 내가 가정을 꾸리고 구주와 아침저녁으로 함께 있게 되자 이런 생각이 들었다. 만약 딸이 있다면 그 아이는 어떤 세상에 살면 좋을까? 생각이 여기까지 미치자 남녀평등이 매우 현실적인 문제가 되었다. 나는 남녀가 같은 일을 하면 동일한 보수를 받아야 한다고 생각한다. 그러나 '**여성의 입장에서 동일한 보수를 받는 것이 좋은 일일까?**'에서는 남녀가 같은 일을 해도 보수가 다른 현상의 이면에 놓인 심층적인 문제를 살펴보았다. 이 문제를 해결하지 않고 단순히 강제 규정을 정해 남녀가 같은 일을 할 때 동일한 보수를 받도록 한다면 결국 여성에게 손해가 된다는 점을 서술했다.

'**가사노동의 가치와 행복지수**'에서는 사람들의 잘못된 인식을 지적했다. 우리는 양적인 지표로 계산할 수 없는 공헌은 낮게 평가할 수 있다. 여성은 사회적으로 맡은 역할이 다르고 이들의 사회적 공헌은 계산하기가 힘들기 때문에 가치를 충분히 인정받지 못한다.

'**소득은 무슨 근거로 계속 증가할 수 있는가?**'에서는 간단한 문제를 주제로 삼았다. 왜 똑같은 직업인데 나라마다 보수가 다른 것일까? 내 생각에 문제의 해답은 일의 외적인 부분에 있다. 여기서 나는 다소 엘리트주의적인 대답을 내놓았다.

'중국에서 소득과 부의 분배는 어떻게 이루어져야 하는가?'에서는 사실 이 질문에 대답하지 않았다. 다만 소득과 부의 분배가 불균형적인 이유가 여러 가지임을 말하고 싶었다. 이 글에서는 중국과 미국을 직접 비교했다. 두 나라는 경제 상황은 판연히 다르지만 분배의 격차는 엇비슷하다. 나는 사람들에게 생각해볼 거리를 제시하려고 이 글을 썼다.

'할 수 있는 만큼 일하거나 필요한 만큼 가져가기'는 불공평한 분배에 대해 불만이 갈수록 커져가는 현상을 지켜보다 쓰게 되었다. 많은 경우 이 불만은 합리적이지만 할 수 있는 만큼 일하고 필요한 만큼 가져가는 것이 동시에 실현되기는 힘들다. 이는 엄중한 사실로 적어도 물자가 정말 풍부한 사회가 아닌 이상은 그렇다. 인터넷이 발달하면서 최근 들어 중국은 인터넷 여론의 영향을 더욱 크게 받고 있다. 중국은 현재 4억 명의 네티즌이 있다고 한다. 그러나 이 숫자도 전체 인구수와 비교하면 소수이며, 인터넷상에서 토론에 참가하는 사람은 더욱 소수이다.

'공평과 불공평'에서 이야기하고자 한 것은 무척 복잡하다. 그중 중요한 핵심은 중국의 인터넷 여론이 인터넷에 접속하지 않는 더 많은 중국인들의 생각을 담아내지 못하며, 나아가 중국의 현실을 실제로 반영하지 못한다는 사실을 지적했다.

1

할 수 있는 만큼 일하거나
필요한 만큼 가져가기

•

'할 수 있는 만큼 일하기'와 '필요한 만큼 가져가기'는 많은 경우 선택의 문제다.
'할 수 있는 만큼 일할까' 아니면 '필요한 만큼 가져갈까?'

많은 사람이, 특히 경제학자들이 자유시장은 유한한 자원을 가장 효과적으로 배분할 수 있는 곳이라고 생각한다. 이는 크게 보면 맞는 말이다. 나는 눈을 감고도 후생경제학 제1정리를 증명할 수 있다. 이 정리는 일정한 조건하에서 자유시장이 가장 '효율적'이라고 말한다. 효율적이라는 말은 유한한 자원이 가장 필요한 곳에 사용되도록 한다는 의미이다. 물론 일정한 조건 중 예를 들어 완전한 정보, 완전경쟁perfect competition, 외부성이 전혀 없는 것 등은 현실 세계에서 그대로 실현되기가 힘들다. 세상은 정보를 모두 공유하지 못하며 충분한 경쟁이 시시각각 이루어지지도 않는다. 또 작게는 흡연에서 크게는 지구온난화에 이르기까지 외부성이 엄연히 존재한다. 그러나 이 글에서는 이런 이야기를 하려는 것이 아니다. 여기서 나는 '할 수 있는 만큼 일하기'와 '필요한 만큼 가져가기'가 담고 있는 구심력에 주목했다. 이 두 가지는 가장 '효율적'이라는 시장경제마저 해결할 수 없는 과제이다.

하나의 경제를 극단적으로 단순화하면 크게 두 과정으로 요약할 수 있다. 바로 생산과 분배이다. 가장 효율적인 생산이란 가장 적합한 사람을 가장 적합한 자리에 배치하는 것이다. 다시 말해 '할 수 있는 만큼 일하도록' 하는 것이다. 이 문제에 대한 경제학의 해답은 간단하다. 시장이 자발적으로 작동하면 이 역할을 충분히 수행할 수 있다는 설명이다. 이런 사실은 적어도 내 생각에 논란의 여지가 크지 않다. 계획경제나 노예제 혹은 다른 생산방식 등 지금까지 알려진 조직적인 생산방식과 비교하면 시장이 자원 중에서도 인적 자원을 더 효과적으로 활용한다는 사실은 확실히 증명되었다.

그러나 분배 단계에서 복잡한 문제가 발생한다. 최근 일이백 년 동안 인류는 과거 수천 년과 비교하면 훨씬 더 풍요로운 물질생활을 누리고 있다. 중국이 개혁개방을 하기 전에 서민 가운데 특히 농민은 먹고사는 문제를 해결하지 못했다. 이들의 삶은 송대나 명대와 비교했을 때 큰 차이가 없었다. 개혁개방을 한 지금은 물질적으로 많이 풍족해졌으나 곳곳에서 희소성이 여전하다. 이는 매우 냉엄한 현실을 말해준다. 생산이 끝난 후 분배 과정에서 어떤 사람이 더 많이 갖게 되면 필연적으로 다른 사람은 덜 갖게 된다. 누군가 고기를 많이 먹으면 다른 쪽에서 고기를 적게 먹거나 심지어 한 점도 먹지 못하게 된다. 고기가 너무 많아 다 먹지 못하는 상황이 아니라면 이렇게 되기 마련이다. 이 상황은 어떤 방식으로 분배를 했는가와 무관한 단순한 물리物理 문제다.

시장은 가격을 매개로 분배를 실현한다. 누군가 고기를 많이 먹으면 고기값이 상승할 것이고, 어떤 사람은 가격이 올랐기 때문에 고기의 소비를 줄일 것이다. 계획경제하에서는 상황이 더 간단하다. 여러분이 얼마나 몫을 할당받았는가에 따라 다르다. 성省 정부가 식량 제한을 풀면, 관할 청廳에서는 실컷 먹도록 해준다. 도시 주민은 매월 1인당 400그램을 지급받지만 농민은 설을 쇨 때에야 비로소 고기 구경을 하게 된다. 많은 사람이 시장이 더 낫다고 생각하는 이유는 생산의 효율성이 더 높아 돼지고기를 더 많이 생산할 수 있기 때문이다. 그렇다고 분배 과정에서 '누군가가 더 많이 가져가면 누군가는 덜 갖게 되는' 상황이 바뀌지는 않는다. 시장이 알아서 분배를 하든 계획 방식으로 분배를 하든 그 어느 것도 가장 합리적이지는 않다. 계획경제에서 분배가 비합리적인 것은 두말할 필요도 없다. 그러나 시장경제도 문제가 있다. '돈 많은 벼슬아치의 집에서는 술과 고기가 썩어나고, 길에는 얼어 죽은 시체가 뒹구는' 상황이나 몇몇 사람은 호화주택에서 살고 많은 사람이 판잣집에서 살아가는 상황은 시장경제도 막을 수 없다. 결국 시장도 분배의 심각한 불균형에는 무력하다. 만약 '필요한 만큼 가져가야' 비로소 합리적인 분배 방식이라고 생각하는 사람이 있다면 '필요한 만큼 가져갈 수 없는' 시장체제에서 살아가기는 힘들 것이다.

반대로 분배 방식이 생산에 영향을 미치면 상황은 더 복잡해진다. 좀더 극단적으로 이야기해보겠다. '돈 많은 벼슬아치의 집에서는 술과 고기가 썩어나고, 길에는 얼어 죽은 시체가 뒹구는' 상황이 바로 강력한 인센티브로 작용한다. 그러면 사람들이 모두 열심히 그리고 아주 효율적으로 생산하여 자신은 '돈 많은 벼슬아치'가 되려고 하지 '얼어 죽은 주검'이 되려고 하지 않는다. 효율적인 생산을 독려하기 위해서는 불평등한 분배가 전제되어야 한다. 만약 재능이 가장 뛰어난 사람에게 최고의 보수를 지급하지 않는다면, 모든 사람이 '할 수 있는 한 최선을 다하도록' 유도하지는 못할 것이다.

따라서 '할 수 있는 만큼 일하기'와 '필요한 만큼 가져가기'는 많은 경우 선택의 문제다. '할 수 있는 만큼 일할까' 아니면 '필요한 만큼 가져갈까?' 서방 선진국 중 미국은 '할 수 있는 만큼 일하기'가 가장 잘 구현되는 나라이면서도 여러 측면에서 사회보장이 가장 열악한 나라이다. 수천만 명의 국민에게 의료보험이 없고 신생아 사망률이 높은 편이며 기대수명도 상대적으로 짧다. 그리고 교육의 기회가 크게 불평등하며 수많은 서유럽 국가에 비해 실업보험 혜택이 열악하다. 미국에서 노동자를 해고하기가 프랑스보다 훨씬 쉬운 것에서 알 수 있듯이 노동자에 대한 보호가 상대적으로 취약하다. 그런데 계획경제 시대의 중국은 아마 또 다른 극단에 서 있었을 것이다. 공동분배와 공동식사로 모두 기본적으로 물건을 '필요한 만큼 가져갈' 수 있었다. 그런데 여기서 말하는 물건은 필수품이다. 그렇지만 인센티브가 없었기 때문에 '할 수 있는 만큼 일하는' 데 커다란 취약성을 드러냈다.

'할 수 있는 만큼 일하기'나 '필요한 만큼 가져가기'는 사실 사상의 스펙트럼에서 극우와 극좌의 양 극단이다. 이는 가치판단의 문제로 잘 잘못을 가릴 수 없다. 시장을 신뢰하는 사람들은 시장에서의 분배가 최상이라고 여길 것이다. 그러나 이들은 여기서의 분배가 왜 '최상'인지 증명할 길이 없다. 물론 시장이 '파레토최적 Pareto optimality' 사회 내의 어떤 사람의 후생을 감소시키지 않고서는 다른 사람의 후생을 증대시킬 수 없는 배분 상태을 가능케 한다고 증명할 수는 있다. 파레토최적은 하나의 경제에서 모든 사람의 후생이

경제, 디테일하게 사유하기

동시에 더 좋아지거나 동시에 더 나빠질 수 없는 상태를 말한다. 그러면 독재국가에서도 '파레토최적'이 가능하다. 왜냐하면 독재자의 후생을 희생시키지 않고서는 다른 사람의 후생을 개선할 수 없기 때문이다. 이 경우도 '이 나라 경제에서 모든 사람의 후생이 동시에 더 좋아지거나 동시에 더 나빠질 수 없다'는 파레토최적에 그대로 부합한다. 독재자 역시 이 나라 경제활동의 일원이기 때문이다.

공동분배 방식을 신뢰하는 사람들은 백성들이 '적게 가진 것을 걱정하기보다 고르지 못한 것을 걱정한다 不患寡而患不均 「논어」의 한 구절'고 말할 수 있다. 이는 또 경제학을 통속화한 존 롤스 John Rawls(1921~2002)의 『정의론 A Theory of Justice』에서 묘사한 분배 방식이기도 하다. 후생 수준이 가장 열악한 사람의 후생을 최대화하는 것을 주장한 롤스는 '무지의 베일 veil of ignorance 특정한 정책안의 선택을 둘러싸고 관련 이해당사자들이 어떠한 대안이 자신에게 유리하고 또 불리한지 모르는 상황' 개념을 사용하여 자신이 내세운 분배 방식의 합리성을 논증하려고 했다. 여러분이 태어날 때 어떤 가정에서 태어날지 모르기 때문에 이 사회가 더 평등하기를 원할 것이다. 그러면 비록 매우 부유한 가정에서 태어나지는 않는다고 하더라도 매우 가난한 가정에서 태어나지 않을 수 있다. 그러나 롤스는 이렇게 말했을 뿐이지 증명하지는 못했다.

극단을 선택하기는 쉽다. 즉 '할 수 있는 만큼 일하기'와 '필요한 만큼 가져가기' 사이에서 미묘한 힘의 균형과 취사선택을 고민할 필요가 없기 때문이다. 철저한 자유시장주의자와 철저한 평등주의자는 하나같이 극단을 달리는 사람들이다. 자유시장주의자는 '필요한 만큼 가져가는' 것에 대해서는 관심이 없다. 살 수 없다면 사지 않기로 '스스로 선택'할 수 있고, 일자리가 없다면 일하지 않기로 '스스로 선택'할 수 있다. 그러나 평등주의자는 이런 상황을 인정하지 않는다. 평등주의에서 '할 수 있는 만큼 일하는 것'은 불가능하다.

인류 사회는 극단의 길을 걸을 수 없다. 우리는 이미 이 같은 길을 걸어봤으나 결과가 모두 이상적이지 못했다. 어느 정도 '할 수 있는 만큼 일하고' 또 어느 정도 '필요한 만큼 가져가는' 것이 모든 국가와 사회가 어쩔 수 없이 직면해야 하는 중요한 선택이다. 오늘날의 중국은 더 말할 것도 없다.

2

중국에서 소득과 부의 분배는
어떻게 이루어져야 하는가?

•

소득분배의 격차가 얼마나 크든 부의 격차와는 비교가 되지 않는다.

중국에서 소득과 부의 분배는 매우 걱정스러운 문제다. 이렇게 걱정하는 이유는 소득 격차와 빈부 격차 자체 때문만은 아니다. 사회의 공정성이라는 관점에서도 이 문제는 중요한 해결 과제이다. 그런데 내가 더욱 걱정하는 것은 사람들이 이 문제를 받아들이는 정도와 배후에 있는 원인에 대한 인식 때문이다. 어떤 두 나라가 분배의 격차가 비슷하더라도 한 나라는 가난한 사람과 부자가 갈등을 일으키지 않고 함께 살아갈 수 있다. 그러나 다른 나라는 사회 혼란이 나타나기도 한다. 왜 그럴까? 이 문제는 분배가 객관적으로 얼마나 불평등한가에 달린 문제라기보다 사람들이 마음속으로 받아들일 수 있는 분배의 불평등 정도와 분배가 불평등하게 이루어지는 원인에 달렸기 때문이다.

중국은 예로부터 '적게 가진 것을 걱정하기보다 고르지 못한 것을 걱정한다'는 생각이 있다. 즉 평등한 분배에 대해 중국인들의 인식은 전통적으로 뿌리가 깊다고 말할 수 있다. 그런데 농경사회에서의 불평등은 현대 산업사회의 불평등과 그 의미가 크게 다르다. 농경사회는 생산성이 매우 낮다. 그런데 생산성이 조금 증가하여 농업 생산물이 늘어도 결국 인구의 증가로 이어진다. 따라서 1인당 평균으로 계산해보면 생산성에는 아무런 변화가 없다. 이것이 바로 '맬서스의 덫_{Malthusian Trap} 기술진보에 따른 소득의 증가가 인구의 증가로 상쇄됨이다. 이 덫에 빠진 결과, 지난 수천 년 동안 중국이나 서유럽 사람들은 대부분 의식주를 제대로 해결하지 못한 채 살아왔다. 이런 상황에서 불평등한 분배란 바로 배부르게 먹지 못하고 따뜻하게 입지 못하는 사람들이 많다는 것을 의미한다. 그야말로 생존의 문제인 것이다. 평등한 분배를 추구하는 것은 이상적인 사회를 건설하기 위한다기보다 생존의 명령이라고 말하는 편이 맞다.

인류는 산업사회에 진입한 이후에 비로소 맬서스의 덫에서 벗어나 경제가 성장하는 현대사회에 진입하게 되었다. 생산성은 기하급수적으로 향상된 반면에 출생률이 현저히 감소하면서 인류 사회는 진정한 의미에서 대량의 잉여를 실현하게 되었다. 이때 분배의 불평등은 많은 경우 더 이상 생존의 문제를 의미하지 않는다. 한편 부와 사회적 지위를 추구하는 것이 어느 정도 사회의 진보를 이끄는 원동력이 되었다. 중국이 바로 좋은 예이다. 과거에 공동으로 식사를 하던 시기에 노동자가 보인 적극성은 훗날 노동의 정도에 따라 보수가 정해지는 노동자의 적극성에 훨씬 못 미친다. 어떤 의미에서 분배의 불평등은 현대의 시장경제가 낳은 필연적인 산물이다. 시장 자체가 능력 있는 사람이 더 많이 갖고, 적응한 사람이 생존하는 곳이기 때문이다.

나는 중국의 소득분배 문제의 상황과 원인에 대해 사람들이 잘못 생각할 수도 있다고 본다. 어떤 사람은 분배가 불평등한 원인이 관료사회의 풍토, 부패와 제도 때문이라고 지나치게 단순화하여 생각할 수 있다. 사실 이러한 요인에서 비롯된 모순이 실제로 존재한다. 이외에도 다른 원인이 있는데 더 나아가 앞서 말한 이유들은 주요한 원인이 되지 못한다. 나는 소득분배나 부의 분배를 연구하는 사람은 아니다. 따라서 내 개인적인 인식에도 오류가 있을 수 있다. 그러나 나는 일부 간단한 사실에 더 주목할 필요가 있다고 생각한다. 특히 아래에서 이야기하려는 '사실'이 실제로는 사실이 아닐 수 있음을 먼저 분명히 하고 싶다. 소득분배와 부의 분배에 관한 데이터는 특히 중국과 같은 나라에서는 구하기가 정말 힘들기 때문이다. 따라서 이러한 '사실'은 좀 더 검토할 여지가 있다. 어떤 사람은 여기서 지적한 '사실'이 자신이 직접 느낀, 즉 주관적인 느낌과 완전히 다르다고 말할 수 있다. 이는 자연스러운 일이다. 그러나 주관적인 느낌은 통계 수치보다 더 믿을 만한 것이 못 된다. 특히 성실한 연구원이 자세히 정리해놓은 데이터의 경우와 비교하면 더욱 그렇다.

사실을 살펴보기에 앞서 소득분배와 부의 분배는 완전히 다른 개념임을 지적하고 싶다. 소득분배는 소득과 같이 유량flow 개념이다. 소득은 보통 한 사람이 일정 기간 동안 얼마나 벌 수 있는가를 가리키는 것이다. 여기에는 급여, 상여금, 그 밖의 각종 현금 수입이 포함된다. 그렇지만 부의 분배에서 부는 저량stock의 개념이다. 부는 일반적으로 한 사람이 어느 시점에 어느 정도 재산을 소유하고 있는가를 가리킨다. 여기에는 현금과 주식, 부동산, 그리고 각종 자산이 포함된다. 대체로 소득이 많은 사람이 더 많은 부를 소유할 수 있다. 그렇다고 반드시 그런 것은 아니며, 돈을 물 쓰듯 하는 투자상담사의 경우 소득은 많지만 재산이 없을 수도 있다. 마찬가지로 하는 일이 없는 부잣집 자녀들의 경우 재산은 많지만 소득이 없을 수 있다.

그다음 참고 대상이 될 나라로 미국을 선정했다. 미국과 중국은 여러 면에서 아주 다르다. 예컨대 미국은 관료체계가 상대적으로 깨끗하고, 권력을 이용해 부정하게 재산을 모으는 데 상당한 제약이 있다. 진정한 의미에서 노조와 노동자를 보호하는 단체협약이 작동하며 환경을 보호하려는 의식도 강하다. 그리고 최저임금제도가 시행되어 노골적인 '원시적 축적'_{본원적 축적이라고도 함. 자본 축적의 전제로 작용하는 생산자[농민]와 자본가의 수탈 관계의 역사적 과정을 중국에서 설명하는 방식} 이 그렇게 심각하지 않다. 아울러 국영기업도 많지 않으며 반독점법이 비교적 엄격히 적용된다. 많은 사람이 중국에는 이런 것들이 없기 때문에 중국에서의 소득분배 격차가 심화된다고 생각한다. 그렇지만 자세히 들여다보면 이런 것들이 없다고 해서 소득과 분배의 격차가 반드시 커지는 것은 아님을 알게 된다.

아래 두 도표는 컬럼비아대학교의 자비에르 살라이 마틴_{Xavier Sala-i-Martin} 교수가 저명한 영어권 경제학 계간지인 『계간 이코노믹스』(MIT출판사의 경제학 잡지)에 발표한 논문에서 발췌했다. 살라이 마틴 교수는 경제학 교수 외에 FC바르셀로나 경제위원회 위원장으로 더 유명하다.

[표 12-1]은 중·미 양국의 1980년의 소득분배 상황을 나타낸다. 가로축은 소득수준이며 세로축은 인구수이다. 여기서 소득은 구매력으로 평가_{平價. 양국 화폐의 국내구매력[물가지수의 역수]의 비율} 하여 계산한 것으로 가격 차이

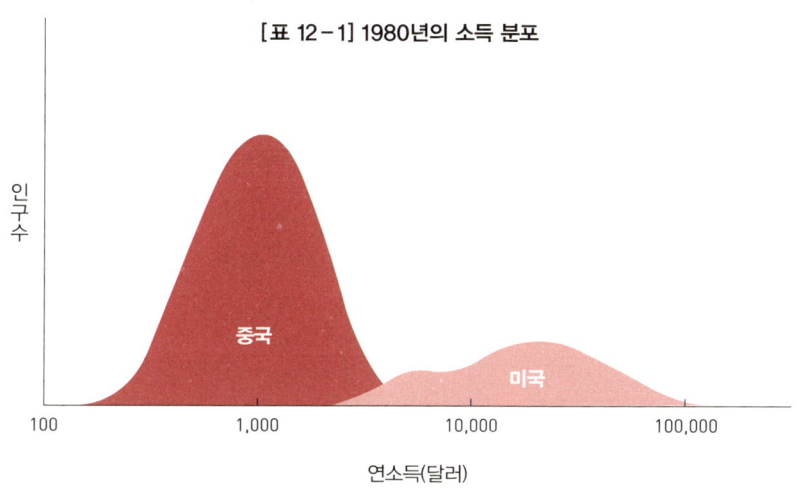

[표 12-1] 1980년의 소득 분포

인구수

중국   미국

100   1,000   10,000   100,000

연소득(달러)

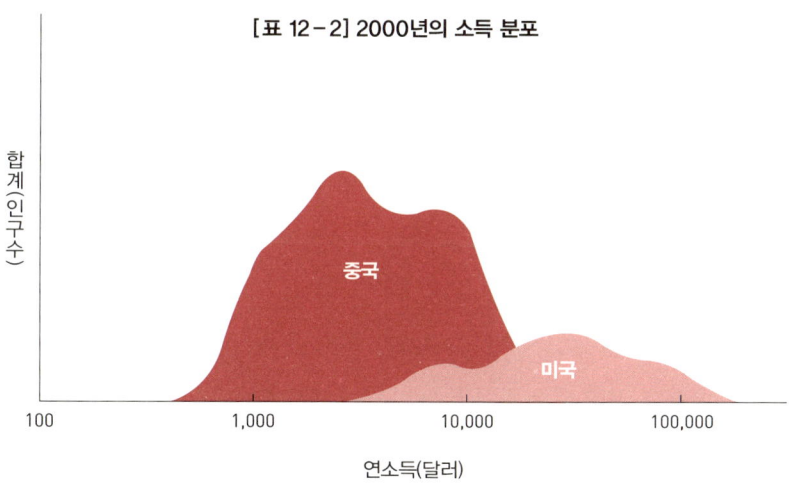

[표 12-2] 2000년의 소득 분포

합계(인구수)

중국   미국

100   1,000   10,000   100,000

연소득(달러)

를 제거한 후의 소득수준이다. 이 과정을 거치면 국가 간의 소득을 직접 비교할 수 있다. 표의 왼쪽은 중국이고 오른쪽은 미국이다. 1980년에 중국은 당시의 미국보다 훨씬 빈곤했음이 분명하게 드러난다. 중국인의 대다수가 미국에서 가장 가난한 사람보다 더 가난했다. 이 사실은 왼쪽 부분이 오른쪽과 거의 만나지 않는 것을 보면 알 수 있다. 그러나 당시의 중국은 소득분배의 격차가 미국보다 훨씬 작았다. 이는 왼쪽에 분포한 부분이 오른쪽보다 상당히 '날씬함'을 보면 알 수 있다.

[표 12-2]는 2000년의 소득분배 상황을 나타낸 것으로 중·미 양국의 소득 격차가 크게 줄어든 것을 한눈에 알 수 있다. 중국 부유층의 소득이 미국 중산층의 수준과 이미 엇비슷해졌다. 그러나 중국은 소득분배의 격차가 훨씬 커졌다. 이는 중국의 분포 구조가 많이 '뚱뚱해졌음'을 의미한다. 그렇지만 중국과 미국의 '뚱뚱한' 정도가 비슷하다는 점도 눈여겨볼 만하다. 다시 말해 중국의 소득분배의 격차가 미국과 비슷해진 것이다. 물론 눈으로 본 결과가 100퍼센트 정확하지는 않다. 그러나 지니계수Gini' s coefficient를 이용해 더 정확하게 계산해보면 중·미 양국의 소득분배 격차가 위에서 내린 결론을 그대로 뒷받침한다.

두 개의 표에서는 대해 다양한 해석이 가능하다. 여기서 나는 중국이 개혁개방 초기까지 고도로 평준화된 소득분배가 일반적인 분배 방식에서 비롯된 것이 아니라는 점을 지적하고 싶다. 사실 이때의 분배 방식은 기형적이다. 이후 소득분배의 격차가 커졌는데, 많은 사람이 지탄하는 부패, 노동자 권익 보호의식의 미비, 독점의 폐해 등의 문제가 많이 사라졌지만 근절되지는 못했다. 이 중 일부 문제는 현재도 뿌리가 깊어 심지어 개선이 불가능해 보이기도 한다. 이런 문제들이 해결된다면 중국에서 더 공정하고 개인의 공헌과 능력을 더 정확히 반영한 소득분배가 이뤄지겠지만, 더 평준화될 것 같지는 않다. 중국과 사정이 완전히 다른 미국도 이상적인 사회라고 할 수는 없다. 그렇지만 중국에서 볼 수 있는 문제가 존재하지 않는 미국에서 소득분배의 격차가 여전히 엄청난 것을 볼 때 이런 격차를 가져오는 요인은 표면적인 이유보다 훨씬 더 복잡하다는 것을 알 수 있다.

그런데 소득분배의 격차가 얼마나 크든 부의 격차와는 비교가 되지 않는다. 중국에서 부의 분배의 결과 나타난 갈등은 소득분배에서 비롯된 사회문제를 훨씬 뛰어넘는다. 예컨대 부의 불평등한 분배에 대한 불만이 동력이 되어 집값을 주제로 토론이 격렬하게 벌어졌다. 여기서 말하는 부는 부동산을 뜻한다. 일부는 집을 여러 채 보유할 수 있고 또 집으로 돈을 벌 수 있다. 그러나 또 다른 일부 국민은 집을 한 채도 갖지 못했다. 그러나 이런 현상은 중국만의 현상이 아니며 미국의 부의 분배의 격차는 아마 더 심각할 것이다. 나는 미국의 한 소비금융 조사 결과에서 보여준 부와 관련된 데이터를 얻을 수 있었는데, 이를 바탕으로 다음 도표를 만들었다. 결론은 미국이 부의 분배의 불평등 정도가 극심하다는 것이다.

[표 12-3]에서 볼 수 있듯이 2004년에 미국에서 상위 계층 1퍼센트가 미국의 전체 부의 34.3퍼센트를 소유했고, 상위 5퍼센트가 59퍼센트의 부를 소유했다. 그러나 하위 40퍼센트 계층은 전체 부의 0.2퍼센트만 소유했다. 이른바 20 대 80의 법칙이 사실로 드러났다. 즉 미국의 상위 계층 20퍼센트가 국가의 80퍼센트 이상의 부를 소유하고, 나머지 80퍼센트의 사람이 소유한 재산은 전체 부의 20퍼센트도 되지 않는다. 그런데 미국의 부자는 알고 보면 대부분 자수성가했다. 유명한 빌 게이츠, 워런 버핏에서 마이클 블룸버그 뉴욕시장이 모두 그렇다. 따라서 부의 분배의 격차가 발생하는 것은 반드시 분배 제도에 허점이 있다기보다 이 세

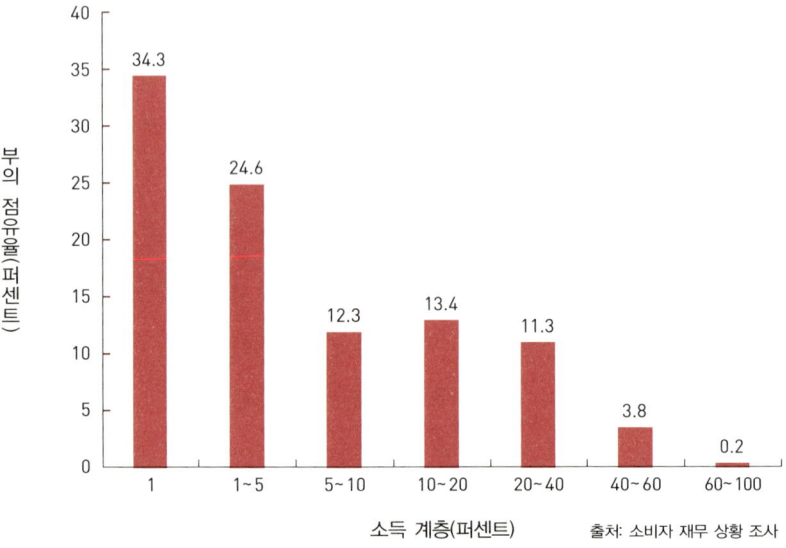

[표 12-3] 미국의 부의 분배(2004)

부의 점유율(퍼센트)

소득 계층(퍼센트)

출처: 소비자 재무 상황 조사

계 자체가 원래 불공평하기 때문인 것 같다.

중국은 부의 분배 상황을 정확히 반영한 데이터가 없다. 몇 년 전에 리스李實 교수 베이징 사범대학교 소득분배와 빈곤연구센터 주임가 중국의 소득분배에 대해 깊이 연구하고 있는 것을 알았다. 리 교수는 내게 중국에서 부의 분배는 상대적으로 평등한 편이라고 말했다. 그러나 미국의 데이터를 살펴보면 중국에서 부의 분배가 갈수록 불평등해질 가능성이 매우 클 것으로 추정할 수 있다. 교묘한 방법으로 재산을 가로채지 않고 지위를 이용하여 재산을 모으는 일이 없으며 악덕 기업주가 사라지더라도 부의 분배의 불평등은 여전히 심각할 것이다.

따라서 소득과 부의 분배의 불평등을 논의할 때, 분배의 불평등 자체

경제, 디테일하게 사유하기

가 아니라 불합리하고 비합법적이며 불평등한 분배 방식이 자리 잡을 수 없도록 하는 데 좀 더 신경을 써야 한다. 불평등한 분배를 피할 수 없다면, 저소득층을 보호하는 정책을 수립하는 것이 더욱 필요하고 긴박한 과제이다.

3

여성의 입장에서 동일한
보수를 받는 것이 좋은 일일까?

·

이익만 중요시하고 도덕을 소홀히 하는 경제성장은 지속 가능하지 않다.

워싱턴으로 이사한 지 얼마 되지 않아 이곳의 차이나타운에는 중국인이 운영하는 이발소가 없다는 사실을 알게 되었다. 나는 어쩔 수 없이 이사한 아파트에서 멀지 않지만 언제나 사람들이 줄을 선 이발소에 가야 했다. 이 이발소는 특이한 면이 하나 있는데 머리를 자를 때 손님이 거울을 등지고 앉는 것이다. 머리를 다 자르면 이발사가 의자를 180도 돌려 머리 모양을 확인하게 한다. 거울을 등지고 앉을 때의 좋은 점은 머리를 자르면서 이발소 안에 있는 사람들을 모두 볼 수 있는 것이다. 몇 분쯤 지나자 이 이발소의 또 다른 특징이 눈에 들어왔다. 그것은 바로 이발소 내 이발사가 모두 여자라는 사실이다. 베트남이 전쟁 때문에 남자의 비율이 줄어들어 과거에 남자들이 주로 하던 일에 여성이 종사하게 되었는지는 잘 모르겠지만, 어쨌든 이발사가 모두 베트남 출신 여자라는 사실도 나중에 알게 되었다.

이 일로 2008년의 미국 대통령 선거에서 뜨거운 쟁점이 되었던 남녀 동등 보수 문제가 뇌리를 스쳤다. 당시 민주당 대통령 후보였던 오바마는 텔레비전 광고에 나와 여성이 같은 일을 해도 보수가 남성의 70퍼센트밖에 되지 않는다며 남녀동등 보수를 위한 법률을 제정하는 데 찬성한다고 밝혔다. 그러나 그의 맞수였던 매케인 공화당 후보는 이에 반대했다.

나는 먼저 경제학자적 본능에서 이 수치가 과연 정확한지 확신할 수 없었다. 그래서 관련 분야에 대해 좀 더 잘 알고 있는 사람에게 이 문제에 대한 설명을 부탁했다. 그 결과 미국 사회는 같은 일을 해도 보수가 다른 경우가 비일비재하며, 성별에 따른 차이는 그중의 분명한 한 예에 불과하다고 했다. 다른 경우에도, 예컨대 피부색에 따라 보수가 다를 수 있다.

그다음 두 번째 문제를 생각해봤다. 사회적으로 여성을 차별하고 남녀가 같은 일을 해도 보수가 다르며 이런 차별이 단기간 내에 해소되지 않는다고 가정해보자. 그리고 만약 미국이 오바마가 제안한 대로 남녀 동등 보수를 법적으로 보장한다면 여성의 입장에서 이것이 과연 좋은 일일까 아니면 나쁜 일일까?

사실 나는 정답을 모르겠다. 또 정답을 아는 척하고 싶지도 않다. 모든 일이 양면성이 있지만 남녀동등 보수는 부정적인 효과가 전혀 없어 보인다. 남녀동등 보수는 표면적으로 보면 남녀 간의 보수 격차를 해소하므로 좋은 일이다. 그러나 만약 근본적으로 남녀 차별이 실제로 존재한다면 이 차별은 다른 모습으로 나타날 수 있다. 예컨대 과거에 고용주들은 여성을 차별했지만 이들의 인건비가 더 싸기 때문에 여성을 다수 고용했다. 그런데 만약 남녀가 동등한 보수를 받아야 한다면 고용주는 여성을 고용하지 않아 결과적으로 여성의 취업률이 낮아질 것이다. 또 다른 가능한 상황으로 동일한 직무에는 동일한 보수를 지급해야 한다면 차별 때문에 고용주는 남녀가 같은 일을 하지 못하도록 조치할 것이다. 이를테면 여성의 승진 속도가 늦춰질 수 있다. 이럴 경우 남녀가 동등한 보수를 받더라도 여성은 여러모로 불리한 위치에 놓이거나 급여 수준이 더 낮은 곳에서만 일하게 된다. 앞서 말한 상황은 오늘날에도 여전하지만 남녀동등 보수 방식이 강제성을 띠게 되면 이런 상황이 더욱 두드러질 수 있다. 여기서 근본적인 문제는 같은 일에 동등한 보수를 지급하는 것이 상대적으로 해결하기가 수월하지만 그 이면에 숨은 뿌리 깊은 성차별을 근절하기란 무척 어렵다는 점이다.

그다음 세 번째 문제를 생각해볼 수 있다. 만약 남녀동등 보수가 위에서 말한 것처럼 부정적인 결과를 초래한다면, 과연 법적인 보호 장치를 마련해야 할까?

나는 개인적으로 보호가 필요하다고 생각한다. 그 이유는 부정적인 영향이 미치는 대상은 소수의 여성으로 국한될 것이며 더 많은 여성이 이 과정에서 혜택을 입을 것이기 때문이다. 같은 일을 하지만 동등한 보수를 받지 못하는 데 대한 근본적인 해결책이 없는 상황에서 남녀동등 보수를 법적으로 보호하는 것은 차선의 방법이 될 수 있다. 물론 나는 법적인 규정이 부정적인 결과를 낳을 수 있음을 잘 알고 있다. 그러나 남녀동등 보수는 경제적인 문제일 뿐만 아니라 더 중요한 것은 윤리 도덕의 문제이기도 하다는 것이다. 따라서 우리는 오로지 경제적 관점에서만 문제를 고려하여 더 근본적인 가치를 소홀히 다루어서는 안 된다.

원자바오 총리가 미국 CNN 방송과의 인터뷰에서 "이익만 중요시하고 도덕을 소홀히 하는 경제성장은 지속가능하지 않다"라고 의미 있는 말을 한 적이 있다. 남녀동등 보수는 바로 도덕적인 선택이다.

가사노동의 가치와 행복지수

·

이 세상에서 어떤 것들은 계산이 가능하여 양적으로 나타낼 수 있지만, 어떤 것들은 이것이 불가능하다.
이런 차이로 말미암아 우리는 이 세계를 바라볼 때 시스템적으로 오해를 하게 된다.
다시 말해 계산이 가능한 것에 더 큰 의미를 부여하는 것이다.

나는 매일 아침 잠에서 깨면 텔레비전부터 켜고 세수하고 이를 닦고 아침을 먹은 다음 옷을 입는다. 출근 준비를 하는 동안 ABC 방송국의 아침 방송인 「투데이 Today」에서 들려주는 주요 뉴스와 그 밖의 뉴스, 그리고 토론 프로그램을 듣는다.

어느 날 「투데이」에서 매우 재미있는 주제를 다루었다. 즉 어떤 사이트에서 다음과 같은 계산을 해보았다고 한다. 먼저 직업을 갖지 않고 집에서 아이를 돌보며 집안일을 전적으로 하는 여성인 '가정주부' 한 명이 가족을 위해 제공하는 서비스를 누가 직접 구매한다고 가정한다. 예를 들어 사람을 불러 청소하고 베이비시터를 구해 아이를 돌보며 밥을 해달라고 하면, 1년에 약 12만 달러를 지출해야 한다. 다시 말하면 한 명의 '가정주부'가 제공하는 노동이 한 가정에 끼치는 공헌의 크기는 매년 12만 달러라는 것이다. 물론 여기에는 돈으로 환산하기가 불가능한 부분도 있을 것이다. 예컨대 어머니가 직접 아이를 키우는 경우와 베이비시터가 키울 경우 아이에게 끼치는 영향은 완전히 다를 것이다.

이 결과는 우리에게 여성의 사회적 공헌이 지나치게 저평가되었다는 중요한 사실을 알려주며 또 좀 더 포괄적인 문제를 일깨워준다. 즉 이 세상에서 어떤 것들은 계산이 가능하여 양적으로 나타낼 수 있지만, 어떤 것들은 이것이 불가능하다. 이런 차이로 말미암아 우리는 이 세계를 바라볼 때 시스템적으로 오해를 하게 된다. 다시 말해 계산이 가능한 것에 더 큰 의미를 부여하는 것이다.

앞서 말한 여성의 공헌 문제로 돌아와 다시 생각해보자. 해당 사이트에서 계산한 것이 얼마나 정확한지와 상관없이, 한 명의 '가정주부'가 가정과 사회에 기여하는 공헌을 계산하는 것은 일하는 남성의 '성과'를 계산하는 것보다 훨씬 어렵다. 많은 경우 여성의 공헌을 가늠하는 것 자체가 불가능하고, 어떤 경우는 영원히 계산할 수 없다. 깨끗하고 청결한 집의 가치를 어떻게 계산할 수 있겠는가? 또 아이가 건강하게 성장한 것의 가치를 어떻게 계산할 수 있겠는가? 이런 이유로 여성 자신을 포함해 많은 사람이 여성의 공헌을 그동안 체계적으로 저평가했다.

많은 사람이 GDP 지상주의를 싫어한다. 나는 개인적으로 GDP가 여전히 매우 중요한 지표인 것은 사실이지만 GDP 지상주의가 나타나게 된 원인 중 하나가 GDP는 계산하기에 좋고 비교하기가 쉽기 때문이라고 생각한다. 이상적으로 말해 어떤 지표를 사용하여 사람들이 얼마나 행복한지 양적으로 계산할 수 있다면 이 지표는 GDP보다 훨씬 강력할 것이다. 그러나 얼마나 많이 생산했는지를 계산하는 것보다 '행복'의 크기를 계산하는 것이 훨씬 어렵다. 비록 행복을 '계산'할 수 있다고 하더라도 서로 비교하기가 어렵다. 행인 1이 자신은 '행복하다'고 말했고 행인 2는 '행복한 편이다'라고 말했다면, 행인 1이 행인 2보다 더 행복한 것일까? 정답은 '알 수 없다'이다. 수많은 국제기구가 종합적인 '복지지수'를 구현하려고 수차례 시도했다. 예를 들면 유엔의 '인류발전지수'는 한 국가의 발전 수준을 전반적으로 평가한다. 그러나 이런 지수 자체도 수량화된 지표를 기반으로 하고 있어서 GDP보다 더 포괄적이기는 하지만 수량화 지표에 의존하는 한계를 벗어나지 못한다.

또 다른 예는 입시 위주의 교육이다. 사람들은 대부분 시험 성적이 한 사람의 모든 것을 대변하지 않는다는 사실을 알고 있다. 그러나 점수는 평가하고 비교하기가 쉬운 방식이다. 결국 시험 성적만 강조하고 의존하는 것은 점수 자체가 실제로 반영하는 정도를 훨씬 뛰어넘었다. 특히 중국에서 더 주관적인 평가기준으로 학생을 공정하게 평가하는 방법이 제도적으로 보장을 받지 못하자 '한 번의 시험이 인생을 결정하는' 방식이 일반적으로 받아들여졌다. 이에 따라 입시 위주의 교육이 생겨나게 된 것이다. 사고력과 지도력, 그리고 창조력 등 모든 것이 시험 성적처럼 쉽게 비교할 수 있다면 시험에 지나치게 편중된 오늘의 상황을 피할 수 있을 것이다.

비슷한 예는 부지기수이다. 경제학자들도 대부분 이런 오해가 늘어나는 데 일조했다. 왜냐하면 경제학자야말로 많은 것을 수량화하고 '평가'하려고 노력했기 때문이다. GDP는 바로 경제학자가 창조해낸 것이 아닌가?

'수량화'가 나쁘다고 말하는 것으로 오해하지 않기를 바란다. 수량화하고 비교하면 대부분 발전하지 퇴보하지는 않는다. 그렇지만 측정할 수 있는가의 여부에 따라 중요성이 결정되는 것이 아님을 기억해야 한다. 물론 우리는 자주 오해한다.

"가격을 따질 수 없을 정도로 매우 값진 것이 있습니다. 나머지는 마스터카드만 있으면 됩니다"라는 마스터카드 광고 문구가 생각난다. 이 세계에서 일부는 계산이 불가능하다. 그렇지만 우리는 따뜻한 가정을 빚어가는 '가정주부'들처럼 이러한 것들의 중요성을 잊어서는 안 된다.

5

소득은 무슨 근거로
계속 증가할 수 있는가?

•

아무도 대신할 수 없는 자기만의 기능이 없는 사람이 소득이 늘지 않거나 혹은 소득의 증가 속도가
느린 것은 당연하다. 그렇기에 이들의 소득이 갈수록 빠른 속도로 늘기만 한다면 오히려 문제가 있다.
이는 대부분 독점적인 국영기업처럼 진입 제한이 있는 곳에서 일하고 있음을 말해준다.

미국에 살면 흔한 일이 이사다. 나는 미국에 온 지 7년이 흘렀지만, 이
사한 횟수는 열 번이 넘는다. 맨 처음에는 학교 기숙사에서 생활하여 해
마다 한 차례씩 이사를 해야 했다. 나중에는 거주하는 도시가 달라지거
나 더 편리한 곳에서 살기 위해 혹은 시설이 나은 집을 찾아 이사했다.

2009년 여름, 나와 구주는 우리가 근무하는 회사에서 좀 더 가깝고 널
찍한 집으로 이사하기로 결정했다. 우리는 이사 업체와 계약을 했다. 이
른 아침부터 건장한 멕시코 남자 두 명이 대형 트럭을 몰고 왔다. 기본
비용은 시간당 70달러이고, 1회용 포장용품의 사용료는 모두 별도로 지
불했다.

이사하는 날 한 친구가 달려왔다. 이 친구(여자)는 먼저 트럭이 어마
어마하게 큰 것을 보고 깜짝 놀랐다. 나와 구주의 살림살이는 트럭의 한

모퉁이도 다 채우지 못했다. 그런데 친구는 미국과 중국의 차이를 알고 나서 또 한 번 놀랐다. 만약 중국이라면 여러 명이 와서 이사를 해준 다음 몇백 위안을 받은 후 해산할 것이다. 요즘은 중·미의 노동 비용의 차이를 비교하는 데 큰 관심이 없다. 왜냐하면 자주 봐온 까닭에 이제는 이상하지도 않기 때문이다. 일전에 베이징에 들렀을 때 외국인인 주중 외교관의 집에서 저녁을 먹은 적이 있다. 나는 그의 집에서 보모 세 명과 운전기사 두 명을 고용한 것을 보았다. 그래서 본국으로 돌아가도 이렇게 많은 사람을 고용할 수 있는지 물었다. 그러자 그 외교관은 기껏해야 한 명을 고용할 수 있다고 대답했다. 그런데 중국은 세계에서 인건비가 가장 싼 나라가 아니다. 비슷한 돈을 주면 다른 많은 나라의 경우 축구팀 하나를 고용할 수도 있다.

그러나 나는 다른 관점에서 이 일을 생각해보았다. 우리 집의 이사를 맡은 멕시코인이 미국에서 버는 돈은 시간당 20~30달러이다. 그러나 멕시코에서 이삿짐을 나른다면 미국의 4분의 1도 벌지 못할 것이다. 중국이라면 10분의 1도 어렵다. 시간당 2~3달러를 위안화로 환산하면 15~20위안 정도인데, 중국에서 이 금액은 벌이가 괜찮은 육체노동이다. 같은 일이 나라마다 보수가 제각기 다르다는 것은 국제적으로 동일한 노동에 동등한 보수가 이뤄지지 않는다는 뜻이다. 한편 또 다른 관점에서 다음과 같이 생각해볼 수 있다. 완전히 동일한 기능으로 똑같은 일을 하는 멕시코인이 멕시코와 미국의 국경을 넘기만 하면 소득이 바로 갑절로 늘어난다. 왜 그럴까?

이 차이는 멕시코인의 노력과 재능, 공헌과는 아무런 관련이 없다. 세계 어느 곳에서나 이삿짐 나르기는 단순한 육체노동이다. 정확히 말하면 이삿짐을 날라 미국에서 많은 돈을 버는 것과 이삿짐을 나르는 일 자체와는 직접적인 관계가 없다. 이삿짐을 날라 미국에서 많은 돈을 벌 수 있는 이유는 바로 미국이란 나라에는 창의적이고 재능이 있으며 생산성이 뛰어난 사람이 창출할 수 있는 부와 산출량이 상당히 크기 때문이다. 부를 창출하는 사람들의 능력이 직간접적으로 작용한 결과 가장 단순한 일을 하는 사람도 다른 나라에서보다 더 많은 돈을 벌 수 있는 것이다. 다시 말해 많은 사람의 수입이 증가하는 것은 사실은 그들 자신의 능력 때문이 아니라 자신과 아무런 관련이 없는 사람들의 노력과 창조 활동 덕분이다.

따라서 미국에서 이삿짐 나르는 일을 하는 멕시코인이 미국에서 고소득을 올리는 것을 당연하다고 생각해서는 안 된다. 그들이 고소득을 올릴 수 있는 것은 다른 사람의 노력이 있었기 때문이며, 또 미국의 국경이 완전히 개방되지 않았기 때문이다. 만약 미국이 멕시코와의 국경지대를 열어젖힌다면 이삿짐을 나르는 일은 수입이 빠르게 감소할 것이다. 왜냐하면 멕시코인이 미국으로 대거 몰려올 것인데, 이삿짐을 나르는 일은 기술적으로 진입 장벽이 없어 누구나 할 수 있기 때문이다.

이렇게 많은 이야기를 하는 이유는 중국의 상황을 설명하기 위해서다. 적지 않은 중국 사람이 소득이 지속적으로 증가하는 것을 당연한 것으로 알지만 소득이 왜 증가했는지에 대해서는 한 번도 생각해보지 않았다. 대다수 사람은 수년 동안 자기발전을 꾀하지 않아 기능적으로도 변화가 없다. 그런데도 수입은 계속 늘어야 한다고 생각하는 것이 이상하지 않은가? 수입이 조금만 늘지 않아도 바로 불평불만이 가득한데, 대체 무슨 근거로 이런 것일까? 중국의 노동 시장은 미국-멕시코의 국경을 개방한 미국과 상황이 흡사하다. 내가 남보다 뛰어나지도 않고 아무도 대신할 수 없는 기능도 갖추지 못했다면, 매년 수많은 사람이 새롭게 노동시장에 뛰어들어 누구든지 나를 대신해 일할 수 있다. 아무도 대신할 수 없는 자기만의 기능이 없는 사람이 소득이 늘지 않거나 혹은 소득의 증가 속도가 느린 것은 당연하다. 오히려 이들의 소득이 갈수록 빠른 속도로 늘기만 한다면 문제가 있다. 이는 대부분 독점적인 국영기업처럼 진입 제한이 있는 곳에서 일하고 있음을 말해준다.

멕시코인들은 8시간 동안 작업하여 이삿짐을 모두 새집으로 옮겼다. 이들이 한 번 이삿짐을 날라 버는 돈은 중국에서 한 달간 이삿짐을 날라 버는 돈보다 훨씬 많다. 이들이 돌아갈 때 나는 또 적지 않은 액수의 팁을 주었고 한 사람당 맥주 한 캔씩 건넸다. 「쇼생크 탈출」에서 본 장면이 생각났기 때문이다. 영화에서 죄수들은 하루 종일 육체노동을 한 다음 옥상에 앉아 시원한 맥주가 주는 기쁨을 누렸다. 나는 힘든 육체노동을 한 적이 없다. 그렇지만 하루 종일 고된 일을 하고 맥주를 한잔 마시면 기분이 정말 좋을 것 같다.

공평과 불공평

중국에서 최하위 소득 계층인 농민이 소득분배의 격차에 대해 불만이 가장 적고 미래를 가장 낙관하며
시장을 가장 신뢰하고 정부가 소득 재분배에 나서는 것을 가장 바라지 않는다.

　　하버드대학교 경제학 교수 맨큐의 블로그는 경제학 분야에서 상당히
유명한 블로그다. 이 블로그의 어느 글에서 맨큐는 미국 정치평론가인
피 제이 오러크 P. J. O' Rourke 가 미국 자유주의의 싱크탱크격인 케이토연
구소 CATO Institute 의 잡지에 기고한 글을 인용했다.

　　나에게 열 살짜리 딸이 있다. 내 딸은 "그건 불공평해요"라고 늘 말한
다. 그럴 때마다 나는 이렇게 일러준다. "애야, 넌 정말 귀엽구나. 그런
데 이건 불공평하단다. 우리 집이 정말 잘사는데, 이것도 불공평하구나.
네가 미국에서 태어났는데, 이건 더 불공평하단다. 애야, 넌 하느님에게
모든 것을 공평하게 바꾸어놓지 말라고 기도하는 게 좋겠다."

　　이 이야기를 듣고 나서 숱한 일이 머리를 스쳤다. 다음에 할 말은 얼
핏 생각하면 제각각이라서 오러크의 이야기와 직접적인 관계가 없는 것

같지만 하나하나 짚어볼 만하다.

1

　왕샤오보王小波가 쓴 책 중 『침묵하는 대다수沈默的大多數』는 이 세상 사람 중 대다수가 침묵하고 있어 그들의 목소리를 들을 수 없다는 메시지를 전한다. 중국에서 인터넷이 여론 형성에 미치는 영향과 네티즌이 대부분 도시에 거주한다는 사실, 그리고 중국에는 아직도 다수가 참여하는 정치제도가 없다는 현실 때문에 '침묵하는 대다수' 현상이 중국에서 훨씬 두드러진다. 하버드대학교의 어느 사회학 박사는 논문에서 다음과 같이 지적했다. 중국에서 최하위 소득 계층인 농민이 소득분배의 격차에 대해 불만이 가장 적고 미래를 가장 낙관하며 시장을 가장 신뢰하고 정부가 소득 재분배에 나서는 것을 가장 바라지 않는다. 생각해보면 우리가 늘 들어온 불만의 목소리는 대부분 네티즌의 것이며, 최하위 소득 계층인 농민은 오히려 침묵하는 대다수에 속한다. 앞서 언급한 이야기를 빌려 재구성하면 이렇게 말할 수 있다. "도시의 네티즌과 하우스푸어들이여, 당신들이 인터넷에 접속할 수 있는 건 불공평하다. 당신들이 몇십만 위안을 대출받아 집을 살 수 있는 것도 불공평하다. 당신들이 도시에 사는 것은 정말 불공평하다. 당신들은 하느님에게 모든 것을 공평하게 바꾸어놓지 말라고 기도하는 게 좋겠다."

2

결혼 1주년을 맞아 나와 구주는 불꽃놀이를 하며 자축하기로 했다. 당시 우리가 살던 매사추세츠 주는 허가 없이 불꽃놀이를 하는 것을 금지했다. 그래서 우리는 북쪽으로 한 시간가량 차를 몰아 '자유가 없으면 죽음을 달라'는 뉴햄프셔 주에 가서 허가를 받지 않고 불꽃놀이를 즐겼다. 저녁에 우리는 향토 음식점에서 저녁을 먹었는데, 메뉴에 적힌 음식은 모두 '향토 음식'이었다. 나와 구주는 큰돈을 쓰지 않았는데도 생선, 새우, 빵, 으깬 감자, 콩, 튀김 등 차려진 음식을 다 먹지 못했다. 식탁 위에 음식이 많이 남은 것을 보자 양심의 가책을 느꼈다. 그래서 한 입 베어 문 빵을 들고 구주에게 말했다. "인류의 식량 생산 능력은 이미 이 세상 사람들이 모두 굶주리지 않아도 될 정도로 충분하지만, 세상에는 아직도 수억 명이 배부르게 먹지 못하고 있어. 한 국가의 정부가 얼마나 나쁜 짓을 해야 자기 국민이 배를 곯게 되는 걸까?" 이 세상은 현실적으로 불공평하다. 미국에서 태어난 아이와 아프리카의 일부 국가에서 태어난 아이는 날 때부터 완전히 다른 운명을 만나게 된다.

3

머릿속에서 존 롤스가 말한 '무지의 베일'이 떠나지 않는다. 하느님이 사람을 만들어 등에 낙하산을 메어주며 어느 곳에서 태어나게 했다. 그래서 바람에 이끌려 지구에 오게 되었다. 이때 미국인이 될 수도 있고 중국인이 될 수도 있다. 사실 이 세상 어느 나라의 어느 가정에서도 태어날 수 있다. 나는 나 자신의 '무지의 베일'을 벗기 전에, 즉 내가 중국인이 될 것을 알기 전에, 그때의 나는 국적도 피부색도 성별도 없었다. 다시 말해 어떤 신분도 지니지 않았다. 비행기에서 낙하산으로 뛰어내리기 전에 나는 어디에 떨어지고 싶어 했을까? 나는 그래도 중국이라고 생각한다. 왜냐하면 중국과 중국 정부를 누가 어떻게 비난하든 확률적으로 보면 중국에서 태어나는 것, 특히 1978년 이후의 중국에서 태어나면 모든 태아 중에서 상당히 행복하다고 줄곧 생각해왔다. 어찌 보면 미얀마나 짐바브웨와 같은 나라에 태어날 확률이 스웨덴이나 스위스에 태어날 확률보다 훨씬 높다. 북아메리카와 서유럽에 비해 이 세계에는 아프리카, 남아시아, 라틴아메리카 혹은 중앙아시아에 사는 사람이 훨씬 많다. 만약 하느님이 내게 지구의 어느 나라에나 태어나는 것과 중국인으로 태어나는 것 중 하나를 선택하라고 한다면, 나는 후자를 택할 것이다. 생명 탄생이 일종의 도박이라면 중국에서 태어나야 적어도 작은 성공이라도 얻게 된다.

4

나는 사람들이 마치 역사상 가장 끔찍한 암흑기를 살아가는 것처럼 감정적으로 정부를 욕하는 것을 좋아하지 않는다. 이렇게 하는 것은 역사나 사실을 존중하지 않는 것일 뿐만 아니라, 정말 못된 정부가 어떤 나쁜 일을 할 수 있는지 모르는 것이다. 나는 이런 사람들에게 다음과 같이 일러주고 싶다. "애야, 넌 먹고 입을 걱정을 하지 않아도 되는데, 이건 불공평하구나. 네가 사는 국가가 빠르게 발전하는데, 이것도 불공평하단다. 희망이 많은데도 여전히 불평을 하는데, 이건 더 불공평해. 애야, 네가 믿는 신에게 모든 것을 공평하게 바꾸어놓지 말라고 기도하는 게 좋겠다."

제13장

시장의 역설

좌파와 우파는 이 세상에 존재하는 불평등에 대해 다르게 해석할 때가 많다. 좌파는 사회가 불공평하며 특히 기회가 불공평하게 주어지기 때문에 불평등이 생겨난다고 말한다. 반면 우파는 인간은 모두 본래 평등하다고 강조한다. ''용은 용을 낳는다'와 빈곤의 함정'에서는 좌파와 우파의 서로 다른 시각에서 같은 문제를 바라보았다. 왜 고소득층 자녀일수록 시험 성적이 좋을까?

텐자옌 국장局長 사건은 중국만의 독특한 현상일 수 있다. 담배가 자신뿐만 아니라 타인에게도 해롭다는 사실은 모두 잘 알고 있다. 따라서 오바마 대통령도 백악관에서 자유롭게 담배를 피울 수 없다. 그런데 중국에서는 많은 사람이 텐자옌을 사치품으로 생각해 사람들 앞에서 과시하려고 한다. 텐자옌이 출현하게 된 사회적 배경은 복잡하다. 따라서 금지령 하나만으로 심층적인 문제를 해결할 수는 없다. 그렇지만 '텐자옌 거래를 금지하라'에서는 텐자옌의 거래를 금지해도 부작용이 나타나지 않음을 논증하려고 했다.

중국이든 미국이든 의료개혁은 뜨거운 화제이다. '의료서비스는 필수품인가 사치품인가?'에서는 어떤 방식의 의료개혁도 어느 국가에서든 어떤 측면에서는 어려운 일임을 설명하려고 했다. 의료서비스는 필수품으로

서의 성격이 있기 때문에 따라서 분명히 보편적인 권리이다. 그런데 의료서비스가 지닌 사치품으로서의 성격은 의료서비스는 보편적인 권리가 될 수 없다고 말한다.

  '범죄조직의 근심'을 쓰게 된 배경은 다수의 분석가가 달러는 더 이상 안전하지 않기 때문에 달러의 보유액을 줄이고 다른 통화의 보유를 늘려야 한다고 주장하는 바를 검토했다. 농담 반 진담 반으로 이야기하면 조폭 사회가 달러를 계속 보유한다면 지금 우리의 걱정은 시기상조이다.

  '돈인가 생명인가?'에서는 의료서비스가 사치품이 된 일면을 강조했다. 의료기술이 발전하면서 전에는 치료가 불가능했던 많은 병을 완치할 수 있게 됨과 아울러 치료비가 나날이 치솟고 있다. 이 글의 제목만 보면 겁을 주려는 것 같지만 사실 과거 몇십 년 동안 의료산업이 발전하면서 사람들이 어쩔 수 없이 고려해야 할 문제가 되었다.

1

'용은 용을 낳는다'와
빈곤의 함정

•

똑똑한 사람일수록 돈을 더 많이 벌 수 있으며 더 똑똑한 아이를 낳아 기른다.
그러면 그 아이는 시험 성적이 자연히 더 높을 것이다. 따라서 여기서의 인과관계는 소득이 높아서
아이의 성적이 더 좋은 것이 아니라, '부모가 똑똑해서 아이가 똑똑할 수 있다'는 것이다.

[표 13-1]은 미국의 블로거 사이에서 많은 논쟁을 불러일으켰다. 사실 이 표는 매우 간단한 사실을 반영하고 있다. 즉 부유한 가정의 학생일수록 SAT(미국의 대입 수학능력 시험이라고 할 수 있음) 성적이 더 높다.

하버드대학교의 맨큐 교수처럼 미국의 우파적 견해를 대표하는 평론가는 보수주의자가 좋아할 만한 정형화된 해석을 내놓았다. 중국식 표현을 빌리면, '용은 용을 낳고, 봉황은 봉황을 낳으며, 쥐가 낳은 새끼는 구멍을 잘 뚫는다龍生龍, 鳳生鳳, 老鼠生兒會打洞'이다. 다시 말해 똑똑한 사람일수록 돈을 더 많이 벌 수 있으며 더 똑똑한 아이를 낳아 기른다. 그러면 그 아이는 시험 성적이 자연히 더 높을 것이다. 따라서 여기서의 인과관계는 소득이 높아서 아이의 성적이 더 좋은 것이 아니라, '부모가 똑똑해서 아이가 똑똑할 수 있다'는 것이다. 이론적으로 맨큐의 말이 틀리지

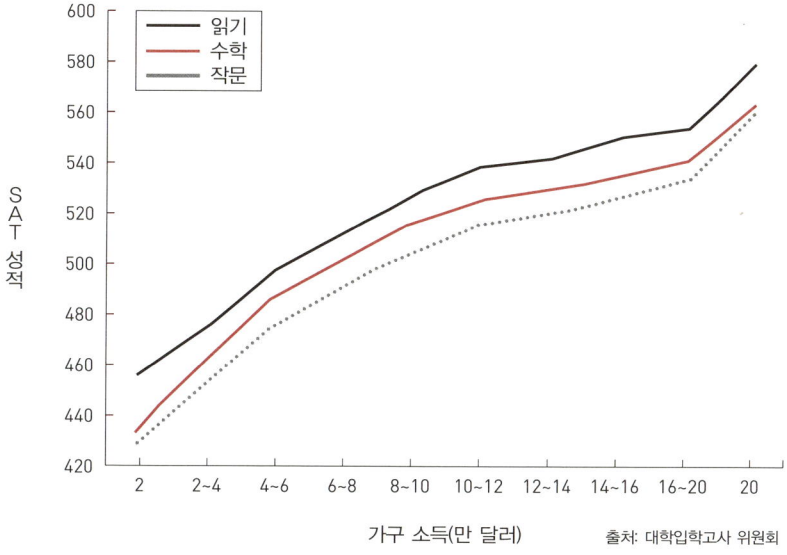

[표 13-1] 가구 소득과 SAT 성적

출처: 대학입학고사 위원회

않았으며, 맨큐가 제시한 이유를 뒷받침할 만한 근거도 있다. 어떤 연구자들은 입양된 아이의 시험 성적을 전문적으로 연구했다. 왜냐하면 입양된 아이들은 양부모의 DNA가 없기 때문이다. 만약 맨큐가 제시한 이유가 옳다면 입양된 아이들에게는 이 표에서의 현상이 나타나서는 안 된다. 이 추정은 통계에서 사실로 입증되었다. 좌파적 평론가들은 이런 해석을 좋아하지 않는다.

예컨대 프린스턴대학교의 폴 크루그먼 Paul Krugman 교수가 대표적이다. 크루그먼은 자신의 블로그에 '유전, 환경, 그리고 정의'라는 글을 게시해 견해를 밝혔다. 여기서 크루그먼은 진보주의자가 좋아할 만한 해석을 내놓았다. 저소득층 가정의 아이는 더 열악한 환경에서 생활하기 때문에 교육의 질이 떨어지는 학교에 다닐 수밖에 없다. 또 부모도 아이들에게 더 많은 관심을 쏟을 수 없기 때문에 이 아이들은 기회를 제대로 얻지 못해 앞으로의 시험 성적에 큰 영향을 받게 된다. 또한 이러한 부정적인 영향이 서로 영향을 주어 이른바 '빈곤의 함정 Poverty Trap'에 빠지게 된다. 즉 부모가 가난하면 아이가 가난을 물려받을 수 있다는 설명이다. 이는 하나의 이론이며 이 설명을 뒷받침하는 근거도 있다. 발전경제학에서 '빈곤의 함정'에 대한 연구가 많이 이뤄졌다. 일부 연구 결과에 따르면 부모가 지능지수가 낮지 않아도 미국의 저소득층 아이들은 뒤처질 수 있다. 다시 말해 저소득층 아이들이 성적이 나쁜 이유는 꼭 지적 능력이 떨어지기 때문만은 아니다.

좌파와 우파 중 누가 옳고 누가 그른 것일까? 아마도 그들은 모두 사안의 한 면만 바라본 것 같다. 때로는 부인할 수 없는 한 가지 사실을 둘러싸고도 전혀 다른 해석이 가능하다. 왜냐하면 사람마다 강조하는 점이 다르기 때문이다. 좌파와 우파의 관점을 자세히 들여다보면 양측의 주장에 어떤 모순도 찾을 수 없다. '용이 용을 낳는 것'과 '빈곤의 함정'은 완전히 병존할 수 있다. 다만 각자 자신이 더 좋아하는 관점을 선택했을 뿐이지 옳고 그름을 따질 수는 없다.

2
톈자옌 거래를 금지하라

•

톈자옌은 과시용 소비품일 뿐만 아니라 자신이나 타인에게 모두 해를 끼치는 낭비이다.

시장에서 공급과 수요가 모두 있는 상품이라면 아마도 필요한 물건일 것이다. 이런 물건의 거래를 금지하기는 아주 어려울 것이다. 혹 금지가 가능하더라도 부작용이 생겨난다. 톈자옌天價煙, 중국의 고가 담배 중 한 종류로 선물용으로 널리 쓰인다 거래를 금지하려고 생각할 때 이는 내가 자신에게 경고했던 내용이다. 그렇지만 앞서 이야기한 것처럼 '존재하는 것은 합리적이다'라는 생각이 꼭 옳은 것은 아니라는 사실을 스스로 상기했다. 인류는 마약과 아동 노동을 금지했다. 금지의 효과가 어떤지에 대해 논의를 계속할 수 있지만, 금지 자체에 대해선 사람들이 대부분 찬성하고 있다.

지금부터 내가 톈자옌의 거래를 반드시 금지해야 한다고 말한 이유를 설명하겠다. 먼저 중요한 가정을 하나 세우겠다. 톈자옌은 근본적으로 남에게 과시하고자 하는 소비품이지, 품질이 뛰어나거나 생산 방법이 까다롭다거나 아니면 다른 비용이 많이 들어 가격이 비싼 것이 아니다. 나는 담배업체가 톈자옌을 생산, 판매해서 얻는 이윤율이 정상적인 범주를 훨씬 넘어섰을 것으로 확신한다. 누군가 톈자옌을 생산해 얻는 세전 이익률이 500퍼센트 혹은 1000퍼센트라고 말해도 나는 절대로 놀라지 않을 것이다.

물론 톈자옌만 과시용 소비품이 아니며 많은 사치품이 이 같은 범주에 든다. 그런데 톈자옌만의 특수한 성질이 있다. 톈자옌은 우선 소모성 상품으로 한 보루(10갑)에 몇천 위안이다. 하루에 한 갑씩 피운다면 보름도 안 돼 다 피운다. 그리고 톈자옌은 담배를 피우는 사람은 사지 않고 산 사람은 피우지 않는 상품이다. 마지막으로 톈자옌을 피운다고 해도 개인이나 사회에 어떤 이점이 돌아가지 않고 오히려 해만 끼친다. 이런 면은 여러 사치품 중에서 톈자옌만 지니는 특수한 점이다.

솔직히 말해 톈자옌은 과시용 소비품일 뿐만 아니라 자신이나 타인에게 모두 해를 끼치는 낭비이다. 만약 자신이 직접 낭비한 돈과 그 결과까지 책임진다면 쓸데없이 큰돈을 써 스스로의 건강을 해친 꼴이므로 좋은 일이라고 할 수 없다. 그렇지만 참견할 이유도 없다. 돈을 허비하면서 톈자옌을 사는 사람은 흡연자가 아닌 경우가 많다. 타인과 자신에게 모두 손해를 끼치는 과시성 낭비를 하는 사람들은 대부분 헛되이 쓴 돈에 대해 책임지지도 않는다. 이들은 보이지 않는 가운데 이런 행위를 조장하고 있는 셈이다.

톈자옌 거래를 금지해도 많은 사람의 '일처리' 비용이 감소하지 않고 또 부패가 줄지도 않을 것이다. 톈자옌을 선물하지 않았다면 일을 처리하기 위해 다른 비싼 선물을 대신 보내야 한다. 톈자옌 거래를 금지한다고 해서 톈자옌을 피우는 사람들이 '과시'하고 싶어 하는 습성이 바뀌지도 않을 것이다. 톈자옌은 특별한 사회 환경을 배경으로 생겨났다. 톈자옌이 없었다면 또 다른 값비싼 물건이 그 자리를 대신해 사람들은 그것으로 자랑할 것이다. 그렇지만 아무리 생각해봐도 다른 사치품, 즉 설령 값비싼 월병, 값비싼 술자리, 값비싼 식초, 값비싼 이쑤시개라고 하더라도 톈자옌보다는 낫다. 이런 제품은 좋은 점도 별로 없지만 그렇다고 나쁜 점도 없다. 어쨌든 쓸데없는 물건을 사는 데 돈을 낭비하는 것이 해로운 물건을 사는 데 돈을 낭비하는 것보다는 낫다.

사람들이 톈자옌 거래를 찬성하는 몇 가지 이유를 생각해봤다. 첫째, 톈자옌은 적어도 정부의 세수를 늘려준다는 것이다. 그렇지만 내 생각에 톈자옌만 그런 것이 아니라 톈자옌이든 다른 사치품이든 모두 세수를 증대시킨다. 더군다나 톈자옌과 맞바꾼 것이 국가의 이익이거나 아예 공금으로 직접 구매한 사실을 고려한다면, 톈자옌 거래로 발생하는 (국가적) 손실이 세수상의 이익보다 훨씬 크다. 둘째, 톈자옌은 저우주경 周久耕, 2008년에 공금으로 톈자옌을 구입해 파면당한 난징시 장닝구 주택관리국장과 같은 탐관오리를 적발하는 데 도움을 준다. 그렇지만 내 생각에 이는 우연한 사건으로 재발할 가능성이 거의 없을 것이다. 다시 말해 담배만으로 부패한 공무원을 식별해낼 수는 없다. 셋째, 흡연으로 부패한 관리가 더 일찍 죽을 수 있는데, 이들이 일찍 사망하는 것이 늙어서도 죽지 않고 남의 도움을 받으며 사는 것보다 낫다는 것이다. 그렇지만 내 생각에, 부패가 톈자옌이 생긴 이후에 발생한 것은 아니다. 나이가 많은 부패한 관리가 사망해도 만약 공직 환경이 바뀌지 않는다면 젊은 부패 관료는 또 생겨날 것이다. 넷째, 대마초, 헤로인, 코카인 등을 금지했더니 더 유행했던 것처럼 톈자옌 거래를 금지하면 더 나쁜 '톈자옌'이 생겨날 것이라는 주장이다. 그렇지만 내 생각에 분명히 흡연보다 더 나쁜 것은 법률을 어기는 것으로 실제로 그다지 성행하지 않을 것이다. 다섯째, 많은 사람이 새해를 맞이해 직접 톈자옌을 구매하여 소비한다는 것이다. 그들은 이렇게 해야 비로소 체면이 선다. 또 일부 돈 있는 사람들은 좋은 담배를 피우고 싶어 한다. 우리는 이들이 소비할 권리를 빼앗을 수 없다고 주장한다. 그렇지만 내 생각에 흡연은 장려할 만한 일이 아니다. 따라서 돈이 있는 사람이나 체면을 중시하는 사람들은 의미 있는 다른 물건을 소비하는 것이 더 좋을 것이다.

톈자옌은 기본적으로 골치 아픈 문제로 나는 톈자옌이 생겨나게 된 근본 원인을 바꿀 수 없다는 것을 잘 안다. 그러나 톈자옌은 사실상 나쁜 점만 있고 좋은 점은 없어 보인다. 따라서 쓸데없이 돈을 쓰게 만드는 해로운 장난감의 거래를 금지하는 것은 나쁘지 않다.

3

의료서비스는
필수품인가 사치품인가?

•

의료서비스가 복잡한 것은 필수품과 사치품으로서의 이중성을 갖는 의료서비스의
경계가 모호한 데 있다. 개복 심장수술은 필수품일까 아니면 사치품일까?
치료를 받는 환자의 입장에서는 필수품 같지만 비용을 고려하면 사치품이 될 수 있다.

경제학에서는 상품을 필수품과 사치품으로 나눈다. 학문적으로 이야
기하면 필수품은 소득탄력성 소득이 변화하면 소비재 수요가 변화하는데, 이때 소득변화의 비율
로 수요량 변화의 비율을 나눈 몫이 1보다 작고, 사치품은 1보다 크다.

필수품은 말 그대로 반드시 있어야 하는 것이다. 예를 들어 먹는 음
식, 입는 옷이 그렇다. '필수'라는 두 글자에서도 알 수 있지만 소득이
적은 사람이 버는 돈은 대부분 필수품을 사는 데 쓰인다는 뜻도 된다.
유명한 엥겔의 법칙도 바로 이 현상을 설명한 것이다. 소득이 적을수록
식품 소비가 전체 소비에서 차지하는 비율이 더 크다. 한 국가와 이 나
라의 국민이 잘살게 되면 국민의 식품 소비 지출이 전체 지출에서 차지
하는 비율이 날로 줄어든다.

사치품은 말 그대로 사치스러운 것이다. 필수품과 반대로 부유할수록

사치품 소비가 늘어난다. 경제학에서 말하는 사치품과 일상에서의 사치품이 꼭 일치하지는 않지만 의미는 거의 같다. 부유할수록 사치품 소비의 비율이 높아진다.

이 세계에서 사치품이면서 필수품인 물건은 극히 드물다. 그러나 의료서비스는 필수품과 사치품으로서의 두 가지 성질을 모두 지니고 있다.

아프지 않은 사람이 없는 것을 보면 의료가 필수품인 것은 자명하다. 빈부의 차이, 남녀노소를 가리지 않고 사람은 병이 나면 의사에게 진료를 받고 약을 복용한다. 그렇지만 의료서비스가 사치품이라는 것도 거의 논쟁의 여지가 없는 사실이다. 수입이 늘어남에 따라 사람들은 자연히 건강에 돈을 더 투자해 더 좋은 의사를 만나고 더 나은 치료를 받으며 더 비싼 약을 찾는다. 소득이 적을 때는 그냥 넘길 병도 소득수준이 높아지면 의사를 찾아가 치료를 받는다. 또 삶의 질을 높이는 치료일 경우도 가난할 때는 생각조차 하지 않다가 잘살게 되면 시도해보기도 한다. 하나 더 얘기하자면 사람은 부유해질수록 더 오래 살고 싶어 하고 또 실제로 더 오래 살 수 있다. 오래 살고 싶어 하는 것과 오래 살 수 있는 것은 의료비가 크게 증가한다는 것을 의미한다. 의료와 관련된 기본적인 사실 중 하나로 의료비 지출이 많은 사람이 반드시 건강하지 않은 것은 아니라는 점이다. 왜냐하면 건강하지 않은 사람은 단명하기 때문이다. 반대로 오래 살 수 있는 사람들은 오래 살기 때문에 결국 의료비로 더 많은 돈을 지출해야 한다.

공공정책의 관점에서 보면 필수품으로서의 의료는 보장받아야 한다. 정부는 이 과정에서 중요한 역할을 할 수 있다. 그러나 사치품으로서의 의료를 반드시 보장받아야 한다고 말할 수는 없다. 특히 정부가 보장할 때 그렇다. 아주 적절한 비유는 아니지만 다음의 예를 보자. 사람들은 모두 가방을 필요로 한다. 따라서 정부는 가방을 사지 못하는 사람들에게 도움을 줄 수 있다. 그러나 정부가 루이비통 가방을 사지 못하는 사람까지 도와줄 필요는 없을 것이다. 의료서비스가 복잡한 것은 필수품과 사치품으로서의 이중성을 갖는 의료서비스의 경계가 모호한 데 있다. 개복開腹 심장수술은 필수품일까 아니면 사치품일까? 치료를 받는 환자의 입장에서는 필수품 같지만 비용을 고려하면 사치품이 될 수 있다. 더욱 어려운 사실은 돈이 있든 없든 병은 갑자기 찾아온다는 것이다. 다른 물건이라면 돈이 없으면 사지 않으면 된다. 그러나 가난한 사람도 치료하는 데 비용이 엄청나게 드는 병에 걸릴 수 있다. 이때 정부가 과연 어느 선까지 개입해야 하는가는 매우 어려운 문제다.

의료개혁 문제를 토론할 때 의료의 양면성 때문에 두 가지 어려운 상황이 발생했다. 보조를 줄이면 필수적인 부분이 충족되지 않고, 보조를 늘리면 모든 사람에게 루이비통 가방을 하나씩 지급하는 꼴이 된다. 이때는 정부의 재정으로 모두 감당할 수 없다. 하지만 많고 적음의 경계, 즉 무엇이 필수이고 무엇이 사치인지를 구분하기가 쉽지 않다.

물론 '많은 돈을 들이지 않아도 모든 사람이 충분한 의료서비스를 누릴 수 있는' 의료시스템이 있을 것으로 믿는 사람이 꼭 있다. 아마 가능할 것이다. 다만 지금까지 어느 나라도 이를 진정으로 실현하지 못했을 뿐이다.

범죄조직의 근심

•

범죄조직으로 흘러 들어간 자산은 상당 부분이 현금으로, 이 돈은 사람의 목숨과 바꾼 것이다.
그렇다면 그들이 현금이 휴지 조각이 되지 않을까 걱정하는 정도는
외환보유액을 관리하는 인사들보다 결코 뒤지지 않을 것이다.

영화 「타이타닉」을 보면 이런 장면이 나온다. 타이타닉호가 침몰하자 승객들이 하나같이 살려고 발버둥친다. 이때 한 승객이 "난 생쥐를 따라가겠어. 생쥐가 도망가는 쪽이 더 안전하거든"이라고 말한다. 나는 이 사람이 꽤 똑똑하다고 생각한다. 이런 경우 생쥐의 판단력이 사람보다 더 나을지 모른다.

이쯤에서 세상에서 달러가 휴지 조각이 되는 것을 가장 두려워하는 사람이 누구인지 묻고 싶다. 내 생각에 각국 정부는 아닐 것이다. 공무원이 관리하는 돈도 결국 그들 자신의 소유는 아니다. 가장 많이 걱정하는 사람은 마약 밀거래나 밀수, 그리고 범죄조직에 가담한 사람일 것이다.

범죄조직이 얼마나 많은 달러를 숨기고 있는지는 아마 절대로 알 수 없겠지만 추측은 가능하다. 관련 자료에 따르면 연방준비제도이사회가

발행한 달러화 지폐 중에서 범죄조직에 가담하지 않은 미국인과 미국 기업이 보유한 지폐는 약 10~15퍼센트이다. 그리고 40~50퍼센트는 미국 이외의 나라에서 유통된다. 행방을 알지 못하는 나머지 35~50퍼센트는 지하경제, 내 표현대로라면 범죄조직으로 흘러 들어갔다고 추산할 수밖에 없다. 구체적으로 말하면 1000억 달러에서 수천억 달러에 이르는 엄청난 규모이다. 이 크기는 중국이 보유한 달러 채권의 규모와 비슷하다. 미국 이외의 지역에서 유통되는 달러는 아마 상당액이 범죄조직으로 흘러갔을 것이다. 이 돈은 대부분 100달러짜리 지폐이다. 재미있는 사실 한 가지로 미국의 현금자동출납기에서는 100달러 지폐를 인출할 수 없다. 일반적으로 20달러가 가장 큰돈이며 주차장과 같은 많은 곳에는 100달러 지폐를 받지 않는다는 안내문이 붙어 있기도 하다. 미국에서 100달러 지폐를 쓰는 사람은 대개 두 부류이다. 막 미국에 온 외국인이거나 아니면 범죄조직의 일원이다.

돈세탁 기술이 날로 새로워지고 있지만 폭력조직은 재산 중 상당 부분을 현금으로 보유하고 있는 것으로 추측된다. 이제 많은 사람이 미 달러 표시 국채를 쓰레기로 생각한다고 해보자. 그런데 이 세상에는 미국의 국채보다 더욱 쓰레기 같은 자산이 있는데, 바로 달러 현금이다. 달러 표시 국채는 어쨌든 이자라도 조금 받을 수 있지만 현금은 전혀 그렇지 않다. 따라서 폭력조직은 매우 실질적인 '외환 보유'의 문제에 직면해 있다.

폭력조직에게 다른 선택이 전혀 없는 것은 아니다. 예컨대 500유로나 1만 엔처럼 액면가가 큰 대체 화폐가 분명히 있다. 사실 유로존_{Eurozone,} 유럽연합의 단일 화폐인 유로를 국가 통화로 도입하여 사용하는 국가나 지역을 통칭하는 말에서 500유로 지폐를 발행하기로 결정했을 때, 미국에서 지하경제가 500유로 지폐로 100달러짜리 지폐를 대신해서 사용하여 미국 정부의 화폐주조세 seigniorage, 화폐를 발행하는 것에 대해 부과하는 세금가 크게 감소할 수 있음을 우려하는 내용의 글을 발표한 사람이 있었다. 또 어떤 사람은 인플레이션은 지하경제에 세금을 부과하는 유일한 방법인데, 만약 지하경제에서 500유로 지폐를 사용하기 시작하면 유럽에서 이 세금을 거둬간다는 것을 논증하기도 했다.

어쨌든 범죄조직으로 흘러 들어간 자산은 상당 부분이 현금으로, 이 돈은 사람의 목숨과 바꾼 것이다. 그렇다면 그들이 현금이 휴지 조각이 되지 않을까 걱정하는 정도는 외환보유액을 관리하는 인사들보다 결코 뒤지지 않을 것이다. 또 그들에게는 자신의 '외환보유액'의 권종券種을 '다원화'할 수 있는 선택권이 확실히 있다. 만약 그들이 자산보유 방식을 다원화하지 않는다면 아마 그만의 이유가 또 있을 것이다.

이런 이유로 폭력조직은 타이타닉호의 생쥐와도 같다. 내가 좋아하는 재미있는 이야기가 하나 있다. 중국의 외환관리국은 공안부公安部, 중국 경찰에 정기적으로 전화해 최근에 대규모 마약사범이 어떤 화폐로 결제했는지 묻는다고 한다. 만약 달러를 계속 사용했다면 달러가 안전한 셈이다. 그러나 다른 화폐로 갑자기 바꾸었다면 외환보유고의 통화 구성을 재검토할 필요가 있다.

5

돈인가 생명인가?

•

병을 치료하지 못해 죽기만 기다리는 비참한 사연을 많이 알고 있다.
의학기술이 발전함에 따라 이런 비극이 갈수록 늘어나 결국 인류 전체의 문제가 될 것이다.

나는 의료개혁에 관심이 많다. 인류가 직면한 최대 경제 문제일 뿐만 아니라 가장 어려운 경제 문제라고 생각하기 때문이다. 또 경제 문제일 뿐만 아니라 많은 경우 철학적, 윤리적 문제이며 건강과 삶, 죽음과 직접적으로 관련이 있는 문제다.

의료는 단순한 경제 문제가 아니라 삶과 건강 문제와 관련되기 때문에 의료개혁은 경제와 윤리라는 두 가지 어려움에 직면하게 된다.

어떤 경제 활동이든 돈을 많이 투자했으나 돌아오는 수익이 적다면 대부분 시장에서 도태된다. 그런데도 이 활동을 지속한다면 나중에는 그 어느 것보다 비싸질 것이다. 의료행위 역시 이런 측면이 있다.

관련 자료를 간단하게 훑어본 결과, 최근 몇 년 사이에 미국인은 사망하기 직전 1년 동안 평생 지출하는 의료비의 20~30퍼센트를 사용한다는 사실을 알게 되었다. 사망하기 직전 1년 중에서 또 마지막 한 달 동안 그해 지출한 의료비의 40퍼센트를 사용한다. 만약 이 데이터가 정확하다면 많은 의료 자원이 임종 직전인 생사의 갈림길에서 사용되며 의료 효과를 보기 가장 힘든 사람들에게 쓰인다는 것을 의미한다. 윤리적인 관점에서 보면, 임종 직전인 사람에게 가능한데도 치료를 받아서는 안 된다고 말할 수 있는 이유는 전혀 없다. 그러나 경제의 관점에서 보면, 사실 엄청난 부담 때문에 많은 사람이 비용을 감당할 수 없고, 정부가 부담하기에도 그 어려움이 갈수록 커진다.

우리는 병을 치료하지 못해 죽기만 기다리는 비참한 사연을 많이 알고 있다. 의학기술이 발전함에 따라 이런 비극이 갈수록 늘어나 결국 인류 전체의 문제가 될 것이다. 왜 이렇게 말할 수 있을까? 의료기술이 발전하는 추세를 보면 더 선진화되고 더 비싼 방식으로 인간의 생명을 연장하기 때문이다. 예전에는 심장병을 치료할 수 없었다. 그래서 심장병에 걸린 사람은 조용히 누워 죽기를 기다리거나 혹은 기적이 일어나기를 바랄 뿐이었다. 아이젠하워 전 미국 대통령조차 심장병에 걸렸을 때 조용히 누워 있는 것 외에는 할 수 있는 것이 없었다. 옛날에는 장기이식을 하지 못해 장기가 기능을 멈추거나 쇠약한 사람은 역시 누워서 죽기를 기다리거나 기적이 일어나기를 바랄 뿐이었다. 이런 일로 사람들은 비탄에 빠졌다. 그런데 슬퍼하는 이유는 치료할 돈이 없기 때문이 아니라, 치료가 불가능해서 포기해야 하기 때문이다. 따라서 어떠한 윤리적인 문제도 발생하지 않았다.

그러나 지금은 사정이 달라졌다. 심장병에 걸렸거나 장기가 쇠약한 사람이 병석에 누워 있을 수밖에 없다면 그야말로 비참한 일이다. 왜냐하면 근본적으로 치료는 가능하지만 돈이 없어 치료를 못 받는 것이기 때문이다. 이는 윤리적인 문제가 된다. 의료기술이 발달하여 과거에는 불가능하던 일이 점점 더 가능해지는 오늘날, 인류는 또 다른 문제에 직면하게 되었다. 우리는 과연 의료서비스에 어느 정도의 돈을 써야 하는 것일까?

윤리와 경제 사이의 문제를 시시비비로 가릴 수는 없다. 그러나 의료문제에 있어 양자 간의 갈등은 피할 수 없다. 게다가 의료기술이 발전함에 따라 이러한 갈등은 날로 첨예해지고 있다. 우리는 돈이 먼저인가 생명이 먼저인가라는 질문에 조만간 대답을 해야 한다. 인류는 특히 의료시스템을 구축할 때 반드시 절충안을 찾아야 한다. 그렇게 하지 않으면 의료시스템이 무너져 돈도 잃고 사람까지 잃을 수 있다.

THE

WORLD

IN A

GRAIN

OF SAND

제4부

경제학과 시장
그리고 정부의 한계

제14장

시장과 정부 모두
통제력을 잃다

'지나치게 간여하는 정부'는 황당한 뉴스에서 시작된다. 미국 정부는 전혀 중요해 보이지 않는 일까지 쓸데없이 참견하는 것처럼 보인다. 그러나 실제로는 일이 그렇게 간단하지 않다. '시장의 야간 경비인'인 정부의 책임은 무엇일까? 무엇이 쓸데없는 일이고 또 무엇이 그렇지 않은 일일까? 현대사회에서 양자의 경계는 상당히 모호하다.

'전자폐기물의 체르노빌'에서는 산터우 구이위전 마을의 이야기를 주로 서술했다. 중국에서는 관련 내용이 잘 보도되지 않는다. 그렇지만 이 사례는 시장이 실패했음을 보여주는 전형적인 사례이다.

시장화 개혁 과정에서 과거에는 경계가 뚜렷하지 않았던 재산권 문제가 불거졌다. 조종사와 항공사 간에 갈등이 빈번한 이유는 조종사의 비행 기술이 누구에게 귀속되는가에 대해 의견이 서로 다르기 때문이다. '조종사 스카우트 제도'에서는 재산권의 소유자를 추인 追認해 시장이 정상적으로 운용되도록 하는 '소는 잃었지만 외양간은 고치기'식의 방법을 제안했다.

미국에 온 사람이라면 누구나 미국이 야드파운드법 영국과 미국에서 사용하고 있는 도량형 단위계 을 아직도 사용하고 있는 것에 머리가 아플 것이다. 세계 최대의 강대국인 미국이 세계의 다른 나라와 상이한 도량형을 사용하고

경제, 디테일하게 사유하기

있다. '미국은 진시황이 필요하다'에서 이 문제를 다루었다.

중국의 이웃 나라인 북한이 2009년 말에 화폐개혁을 단행했다. 세계와 단절된 북한이 개혁을 하게 된 동기를 파악하기는 어렵다. 그렇지만 경제학의 논리를 북한에 적용하면, 그곳의 경제 담당자가 경제의 법칙을 부정하려고 했던 것을 알게 된다. 관련 보도가 사실이라면, 이번 화폐개혁이 북한에 재난과도 같은 결과를 가져올 것이라는 추측을 담은 '북한의 몰수식 '화폐개혁''은 과장된 주장이 아니다. 다행인지 불행인지 그 추측이 맞았다.

'승패가 불분명한 먼델과 크루그먼'에서는 환율제도에 대해 완전히 상반된 두 관점을 소개했다. 유로화의 창시자인 먼델은 고정환율제를 선호한다. 그러나 크루그먼은 '고정환율제가 왜 통화위기에 취약한지'를 분석해 유명해졌다. 두 사람은 스승과 재전제자의 관계이며, 둘 다 노벨상 수상자이다. 그러나 그리스 위기를 놓고 두 사람의 관점이 정면충돌했다.

1

지나치게 간여하는 정부

·

자유주의자는 정부가 없더라도 시장이 정보와 신용의 부재를 자발적으로 보완할 수 있다고 논증한다.

내 생각에 막상 이렇게 했을 때 특히 단기적으로 문제가 발생하는 것을 피할 수 없을 것이다.

시장이 실패했을 때의 결과는 미국에서 버나드 메이도프의 폰지사기나

여러 식품 파동처럼 정말 모두가 공포에 휩쓸리게 된다.

예전에 재미있는 기사를 본 적이 있다. 미국의 어느 가정주부가 좋은 뜻에서 이웃집을 도왔다. 이웃집 아이의 부모가 출근하면 아이를 자기 집에 잠시 데리고 있다가 스쿨버스가 오면 차에 태워 학교에 보낸 것이다. 이처럼 간단한 착한 일을 해주었으나 최근 이 여성은 귀찮은 일을 겪게 되었다. 현지 정부가 편지를 한 통 보내 그녀의 선행이 위법행위라고 알려줬던 것이다. 왜냐하면 이 일은 무허가 유치원을 개설한 것으로 불법이기 때문이다.

많은 사람이 미국 정부가 쓸데없는 일에 지나치게 간여한다고 생각한다. 기본적으로 나 역시 비슷한 생각이다. 그러나 한편으로 이 일이 그렇게 간단하지만은 않다고 본다. 이 여성은 돈을 받지 않았으므로 '유치원을 개설'한 것으로 볼 수 없다고 이의를 제기하는 사람도 있을 것이

다. 그러나 이러한 주장은 설득력이 떨어진다. 돌팔이 의사가 돈을 받지 않았다고 해서 돌팔이 의사가 아니라고 말할 수 없지 않은가? 또 정부가 개인의 자유를 간섭한다고 강력하게 반발하는 사람이 있을 수도 있다. 이웃 간에 서로 원해서 한 일이고 또 다른 사람에게 어떤 나쁜 영향도 주지 않았으므로 정부가 나서서 간섭할 이유가 전혀 없다는 주장이다. 여기서 나는 미국 정부를 변호하려는 것이 아니라 단지 이 사건이 왜 이렇게 복잡한지 설명하고자 한다.

오늘날의 시장경제는 과거의 소농경제와 크게 다르다. 그중 하나로 지금의 시장경제는 개인 간의 직접적인 상호작용에 크게 의존하지 않는다는 점을 들 수 있다. 간단한 예를 들어보자. 우리가 슈퍼마켓에서 우유를 하나 살 때 누가 우유를 짰는지 누가 우유팩에 담았는지 누가 슈퍼까지 운반했는지 전혀 알 필요가 없다. 그저 한 손으로 돈을 내고 다른 손으로 물건을 받아오면 된다. 사람과 사람 간의 직접 거래가 사라지고 이미 돈과 물건의 교환으로 완전히 대체된 결과 경제의 효율이 크게 높아졌다. 연필 한 자루를 생산하기까지 수백 가지 공정이 필요하고 수십 개 나라에서 실어온 원자재를 사용한다. 그러나 이 과정에 참여하는 사람들은 서로 전혀 대면하지 않고도 모든 과정에서 협력할 수 있다.

그렇지만 소농경제나 상대적으로 폐쇄적인 마을은 상황이 다르다. 마을에는 대장장이 장 씨, 도축업자 왕 씨, 재단사 이 씨, 요리사 자오 씨 등 각 분야에 각각 한 명밖에 없다. 따라서 교류를 하고 교역을 하는 사람을 모두 서로 알고 지내야 한다. 만약 홍사오러우_{紅燒肉, 돼지고기를 살짝 볶은 다음 간장을 넣어 다시 익힌 요리}가 먹고 싶다면 반드시 도축업자인 왕 씨에게 삼겹살을 사야 한다. 다음 날 집을 나서면 마을 사람들이 여러분이 어제 왕

씨네에서 삼겹살을 산 것을 알고 홍사오러우 맛이 어땠는지 물을 수 있다. 이 예가 조금은 극단적일 수 있다. 그렇지만 소농경제의 내용을 그대로 담고 있다.

소농경제에서는 정부가 경제와 교역을 왜 통제하는지 이해하기가 힘들 것이다. 소농경제는 자발적인 방식의 제한된 거래가 수없이 많고, 정보가 충분하고 적절하게 전달되며 서로 신용이 있다. 만약 도축업자인 왕 씨가 털이 있는 돼지고기를 팔았다면 마을 사람들이 모두 이 사실을 알게 되므로 왕 씨는 체면 때문에 그렇게 하기가 힘들다. 따라서 도축업자는 털 있는 돼지고기를 팔아서는 안 된다는 정부의 규제가 전혀 필요하지 않다.

그러나 오늘날의 시장경제는 교역의 비인간화 현상 때문에 정보가 제대로 전달되지 않으며 신용도 부족하다. 멜라민 우유 파동과 같은 사건은 소농경제보다 정부의 통제를 받지 않는 오늘날의 시장경제에서 더 쉽게 발생한다. 중간 과정이 너무 많아 독을 넣는 사람은 독을 먹게 될 사람을 전혀 알지 못한다. 순서를 바꾸어 말해도 마찬가지다. 이때 만약 정부가 관리하지 않으면 누구에게 책임을 물어야 할지조차 파악하기 어려워진다. 제품의 품질 기준을 제정해 추적조사를 하는 식으로 정부의 수많은 통제는 모두 시장정보와 신용의 부재 현상이 나타나는 것을 어느 정도 예방하고 있다. 자유주의자는 정부가 없더라도 시장이 정보와 신용의 부재를 자발적으로 보완할 수 있다고 논증한다. 내 생각에 막상 이렇게 했을 때 특히 단기적으로 문제가 발생하는 것을 피할 수 없을 것이다. 시장이 실패했을 때의 결과는 미국에서 버나드 메이도프의 폰지 사기나 여러 식품 파동처럼 정말 모두가 공포에 휩쓸리게 된다. 시장은 멜라민, 쓰레기 기름, 쑤단훙蘇丹紅, 화학 염색약의 일종 파동을 막아내지 못했을 뿐만 아니라 오히려 이러한 일이 발생하도록 조장했다.

이제 처음의 이야기로 되돌아가보자. 사실 이 사건은 오늘날 시장경제 안에서의 소농경제에 해당된다. 이 구체적인 사건은 정부가 쓸데없이 나서서 지나치게 간섭하는 것처럼 보인다. 이웃 간에 신뢰가 형성되었으므로 정부가 사족을 더할 필요가 전혀 없기 때문이다. 그렇지만 이 때문에 정부가 무허가 유치원을 규제할 필요가 전혀 없다고 확대해석해서는 안 된다. 장기적으로 시장은 유치원이 좋은지 나쁜지 분명히 구별해낼 것이다. 그러나 단기적으로, 특히 변화가 심한 사회에서 적절한 수준의 정부 규제는 매우 필요하다. 예컨대 유치원이 일정한 위생 조건을 갖추어야 한다고 규정할 수 있는 것이다. 문제가 복잡한 이유는 정부의 규제 한계를 어느 선에서 정해야 하는가 때문이다. 어떤 유치원은 규제하고 어떤 유치원은 규제할 필요가 없는 것일까? 경계선을 어디에 그어야 할지 쉽지 않다. 규제가 많으면 쓸데없는 일에 지나치게 간섭하는 상황이 빚어진다. 또 규제가 적으면 직무유기가 될 수 있다.

때로 정부 역할의 한계선을 정하는 것이 시장의 한계를 상정하기보다 더 규정하기가 어렵다.

2

전자폐기물의 체르노빌

•

벼랑 끝에 몰린 사람이 절망스러운 일을 하는 것은 시장원칙에는 부합하지만 기본적인 사회윤리와
사회의 공정성에는 부합하지 않는다. 사람은 모두 가장 기본적인 존엄과 권리를 누릴 수 있어야 한다.
물론 사회와 경제 조건의 차이로 인간의 기본적인 존엄과 권리에 대한 정의나 의미가 달라지기는 한다.

미국 CBS 방송의 「60분」은 오늘날 세계에서 가장 유명한 텔레비전 뉴스 프로그램일 것이다. 매주 일요일 저녁에 1시간 동안 방송한다고 해서 「60분」이 되었다. 「60분」은 2009년과 2010년 두 차례에 걸쳐 '쓰레기장(문학적으로 표현하면 황무지)'에 대한 상당히 놀라운 사실을 보도했다. 「60분」은 미국의 전자쓰레기가 어떻게 홍콩을 거쳐 중국 내륙으로 밀반입되는지, 특히 산터우의 구이위전貴嶼鎮에서 가장 원시적인 방식으로 어떻게 분해되는지 보도했다. 쓰레기 중 쓸 만한 부품은 회수하고 다량의 중금속이나 유독물질이 포함된 나머지 부분은 간단하게 매립하거나 소각한다. 이 때문에 조그만 마을인 구이위전은 지구에서 가장 오염된 곳이 되었다. 그래서 「60분」에서는 구이위전 일대를 '전자폐기물의 체르노빌'*이라고 불렀다. 이 지역의 아이들은 체내에 쌓인 수은 함

량이 정상 수치보다 몇 배나 높고 여성의 유산 비율이 기형적으로 높으며 암 발병율도 놀라울 정도이다.

이 사건이 한층 복잡한 이유는 모든 과정이 불법이며 동시에 중국 내륙, 홍콩, 그리고 미국의 세 지역에서 법규를 모두 위반했음에도 불구하고 세 지역에서 모두, 특히 구이위전에서 이 일을 눈감아줬다는 데 있다. 모든 과정이 100퍼센트 자발적으로 이뤄졌다. 가장 직접적인 피해자인, 구이위전에서 전자폐기물을 회수하는 사람들은 이 일이 건강에 해롭다는 사실을 알면서도 계속 일한다. 「60분」의 기자가 왜 이 일을 계속하는지 묻자 이들은 돈을 벌기가 쉽기 때문이라고 짧게 답변했다. 다시 말해 구이위전에서 발생하는 일은 어느 나라도 시장을 통제하지 않아 자연스럽게 생겨난 결과이다.

당사자에게 해가 되는 일이라고 해서 정부나 법률이 모두 금지해야 하는 것은 아니다. 우리는 술과 담배, 밤샘, 앉기만 하고 운동 안 하기, 고기만 먹고 채소 안 먹기를 금지할 수 없다. 이 세계에는 또 다른 중요한 원칙이 작용하기 때문이다. 즉 사람은 자신이 선택한 결과 해를 입는다고 하더라도 스스로 내린 선택에 책임을 져야 한다. 구이위전에서 쓰레기 처리를 금지하는 것은 많은 사람의 생계유지 수단이 박탈당하는

---

* 체르노빌 사건은 1986년 구소련의 우크라이나 소재 체르노빌의 원자로에서 발생한 사고를 말한다. 이 사고는 인류 역사상 가장 심각한 방사능 누출 사고로, 국제 방사능 누출 사건 등급 분류표에서 유일한 7급이다. 인류가 원자력 에너지를 평화롭게 이용하는 과정에서 발생한 엄청난 기술적 재난으로 수천 명이 피폭되었고 수만 명이 사는 곳을 옮겼으며 환경에 대한 피해 정도는 추산이 불가능하다.

것을 의미한다. 여기서 많은 사람이란 아마도 돈을 가장 필요로 하는 사람일 것이다.

나는 지금 구이위전에서 발생한 사건을 옹호하려는 것이 아니다. 오히려 극단적으로 반대한다. 지나친 온정주의는 하이에크 Friedrich August von Hayek (1899~1992)가 말한 '치명적 자만 fatal conceit'이나 '노예의 길 The Road to Serfdom'을 초래할 수 있다. 또 개인의 자유와 시장의 경계가 일목요연하게 구분되지 않음을 설명하려고 한 것뿐이다. 그렇다면 나는 왜 구이위전에서 전자쓰레기를 처리하는 것을 극단적으로 반대하는 것일까? 구이위전의 경우는 자유의지의 한 표현이며 당연한 현상이므로 파레토 개선 Pareto improvement, 하나의 자원배분 상태에서 다른 사람에게 손해가 가지 않게 하면서 최소한 한 사람 이상에게 이득을 가져다주는 현상 을 이루는 교역이 아니겠는가? 아니다. 나는 그렇게 생각하지 않는다.

가장 단순한 이유는 외부성 때문이다. 구이위전에서 일어나는 일은 환경에 되돌릴 수 없는 오염을 발생시켜 이 일에 동참한 사람의 건강뿐만 아니라 동참하지 않은 사람의 건강에도 해를 끼친다. 모두가 누려야 할 환경을 파괴한 대가로 소수가 돈을 벌었다. 함부로 쓰레기를 버리면 안 되는 것처럼 구이위전도 그렇게 미친 듯이 오염시키면 안 된다.

그러나 가장 중요한 원인은 '스스로' 선택한 것 같지만 사실은 정확한 사정을 모르고 이런 선택을 내렸다는 데 있다. 따라서 스스로 선택했다고 절대로 말할 수 없다. 나는 체르노빌 사건과 관련된 책을 한 권 읽은 적이 있다. 책에서는 수백 명의 증언을 담았다. 그런데 이들이 기억한 것 중에 한 가지 주제가 반복적으로 나타난다. 이 지역에 사는 사람들과 오염 지역을 '처리'하기 위해 투입된 사람들은 대부분 방사능이 무엇인지 몰랐다. 더군다나 방사능이 최종적으로 가져올 폐해가 얼마나 무서운지 알지 못했다. 이들 중 어떤 사람은 "방사능? 보이지 않잖아. 보드카 한잔 마시면 괜찮겠지 뭐"라고 말했을 수도 있다. 많은 사람이 정부에서 지급한 마스크와 장갑도 끼지 않은 채 원자로 부근을 직접 정리했다. 구소련 정부는 공황을 방지한다는 이유로 그들을 포함해 국민들에게 진상을 전혀 알려주지 않았다.

주관적인 판단일 수는 있으나 나는 구이위전 노동자들의 교육수준이나 지식수준으로는 자신이 하는 일이 자신과 가족, 나아가 주변 사람들에게 얼마나 큰 피해를 가져올 수 있는지 충분히 이해하지 못했을 거라고 생각한다. 더 솔직히 말해 그들은 돈에 속아 잘 알지도 못하는 일을 했던 것이다. 월급의 3배를 준다고 해서 체르노빌에 가 폐허의 잔해를 정리하는 일을 한 것과 마찬가지다. 체르노빌에 달려간 사람 중에는 영웅도 있었다고 분명히 밝히고 싶다. 위험을 알았지만 주저하지 않았고 정의를 위해 나선 그들은 위대한 개인이다. 그러나 더 많은 사람이 속사정을 알지 못했다.

이보다 더 중요한 이유가 하나 더 있는데, 바로 사회윤리와 사회의 공정성이다. 「60분」에서는 스스로 위험한 일에 종사하기로 선택한 사람들을 두고 다음과 같이 표현했다. '벼랑 끝에 몰린 사람이 절망스러운 일을 한다.' 그렇다. 그들이 이런 일을 하게 된 가장 큰 이유는 너무나 돈이 필요했기 때문이다. 벼랑 끝에 몰린 사람이 절망스러운 일을 하는 것은 시장원칙에는 부합하지만 기본적인 사회윤리와 사회의 공정성에는 부합하지 않는다. 사람은 모두 가장 기본적인 존엄과 권리를 누릴 수 있어야 한다. 물론 사회와 경제 조건의 차이로 인간의 기본적인 존엄과 권리에 대한 정의나 의미가 달라지기는 한다.

구이위전의 사례는 시장경제가 간섭을 전혀 받지 않아 실패한 전형적인 사례이다. 우리는 체르노빌과 같은 이름을 갖게 된 중국의 소도시를 기억해야 한다.

경제, 디테일하게 사유하기

3

조종사 스카우트 제도

•

스카우트 제도에서는 조종사의 비행 기술을 항공사의 자산으로 정의한다.
물론 조종사는 비행 기술의 물리적인 소유자이지만 항공사는 비행 기술의 최종적인 소유자가 된다.

나는 공항에서 대기하는 동안 두리번거리며 여기저기 왔다 갔다 하는 것을 좋아한다. 미국의 스튜어디스는 대부분 아주머니이며, 조종사 또한 나이가 지긋해 양쪽 귀밑머리가 희끗희끗하다. 그러나 중국은 상황이 다르다. 중국의 스튜어디스는 젊고 예쁘며 조종사들도 젊고 혈기왕성하다. 미국의 스튜어디스도 옛날에는 중국과 비슷했다고 한다. 그런데 나중에 미국에서 반차별법이 제정된 후 항공사가 나이와 외모를 선발기준으로 삼지 못하게 되었다. 만약 이를 어길 경우 차별 행위로 재판을 받게 된다. 항공사에서는 법적인 분규를 피하기 위해 나이가 다소 많은 스튜어디스를 채용하기 시작했다. 그렇지만 미국과 중국 조종사의 평균 연령이 차이가 나는 것은 다른 이유가 있기 때문이라고 생각한다. 중국은 비행기 수가 빠르게 증가하지만 경력이 많은 조종사가 부족해 젊은 인력을 투입해 비행기를 조종하도록 할 수밖에 없었다. 결국 조종사 집단이 갈수록 젊어졌다.

중국은 비행기 조종사 중에서도 경력이 많은 조종사가 특히 부족하다. 이는 단기간 내에 해결될 수 없는 현실적인 문제다. 더군다나 현재 규모를 키우고 있는 항공사 간의 조종사 유치전은 상당 기간 치열하게 지속될 전망이다. 최근 몇 년간 조종사와 항공사 간에 노사분규가 빈번하게 발생한 주요한 원인이 바로 여기에 있다. 혹 조종사가 사직하거나 이직하면 항공사는 그 조종사에게 거액의 배상금을 요구한다.

항공사가 배상을 요구하는 논리는 다음과 같다. '우리 회사가 조종사를 양성했는데, 여기에는 막대한 비용이 들었다. 따라서 떠나고 싶다고 바로 떠날 수 없다.' 그 결과 거액의 배상을 요구하자 조종사들이 이직하는 데 큰 장애가 되었다. 조종사는 조종사대로 '내가 너희 회사에서 조종사가 되었지만 평생 한 회사를 위해 비행기를 몰 수는 없다. 회사에 불만이 있어도, 다른 항공사보다 임금이 매우 적어도 이직할 수 없다. 이것은 말이 안 된다'라고 주장한다. 보도에 따르면 둥항윈난東航雲南 자회사의 비행기가 회항한 이유가 임금 문제가 도화선이 된 노사분규 때문이라고 한다. 만약 조종사가 자유롭게 이직할 수 있다면 이런 볼썽사나운 일은 발생하지 않았을 것이다.

그래서 조종사 스카우트 제도를 만들면 이와 같은 갈등을 해소할 수 있지 않을까라는 생각이 들었다. 프로선수들의 스카우트 제도처럼 다른 회사의 조종사를 데려오고 싶으면 스카우트 비용을 내는 것이다. 얼마를 지불할지는 항공사끼리 알아서 협상한다. 이때 조종사의 훈련비, 나이, 비행시간 및 비행 기술 등을 고려하여 통일된 보수 기준을 정하고 또 참조할 수 있는 보수를 기준으로 적당한 변동 폭을 설정할 수 있다. 이처럼 항공사가 합리적인 배상을 받을 수 있다면 조종사는 자유롭게 이직할 수 있게 된다. 고급 인력을 뺏기게 된 항공사는 미친 듯이 조종사의 이직을 막지 않아도 되고, 인력을 빼낸 항공사 역시 보수를 조금 올려 다른 회사가 거액을 들여 양성한 '자산'을 쉽게 빼내는 짓을 할 수 없게 된다. 스카우트 제도에서는 조종사의 비행 기술을 항공사의 자산으로 정의한다. 물론 조종사는 비행 기술의 물리적인 소유자이지만 항공사는 비행 기술의 최종적인 소유자가 된다.

나는 이렇게 간단하게 구분하면 문제가 생긴다는 것을 알고 있다. 그렇지만 조종사 양성 과정에서 항공사가 투자한 것이 결정적인 역할을 했다는 점을 고려한다면 이렇게 구분하는 것도 그다지 나쁜 것은 아니라고 본다. 또한 중국의 조종사와 비행기 대수가 증가해 안정기에 들어서면 조종사의 유치를 위한 출혈경쟁도 자연히 사라질 것이다. 미국에서는 아주 부득이한 경우를 제외하면 조종사가 다른 회사로 이직하는 경우가 없다. 왜냐하면 한 회사에서 근무한 기간이 길수록 직급이 올라가고 조종사는 비행시간이나 비행노선을 좀 더 자유롭게 선택할 수 있기 때문이다. 이직을 하게 되면 보수는 조금 오르겠지만 모든 것이 원점으로 돌아가 비행시간과 노선이 타의에 의해 결정된다.

조종사의 이직 문제는 더 넓은 의미에서 중국이 시장화 개혁을 추진하는 과정에서 나타난 재산권의 정의에 관한 문제의 축소판에 불과하다. 과거에는 모든 것이 '국가' 소유였다. 조종사는 국가가 양성했고 과학자도 국가가 양성했으며 운동선수도 물론 국가가 양성했다. 따라서 상을 받게 되면 먼저 국가에 감사한 다음 부모에게 감사해야 했다. 재산권의 정의가 분명하지 않다면 시장에서 정상적인 거래가 이뤄질 수 없으며 조종사와 항공사 간의 분쟁도 계속 벌어질 것이다. 스카우트 제도는 차후에 재산권을 확인해주는 방식이다. 물론 완벽한 해결책은 아니지만 이 방식보다 더 나은 재산권을 강화하는 방법은 없을 것이다.

미국은 진시황이 필요하다

•

미국과 교역할 때 모든 상품은 반드시 미국식 규격에 맞아야 한다.
미국인이 영국식 단위를 사용하는 비용의 일부를 외국인이 부담하고 있는 것이다.

유나이티드 항공을 타볼 기회가 있다면 조종사와 관제탑의 통화를 중계하는 9번 채널을 한번 들어보면 좋을 것이다. 나는 10여 개 항공사의 비행기를 타봤지만 유나이티드 항공만 이 통화 내용을 실시간으로 전달해준다. 나는 유나이티드 항공을 타고 중국에 오기도 한다. 미국에서 이륙해 북쪽으로 비행해 캐나다를 지난 다음 북극을 통과하고 다시 시베리아와 몽골을 넘어 베이징에 도착한다. 비행기가 미국과 캐나다의 국경을 통과할 때면 조종사가 관제탑과 나누는 다음과 같은 대화를 들을 수 있다.

조종사 UA885, 고도 3만 피트…….

버펄로 관제탑 UA885, 고도를 유지하십시오. 앞쪽 토론토 관제탑과

연락해주세요. 주파수는 ○○○입니다.

조종사 고맙습니다. 안녕히 계세요.

버펄로 관제탑 수고하십시오.

조종사 토론토 관제탑, 여기는 UA885입니다.

버펄로 관제탑 UA885, 여기는 토론토입니다.

조종사 UA885, 고도는 1만 2000미터…….

버펄로 관제탑 UA885(이어서 지시 사항)

조종사 UA885(지시 사항 반복)

주의를 기울이면 미국(버펄로) 관제탑에서는 피트를 사용하고, 캐나다 관제탑은 미터를 사용하는 것을 알 수 있다. 매번 이 대화를 들을 때마다 똑같은 두 가지 생각이 든다. 첫 번째 생각은 '조종사가 피트와 미터를 혼동하면 어떡하나'이다. 두 번째 생각은 '그럴 리가 없다. 조종사는 전문가이고 비록 조종사가 실수한다고 하더라도 비행기가 자체적으로 그리고 관제탑에서 오류를 발견할 수 있을 것이다'이다.

그러나 실제로 이런 일이 발생한 적이 있다. 미국이 1998년에 발사한 화성기후탐사선 Mars Climate Orbiter이 1999년 화성 착륙 시 추락했다. 나중에 고장 원인을 조사한 결과 원인은 간단했다. 록히드마틴 Lockheed Martin에서 탐사선의 일부를 책임지고 제작했는데, 이 회사의 프로그래머가 실수로 영국식 단위를 사용했던 것이다. 미항공우주국은 미터법을 사용하도록 규정했다. 프로그래머가 설정한 추진력의 눈금은 파운드 pound였는데, 항공우주국은 이를 뉴턴 newton으로 오해했다. 1파운드는 4.5뉴턴이다. 다시 말해 이미 추진력이 상당한 상황에서 항공우주국 통제센터에서는 추진력이 부족하다고 판단한 것이다. 그 결과 탐사선이 이상한 모습으로 궤도에 진입했고 결국 추락해 부서졌다. 또 1983년 캐나다 항공의 143호기가 회항한 이유 중 하나는 미터법을 영국식 단위로 전환하는 과정에서 찾을 수 있다. 143호기는 비행거리의 절반도 가지 못한 상황에서 연료가 이미 바닥났음을 알고 어쩔 수 없이 긴급 회항했다. 주유할 때 담당자가 미터법의 리터ℓ를 영국식 단위인 갤런gallon으로 잘못 이해했다는 사실을 나중에 알게 되었다. 1갤런은 3.785리터다.

오늘날 미터제와 영국식 단위를 혼동하는 경우는 미국을 제외하고 다른 나라에서는 발생하지 않는다. 왜냐하면 다른 나라에서는 이미 미터제를 사용하고 있지만 미국만 계속 영국식 단위를 고집하기 때문이다. 또 미터제 사용을 법적으로 지정하지 않는 두 나라는 리비아와 미얀마이다. 영국식 단위제의 시조인 영국은 미터제 사용을 규정한 법률을 예전에 통과시켰다. 물론 국민들은 옛 단위에 이미 익숙해 있다. 그럼에도 대부분의 장소에서 미터제를 사용하도록 강제하고 있는 것이다. 캐나다는 1980년대에 미터제로 바꿨다. 앞서 얘기한 캐나다 항공의 회항 사건은 단위 변환 과정에서 발생했다. 미국에서는 킬로그램kg, 섭씨℃, 킬로미터km, 밀리리터㎖와 같은 단위를 거의 보지 못했을 것이다. 그 대신 미국은 파운드lb, 화씨℉, 마일mil, 온스oz를 사용한다. 그런데 영국식 단위와 미터식 단위를 변환하기란 아주 불편하다. 예컨대 1lb=0.45359237kg, 1℉=1.8℃+32, 1mil=1mil/h=1.609347km/h, 1oz=29.57353ml이다.

국제적으로 볼 때, 미국이 자신만의 도량형을 고집하는 것은 상당히 독선적이다. 모두 미터제를 사용하는데 미국만 영국식을 사용한다. 그러나 우리는 미국을 피해 살 수 없다. 미국과 교역할 때 모든 상품은 반드시 미국식 규격에 맞춰야 한다. 미국인이 영국식 단위를 사용하는 비용의 일부를 외국인이 부담하고 있는 것이다. 이는 중요한 일이 아니다. 그렇지만 유럽연합 가입조건 중 하나가 미터제 사용임을 고려한다면 도량형이 꼭 작은 일만은 아니다.

현재 상황에서 미국이 미터제로 바꾸도록 강제하는 것도 반드시 옳은 일은 아니다. 도량형을 바꾸는 데는 시간과 노력과 무엇보다 돈이 많이 든다. 세계 복지의 차원에서 보면 미국이 미터제를 사용할 때 발생하는 이익은 폐해보다 크다. 그러나 이런 일은 자연스럽게 일어나지 않는다. 칼도어기준Kaldor Compensation Principle, 칼도어Nicholas Kaldor[1908~1986]의 보상원칙. 손해를 본 자가 이익을 본 자로부터 손실을 보상받고도 남음이 있으면 사회 전체의 후생은 증가한 것이다 이지 파레토개선이 아니기 때문이다. 미국에서 미터제와 영국식 단위의 변환 문제로 수억 달러의 우주프로그램이 수포로 돌아간 것을 보면, 미국에 강력한 전제군주인 진시황이 필요한 것이 아닌가라는 생각이 든다. 아니면 이 세계에 진시황이 필요한 것일까? 그것도 아니면 미국이 사실은 제 역할을 하지 못하는 이기적인 진시황이 아닐까?

5

북한의 몰수식 '화폐개혁'

•

북한이 극심한 경제위기에 빠져 '재산 몰수'의 방식으로 민간에서 돈을 끌어 모아야 했던 것 역시
개혁의 또 다른 동기가 될 수 있다. 북한 주민에게 수탈할 만한 돈이 얼마나 있는지 모르겠다.
그러나 이 같은 '몰수'는 닭을 죽여 달걀을 얻는 것과 차이가 없다.

예전에 어느 작은 나라로 출장을 간 적이 있다. 비행기에서 내린 후, 갖고 있던 달러를 그 나라의 돈으로 바꾸었다. 그러나 나중에 현지에서 달러를 그대로 사용할 수 있다는 사실을 알았다. 이 나라에서는 달러가 통용되고 심지어 현지 전화국의 정보센터에서 환율정보 서비스를 제공한다. 전화를 걸면 공식 환율이 아니라 시장 환율을 알려준다. 따라서 물건을 살 때 흥정한 다음 달러로 계산할 것이라고 말하면 상인은 휴대전화를 꺼내 전화를 걸어 환율을 물은 다음 달러로 계산해 돈을 받았다. 나중에 이 나라의 중앙은행을 방문할 기회가 있어 이 작은 나라가 자국의 통화를 유지하는 데 드는 비용에 대해 자세히 알게 되었다. 여기서 합리적인 통화정책을 수립할 만큼 인력이 충분하지 못해 이 나라의 통화정책에 문제가 많다는 등 더 높은 차원의 비용은 언급하지 않겠다. 가

장 기본적으로 이 나라는 지폐를 인쇄할 능력이 없어 외국 회사에 위탁해야 한다. 결과적으로 이 나라가 외국에 지불하는 상당한 금액이 놀랍게도 지폐 인쇄 비용이었다. 더 흥미로운 사실은 당시 우리와 동행한 중앙 부처의 관리에게 그날의 환율을 물었을 때 놀랍게도 그 역시 전화로 시장 환율을 물어본 후 내게 알려주었다. 중앙은행이 정한 공식 환율은 알려주지 않은 것이다.

북한은 아마도 이런 작은 나라 중에서 예외일 것이다. 전적으로 사실로 받아들일 수는 없지만 여러 보도에 따르면, 북한은 지폐 인쇄기술이 매우 뛰어나 새 지폐를 발행할 때 비용이 문제가 되지 않는다. 2009년 말에 북한은 '화폐개혁'을 단행했다. '개혁'의 초점은 구권 화폐의 뒷자리 '0'을 두 개 없앤 신권으로 바꾸는 것이었다. 다시 말해 구권과 신권을 100 대 1로 교환하는 것이다. 이와 더불어 북한은 교환이 가능한 금액의 상한선을 정해, 한 사람이 최대 구권 15만 원만 신권으로 바꿀 수 있도록 했다. 이 금액도 주민의 반발 때문에 상한선을 올린 것이다. 『뉴욕타임스』의 보도에 따르면 북한의 구권 15만 원은 암시장에서 35달러 정도로 거래될 뿐이다. 다른 보도에 따르면 가치가 이보다 더 낮을 수도 있다.

북한은 왜 이렇게 해야 했을까? 중국의 국가 정보기관은 아마 더 정확한 이유를 알고 있을 것이다. 표면적으로만 보면 이번 조치는 근본적으로 자살과도 같은 몰수 방법으로 최대 피해자는 아마 중간 소득층인 국민이 될 것이다. 가장 가난한 사람이라고 피해를 받지 않는다는 뜻은 아니다. 단지 아무것도 가진 것이 없는 그들에게는 더 이상 나빠질 것도 없다는 말이다.

이번의 '개혁'은 빈부격차를 없애는 데 목적이 있다는 보도도 있다. 상한선을 정했다는 것은 부자들의 동산을 몰수하는 것과 마찬가지라는 것이다. 그렇지만 북한이 이렇게 했을 경우 기대했던 것과 달리 오히려 반대의 결과를 초래할 것이다. 만약 내가 부유한 북한 주민이라면 절대로 내 재산을 북한 돈으로 보유하지 않을 것이다. 북한 돈은 세계에서 가장 가치가 없는 화폐이기 때문이다. 물품(필수품)은 대부분 배급되기 때문에 이 돈으로 북한에서 물건을 살 수 없다. 또 국제적으로 북한 화폐를 받아주는 나라가 거의 없기 때문에 해외에서도 사용할 수 없다. 따라서 나는 북한의 부유층은 경화나 실물로 재산을 보유할 것으로 확신한다. 그러므로 이번의 화폐개혁이 그들에게 실제적으로 어떤 영향을 주지는 못했을 것이다. 북한의 최빈곤층도 피해를 받지 않았을 것이다. 그들은 기본적으로 재산이 없기 때문이다. 이번 개혁은 북한의 중산층에게 피해를 주었을 것이다. 나는 북한에서 어떤 사람이 중산층인지 잘 알지 못한다. 북한의 중산층은 일반 공무원일 수도 있고 군대의 중간 간부가 될 수도 있다. 이 사람들이 북한 지폐를 상대적으로 많이 보유했을 가능성이 가장 크다. 그래서 이들은 이번 개혁으로 재산을 몰수당할 운명에 처하게 되었다. 이번 '개혁'의 최대 피해자가 이들이라면 정치적으로 현명한 조치가 될 수 없다는 데 문제가 있다.

　북한이 극심한 경제위기에 빠져 '재산 몰수'의 방식으로 민간에서 돈을 끌어 모아야 했던 것 역시 개혁의 또 다른 동기가 될 수 있다. 북한 주민에게 수탈할 만한 돈이 얼마나 있는지 모르겠다. 그러나 이 같은 '몰수'는 닭을 죽여 달걀을 얻는 것과 차이가 없다. 이번 일은 북한 주민에게 절대로 북한 돈을 쥐고 있지 말고 돈이 있으면 반드시 실물로 바꾸라고 일깨워준 것과 다를 바 없다. 돈 가치가 떨어지는 것 외에 다른 일이 일어날 가능성이 없기 때문이다. 만약 개혁을 한 지 얼마 지나지 않아 암시장에서 새로운 북한 화폐의 가치가 수백 배 혹은 수천 배 떨어졌다고 하더라도 조금도 놀랄 일이 아니다. 그리고 조만간 북한에 심각한 인플레이션이 발생하여 상품의 공식 가격은 변동이 없지만 암시장 가격이 폭등한다고 하더라도 전혀 놀랄 필요가 없다. 오히려 이런 일이 일어나지 않는다면 정말 놀라운 일이다.

나중에 나온 한국의 언론 보도에 따르면 북한이 화폐 '개혁'을 실시한 다음 북한 전역에서 시장이 혼란스럽고 암시장 가격이 폭등하는 상황이 실제로 발생했다고 한다. 이번 개혁을 주도한 고위급 인사는 파면당했고 심지어 처형되었다는 소식도 들린다.

누가 이번 '개혁'을 주도했는지는 몰라도 실패가 확실해 결국 누가 됐든 희생양이 나올 수밖에 없다.

승패가 불분명한 먼델과 크루그먼

•

유로존의 안정을 유지하기 위해 유럽이 선택할 수 있는 경우의 수는 두 가지다.
첫째, 단일화의 발걸음을 재촉해 경제적이든 정치적이든 국가 간 경계를 확실히 허물어 다른 방식으로
정책의 불일치를 해소하는 것이다. 인구의 이동, 자본의 이동, 물건의 이동이 몇 가지 예이다.
다시 말해 연방제와 유사한 국가로의 전환을 가속화하는 것이다.
둘째, 각국이 동일한 거시정책을 실시하도록 더욱 엄격하게 요구하는 것이다.

먼델Robert Mundell(1932~)과 크루그먼은 모두 노벨상 수상자로 수상 시기가 채 10년도 차이나지 않는다. 촌수로 따지면 먼델이 크루그먼의 할아버지 선생님이 된다. 왜냐하면 먼델이 돈부시 Rudiger Dornbusch (1942~2002)의 은사이고, 돈부시는 크루그먼의 은사이기 때문이다. 그렇지만 먼델은 고정환율을 주장하고 크루그먼은 정반대의 입장을 고수한다.

먼델의 생각이 현실화된 유로화가 최근 문제를 일으켰다. 유로존의 몇몇 국가 중 그런대로 유명한 그리스가 심각한 재정 부족으로 국가 채무 위기가 발생했던 것이다. 크루그먼은 사람들에게 널리 알려진 제1세대 통화위기 모형에서 통화 가치가 크게 절하될 때, 그리스처럼 지출이 방만한 국가가 맞게 되는 운명을 생동감 있게 묘사한 바 있다. 그러나

유로존 내에서 한 국가만 통화 가치가 절하되는 것은 기술적으로 불가능하다. 즉 유로가 붕괴되지 않는 한 한 국가의 통화 가치만 절하되는 일은 발생하지 않을 것이다. 따라서 크루그먼이 말한 종말은 꼭 먼델의 연환계 連環計, 고리를 잇는 계책. 여러 가지 계책을 교묘하게 연결시킨다는 의미로 중국의 고대 병법인 36계 중 35번째 계책와 만나게 된다.

　물론 사건이 말처럼 간단한 것은 아니다. 고정환율을 유지하는 데는 대가가 따른다. 그리스를 예로 들어, 재정에 큰 구멍이 생겼다면 이 구멍을 제대로 메워야 한다. 만약 자국의 통화가 절하 가능하다면 통화 가치의 약세를 지렛대로 삼아 수입을 줄이고 수출을 늘려 이 구멍을 메울 수 있다. 그렇지만 현재로서는 이런 선택을 할 수 없다. 결과적으로 재정에서 결손을 메울 수밖에 없다. 문제는 과연 누가 이 구멍을 메워줄 것인가이다. 사실 선택의 여지는 크지 않다. 그리스가 직접 메우거나 혹은 유로존의 다른 나라가 나서거나 아니면 IMF가 지원할 것이다. 이 구멍을 메우려면 현금이 필요하다. 독일과 프랑스의 납세자들은 다음과 같이 물을 수 있다. "우리가 왜 허리띠를 졸라매 그리스가 지난 몇 년간 흥청망청 쓴 돈을 대신 갚아줘야 하는가? 우리는 왜 65세까지 일하고, 55세에 퇴직하는 이 나라 공무원에게 퇴직금을 지급하도록 그리스에게 돈을 빌려줘야 하는가?" 그러면 그리스인은 자신들이 직접 그리스의 채무 문제를 해결하자고 이야기할 수 있다. 이는 그리스가 지출 규모를 대폭 삭감하는 것과 동시에 재정수입을 증대시켜야 함을 의미한다. 급여, 연금, 교육비, 의료비를 삭감하고 대폭 증세하는 것이다. 이대로 하면 그리스 국민은 모두 거리로 내몰리게 된다.

　다행히 그리스 문제만 놓고 보면 그다지 심각하지 않다. 독일이나 프

경제, 디테일하게 사유하기

랑스, 그리고 전체 유로존 국가의 입장에서 그리스 구제는 불가능한 일이 아니다. 그리스에 대출을 제공하는 것과 관련해 2010년 5월에 발표한 EU와 IMF 간의 협정 내용에 따르면, EU와 IMF는 3년 내에 1450억 달러를 조성해 그리스가 일시적인 위기를 극복하도록 도울 것이다. 그러나 결국 그리스는 증세와 함께 군사비를 포함한 지출을 대폭 삭감하여 국가의 빚을 갚고 재정의 결손을 메워야 한다.

그리스 사태로 단일 통화제도와 각국이 실시하는 제각기 다른 정책 간의 힘겨루기가 더욱 분명해졌다. 메르켈 독일 총리는 자금을 제공해 그리스를 구제하겠다고 승낙하는 자리에서조차 마지못한 태도로 다음과 같이 말했다. "우리는 그리스를 유로 회원국으로 받아들였는데, 지금 와서 보니 그 당시에 그럴 만한 조건을 갖추지 못했습니다." 심지어 『월스트리트저널』은 이 힘겨루기를 유로의 '원죄'라고 불렀다. 게다가 그리스를 구제해주었다고 해서 이 '원죄'가 사면되는 것도 아니다. 이번에는 그리스에서 일이 터졌으나 다음은 어느 나라의 차례가 될지 알 수 없다.

유로존의 안정을 유지하기 위해 유럽이 선택할 수 있는 경우의 수는 두 가지다. 첫째, 단일화의 발걸음을 재촉해 경제적이든 정치적이든 국가 간 경계를 확실히 허물어 다른 방식으로 정책의 불일치를 해소하는 것이다. 인구의 이동, 자본의 이동, 물건의 이동이 몇 가지 예이다. 다시 말해 연방제와 유사한 국가로의 전환을 가속화하는 것이다. 둘째, 각국이 동일한 거시정책을 실시하도록 더욱 엄격하게 요구하는 것이다. 사실 두 번째가 훨씬 더 어려운 것으로 밝혀졌다. 그리스는 유로존에 가입할 당시에 했던 약속을 지키지 못했고, 심지어 경제 수치를 조작하기까지 했다.

　유로존이 스스로 '원죄'를 없애지 못한다면 먼델과 크루그먼으로 대
표되는, 환율정책에 대해 완전히 다른 관점을 보이는 두 진영은 계속 부
딪칠 것이다. 이번에는 먼델이 간신히 이겼을지 모르나 다음에는 승패
가 어떻게 될지 알 수 없다.

제15장

인류는 얼마나 똑똑할까?

'**엔론사건과 날씨 거래**'는 일종의 조롱이 섞인 글로 도산에 직면한 엔론 Enron Corporation이 어떻게 새로운 계기를 만들려고 시도했는지에 대해 서술했다. 다시 말해 날씨 거래를 이용해 돌이킬 수 없는 파산의 운명을 바꾸어놓으려고 한 것이다. 그러나 엔론의 생각은 경제학을 공부한 사람에게는 조금도 이상하지 않다. 경제학 모형에서는 날씨의 거래뿐만 아니라 더 급진적인 생각을 수년 전부터 해왔다.

　'**괴짜경제학의 실상**'에서는 괴짜경제학에 대해서만 언급한 것이 아니라 이 세계가 얼마나 복잡한지 이야기하고 싶었다. '사실' 속에 '실상'이 있다. 지금처럼 복잡한 세계에서 흑백이 분명한 것은 없다. 괴짜경제학은 문제를 설명하기에 좋은 예일 뿐이다.

　'**사고思考실험**'에서는 무거운 화제를 다루었다. 인류가 보이는 근시안적인 행태가 어떤 해악을 가져올 수 있는가의 문제다. 환경의 악화나 기후변화와 같이 현재 직접 눈으로 확인할 수 있는 문제뿐만 아니라, 인간이 저지르는 근시안적 행동으로 인류가 존재할 수 있는 기반마저 파괴해 생존 자체가 무의미해질 수 있다는 것이다. 우리가 존재한다는 것은 부분적으로 우리의 후손이 무한대로 이어진다는 사실을 알고 있는 데 의의가 있다.

'**인류는 얼마나 똑똑할까?**'에서는 과학기술은 눈부시게 발전하지만 사회의 발전이 더디다는 사실에 대해 고민했다. 세계대전에서 핵전쟁의 그림자까지 그리고 현재의 지구온난화에 이르기까지 인류가 과학기술을 발전시킨 결과 과거에는 상상조차 할 수 없었던 일이 일어났다. 그러나 나는 사회가 그만큼 발전하지 않는다면 과학기술의 발전이 인류에게 과연 이로운 것인지 아니면 해가 될 수 있는지 분명하지 않다고 생각한다.

1

엔론사건과 날씨 거래

•

시장에서는 어느 시점이든 어느 것이든 매매가 가능하다.

50년 후 미국의 대통령이 남자인지 여자인지도 거래할 수 있고,

왕페이가 또 임신할지의 여부도 거래할 수 있다. 또 1000만 년 후 지구가 여전히 존재할지,

30년 후에 여러분이 백만장자가 될 수 있는지도 거래할 수 있다.

2001년 미국에서 엔론사건이 발생했다. 나중에 『포브스』의 기자 두 명이 이 사건을 기초로 『엔론 스캔들 Enron: The Smartest Guys in the Room』을 썼다. 이 책은 오랫동안 베스트셀러가 되었고 또 흥미로운 다큐멘터리가 같은 제목으로 제작되기도 했다.

엔론사건을 간단히 이야기하면, 혁신 능력이 있는 에너지 기업이 투자에 실패한 것과 지출이 수입보다 많다는 사실을 숨겼으며 시장에 자신이 성공했다는 거짓정보를 끊임없이 내보내다 결국 도산하게 된 것이다. 이 과정에서 엔론은 신제품을 계속 선보이고 새로운 사업에 투자하면서 이것들이 앞으로 수익을 창출할 분야라고 발표했다. 그러나 많은 사업이 지금은 '부실한 프로젝트'가 되었다. 예컨대 인도에서의 발전發電 사업이 있다. 다큐멘터리에서는 저자가 고의적으로 엔론을 비웃는 내용

이 나온다. 즉 쇠락의 길에서 새로운 수익성을 찾아 이미 정상적인 범위를 크게 벗어난 주가를 회복시키려고 했다. 그래서 엔론은 미래의 날씨도 사고팔 수 있는 새로운 파생상품을 설계하고 있다는 소식을 퍼뜨렸다. '다행히도' 이 상품이 시장에 출시되지 않자 엔론이 와르르 무너졌다.

이 이야기는 우습게 들릴 수도 있다. 그러나 경제학자의 입장에서, 특히 거시경제를 연구하는 사람의 입장에서 보면 전혀 농담 같은 이야기가 아니라 오히려 매우 진지한 주제다. 먼저 사람들에게 날씨를 사고팔도록 하는 일이 이론적으로 왜 '좋은 일'인지 설명해보겠다.

우선 여러분이 농장주이거나 스키장 소유주 또는 아이스크림 가게의 주인처럼 날씨에 매우 민감한 업종에 종사하고 있다고 가정하자. 날씨 변동의 위험성이 있기 때문에 어떤 방식으로든 리스크를 '헤징 hedging'하거나 보험에 가입하고 싶을 것이다. 그렇지만 날씨 자체는 매매할 수 없기 때문에 날씨 변화의 리스크를 헤징하는 것은 매우 어렵지만 그렇다고 전혀 불가능하지도 않다. 따라서 이론적으로 시장에서 날씨 변화를 타깃으로 파생상품을 판매할 수 있다면 사람들은 날씨 변화의 위험을 헤징할 수 있게 된다. 그러면 더할 나위 없이 좋은 일이다.

예를 들어 내가 스키장 사장이고 여러분이 아이스크림 회사 사장이라면 서로 '날씨를 거래'할 수 있다. 왜냐하면 나는 날이 더 춥기를 바라고 여러분은 더 덥기를 바라기 때문에 서로 계약을 맺을 수 있는 것이다. 만약 추운 날이 계속되면 스키장 사장은 아이스크림 사장에게 일정액을 지급하고, 더운 날이 계속되면 아이스크림 사장이 스키장 사장에서 일정액을 지급한다. 이렇게 되면 두 사람 모두 자신이 바라지 않는 '나쁜' 날씨에 대해 보험을 들 수 있다. 이론적으로 보면 이런 파생상품은 사람들의 후생을 증대시킨다.

만약 시장을 아주 맹신하는 사람이 있다면 이렇게 물을 수도 있다. "날씨를 매매하는 시장처럼 이렇게 중요한 시장이 왜 지금까지 없었던 것일까?" 사실 규모가 작아서 그렇지 이런 방식의 시장은 있었다. 그렇지만 이런 시장이 발전하지 못했던 원인은 다음의 네 가지로 이야기할 수 있다. 첫째, 정부가 간섭하여 시장이 크게 형성되지 못했다. 둘째, 다른 파생상품으로 날씨 변동의 위험을 간접적으로 헤징할 수 있었다. 따라서 날씨만 단독으로 거래하는 시장이 필요하지 않았다. 셋째, 날씨 변동의 위험을 거래해 증대된 후생이 작아 실제로 날씨를 거래할 필요성이 크지 않았다. 넷째, 날씨 변동이 많은 지역은 다른 기술을 사용해 날씨 변동에 직접 대처했다. 따라서 날씨 변동이 경제활동에 미치는 영향을 합리적인 수준에서 통제할 수 있었다.

사실 경제학자들은 날씨를 거래할 수 있다고 일찍이 가설을 제시한 바 있다. 거시모형에서, 특히 실제의 경기 주기 모형에서 시장은 완전하다고 가정했다. 다시 말해 날씨뿐만 아니라 다른 어느 것도 거래할 수 있다는 것이다. 시장에서는 어느 시점이든 어느 것이든 매매가 가능하다. 50년 후 미국의 대통령이 남자인지 여자인지도 거래할 수 있고, 왕페이 王菲, 중국 최고의 여가수가 또 임신할지의 여부도 거래할 수 있다. 또 1000만 년 후 지구가 여전히 존재할지, 30년 후에 여러분이 백만장자가 될 수 있는지도 거래할 수 있다. 이런 점에서 보면 엔론이 아주 혁신적인 것은 아니다.

따라서 그 두 명의 기자는 틀렸다. 세상에서 가장 잘난 자는 엔론 직원이 아니라 경제학자이다. 이 밖에 이런 사실을 연구한 두 명의 경제학

자가 모두 노벨 경제학상을 수상했다. 이들의 이름은 애로_{Kenneth J. Arrow}
와 드브뢰 _{Gerard Debreu}로 모두 위대한 이론경제학자이다. 두 사람은 아마
자신들이 만든 이론이 조금 변형되어 엔론이 사기행각을 벌이는 도구가
될 수 있을 거라고는 생각지도 못했을 것이다.

2

괴짜경제학의 실상

•

스티븐 레빗이 쓴 유명한 책 『괴짜경제학』에서 각각의 이야기는 모두 그가 사실로 입증한
연구 결과를 기반으로 전개된다. 레빗은 정말 똑똑한 경제학자다. 그러나 경제학 연구를 한 사람이라면
모두 그가 입증한 연구 결과가 치명적인 결함이 하나도 없는 것은 아니라는 사실을 알아야 한다.
레빗이 내린 결론은 모두 훗날 더 자세한 연구에 의해 뒤집어졌다.

주 1회 방송하는 「자오뎬팡탄焦點訪談」 코너는 '사실을 바탕으로 이야
기한다'는 말로 시작한다. 그러나 과연 무엇을 사실이라고 하고 무엇이
사실의 실상인지 누가 알려줄 수 있는가? 물론 나는 「자오뎬팡탄」을 비
판하려는 것이 아니라 간단한 사실을 이야기하고 싶은 것뿐이다.

최근 집값이 비싸다고 생각하는가? 그렇다!

얼마나 비쌀까? 조금 비싸다, 그냥 비싸다, 매우 비싸다, 아니면 너무
비싸다? 조금, 그냥, 매우, 너무 이 부사들은 어떤 차이가 있고 어떻게
구분하는가?

나는 이 세상의 말싸움이 대부분 사실에 대한 표현이 제각각이기 때
문에 시작되고, 또 그 원인 중 하나가 언어의 부정확성 때문이라는 사실
에 주목한다. 극단적으로 말하면 어떤 사실을 말로만 묘사한다면 반대

의견이 전혀 없을 정도로 정확하게 전달하기란 영원히 불가능하다. 집값이 작년 동기 대비 50퍼센트 상승했다고 하자. 여기서 50퍼센트 상승했다는 것은 분명히 사실이다. 그런데 집값이 조금 비싸졌다 혹은 매우 비싸졌다는 식의 개인적인 느낌이나 판단은 50퍼센트라는 숫자 자체와는 무관하다. 바로 이 때문에 많은 경우 '숫자로 이야기하는 것'이 '사실을 바탕으로 이야기하는 것'보다 더 정확하게 사건의 실상을 드러낼수 있다.

그린스펀 전 연방준비제도이사회 의장은 자신의 회고록에서 한 가지 사례를 언급했다. 레이건 행정부 시절에 그린스펀은 민주당과 공화당 인사가 함께 참여한 연금보험개혁팀을 이끈 적이 있다. 연금보험을 어떻게 개혁할 것인가에 대해 민주당과 공화당 간에 굉장한 이견을 보였다. 양당의 해석은 완전히 상반됐다. 이에 그린스펀은 규칙을 정해 어떤 의제든 토론하기 전에 반드시 모든 사람이 공감할 수 있는 데이터를 제시하도록 요구했다. 그 이유는 첫째, 숫자는 당파가 없고 숫자에 대한 공감대는 비교적 쉽게 형성될 수 있기 때문이다. 둘째, 가장 중요한 것은 이렇게 했을 때 많은 사람이 뛰어난 화술로 '검은색을 흰색으로 바꾸는 것'을 사전에 방지해 문제를 실질적으로 해결할 수 있기 때문이다.

그렇다고 숫자만 이야기하면 모두 끝나는 것일까? 아니다. 절대로 그렇지 않다. 매번 의심의 눈초리를 받는 중국 국가통계국이 발표하는 숫자는 잠시 제쳐두고, 우리는 숫자는 모두 정확하다고 가정한다. 더군다나 숫자만으로 '실상'을 설명할 수 있다면 세상에서 가장 중요한 사람은 통계학자이고 가장 중요한 기관은 통계국이 될 것이다.

숫자의 문제는 이것이 숫자에 불과하다는 데 있다. 만약 분석도 하지 못하고 비교도 못한다면 숫자는 영원히 생명력을 얻지 못해 사건의 실상을 밝히지 못할 것이다. 경제학 훈련을 제대로 받은 사람이라면 모두 이 세상에서 '숫자를 바탕으로 이야기'하는 계량경제학 논문이 대부분 크든 작든 논란의 여지가 있다는 사실에 동의할 것이다. 스티븐 레빗 Steven Levitt이 쓴 유명한 책『괴짜경제학』에서 각각의 이야기는 모두 그가 사실로 입증한 연구 결과를 기반으로 전개된다. 레빗은 정말 똑똑한 경제학자다. 그러나 경제학 연구를 한 사람이라면 모두 그가 입증한 연구 결과가 치명적인 결함이 하나도 없는 것은 아니라는 사실을 알아야 한다. 레빗이 내린 결론은 모두 훗날 더 자세한 연구에 의해 뒤집혔다. 내 손에는 지금 2008년 2월호『계간 이코노믹스』가 있다. 뒤에서 다룰 글에서는 '낙태의 합법화가 범죄율을 낮춘다'라는 레빗의 유명한 글을 비판했다. 또한 이어지는 글에서는 레빗의 반응을 실었다.『괴짜경제학』을 읽은 독자라면 이 이야기를 잘 알 것이다.

레빗과 그의 동료는 미국에서 1990년대에 범죄율이 급감한 것과 1970년대에 시행된 낙태의 합법화가 직접적인 연관이 있음을 발견했다. 그 이유는 합법적인 낙태로 준비되지 않은 상황에서 아이를 출산하는 일이 줄어들었기 때문이다. 이 아이들이 태어났다면 범죄의 길로 더 쉽게 들어설 수 있다. 레빗은 사실을 간단하고 분명하게 설명했고 이야기도 좋았다. 그러나 분석의 방향이 잘못 설정되었다. 레빗이 매우 중요한 교차항을 하나 생략했기 때문이다. 이 교차항의 유무에 따라 결론은 완전히 달라진다. 만약 이 교차항을 넣게 되면 레빗이 발견한 것이 사라지게 된다. 물론 이 사실로 레빗의 결론이 완전히 틀렸다고 말하는 것은 아니다. 그러나 적어도 레빗이 당초에 내세운 증거는 근거가 없음을 말해준다. 레빗은 "이런 잘못을 저질러 참 면목 없다. 그렇지만 우리가 원자료raw data와 절차를 공표하지 않았다면 이런 잘못 자체가 발견되지도 않았을 것이다. 이 말은 우리가 고의로 이런 잘못을 저지른 것이 아니라는 뜻이다"라고 강조했다. 그 후 레빗은 자신의 잘못을 한 차례 수정해 그가 발견한 것이 결국 옳았음을 다시 한 번 증명했다. 물론 처음에 내놓은 연구 결과처럼 돋보이지는 못했다. 레빗의 이야기는 흡인력이 있다. 그렇지만 사건의 실상은 레빗이 원래 말했던 것처럼 옳고 그름이 분명하지 않다.

무엇이 사건의 실상일까? 하버드대학교 배지에는 라틴어로 'Veritas'라고 쓰여 있다. 그 뜻은 'Truth'로 많은 사람이 진리라고 번역한다. 그런데 실상이라고 번역해도 좋을 것 같다.

사건의 실상이야말로 인류가 궁극적으로 추구하는 바다.

3
사고 思考 실험
•

인류 사회가 유지될 수 있는 핵심적인 기반은 우리 자신에게 있는 것이 아니라 후세대에 달려 있다.
우리의 근시안적인 삶의 방식은 우리 자신이 존재할 수 있는 삶의 기반을 파괴한다. 따라서
근시안적인 삶이 가져올 실제의 후폭풍은 우리가 지금 직접 눈으로 보는 결과보다 더 심각할 것이다.

『뉴욕타임스』에 칼럼을 쓰는 사람은 대단한 인물이 아닌 경우가 없다. 예를 들면 노벨 경제학상 수상자인 크루그먼, 『세계는 평평하다The world is flat』의 저자인 토머스 프리드먼 Thomas Lauren Friedman 등이 있다. 그런데 개인적으로 내가 가장 좋아하는 『뉴욕타임스』 칼럼니스트는 데이비드 브룩스 David Allen Brooks 이다.

브룩스는 한 칼럼에서 발생할 가능성이 제로에 가깝지만 재미있는 일 (전문용어로 여기서는 사고실험 thought experiment, 머릿속에서 생각으로만 진행하는 실험이라고 부름)에 대해 이야기했다. 만약 서반구西半球처럼 지구의 절반 지역에서 사람들이 갑자기 모두 생식 능력을 상실했다면 어떻게 될까?

브룩스는 매우 비관적이었다. 그는 생식 능력을 잃어버린 서반구 사회는 와해될 것이며, 생식 능력이 있는 다른 지역에서 인구를 '수입'한

다고 하더라도 사회의 붕괴를 막을 수 없다고 예언했다. 이유는 간단하다. 만약 모든 사람이 지금 자신이 하는 모든 일이 몇십 년 후에 아무런 의미가 없게 되고 인류가 더 이상 존재하지 않을 거라는 사실을 알게 되면, 그들은 포기를 선택하여 결국 사회가 무너진다는 것이다. 마찬가지로 생식 능력이 있는 사람이 새롭게 이민해오더라도 그들이 정착한 사회가 몇십 년 후에 사라질 것을 알게 되면 그들 역시 사회에 정착할 이유가 없다. 따라서 이민이 사회의 소멸을 막을 대안이 되지 못한다는 설명이다.

내 생각에 결론이 구체적으로 무엇인가는 그다지 중요하지 않다. 사람들은 모두 이런 '불가능한' 상황을 마음껏 상상해볼 수 있지만 그런 상상을 모두 검증할 수는 없다. 누가 옳고 그른지 완전히 승패를 구분하는 것이 불가능하다.

나는 이런 사고실험을 좋아한다. 사고실험은 우리를 하나가 되게 해 다음 세대의 문제와 같은 것을 극단적인 상황에 놓고 고민해보면서 더욱 관심을 기울이도록 한다. 이를테면 다음 세대가 없다. 그다음 다시 묻는다. 얼굴을 본 적도 없고 아직 태어나지도 않은 후손이 우리에게, 이미 이 세상을 살아가고 있는 사람들에게 어떤 의미일까? 개개인은 후손을 늘릴지 말지, 후손에게 관심을 둘지 말지를 선택할 수 있다. 그러나 이런 사고실험은 개인적인 선택을 뛰어넘어 전 인류를 괴롭게 만든다.

나는 브룩스가 이 칼럼을 쓴 의도가 무엇인지 잘 모르겠다. 그렇지만 그가 제기한 문제와 대답이 우리가 현재 논의 중인 지구온난화, 환경보호, 재정적자 등의 문제에 대해 매우 중요한 의미를 지닌다고 생각한다. 왜냐하면 결과적으로 다음 세대가 이 일을 상당 부분 책임져야 하기 때문이다. 인간의 행동은 많은 경우 기이할 정도로 근시안적이다. 만약 브룩스의 생각이 옳다면, 인류 사회가 유지될 수 있는 핵심적인 기반은 우리 자신에게 있는 것이 아니라 후세대에 달려 있다. 우리의 근시안적인 삶의 방식은 우리 자신이 존재할 수 있는 삶의 기반을 파괴한다. 따라서 근시안적인 삶이 가져올 실제의 후폭풍은 우리가 지금 직접 눈으로 목격하는 결과보다 더 심각할 것이다. 예컨대 지구온난화는 결국 환경과 기후만 파괴하는 것이 아니라 전 인류 사회를 노리고 있다.

우리는 아직 태어나지도 않은 다음 세대에게 이미 지나치게 많은 부담을 안겼다. 환경의 악화, 지구온난화에서부터 자원의 고갈, 거액의 부채는 때로 우리 자신을 고문한다. 만약 다음 세대가 없다면 우리가 존재하는 것은 어떤 의미가 있을까?

인류는 얼마나 똑똑할까?

·

자연과학은 눈부시게 발전하지만 사회과학은 발걸음이 더디다(심지어 퇴보한다).
나는 이것이 과연 인간에게 복인지 아니면 화인지 때로 정말로 판단하기 힘들다.

나는 2009년 전후로 발생한 두 사건이 흥미로운 대비를 이루었다고
생각한다. 1.연방준비제도이사회와 월가 사람들이 한자리에 모여 이번
서브프라임 사태의 영향이 얼마나 심각하며, 어떻게 해야 위기가 수습
불가능한 상황으로 치닫는 것을 막을 수 있을까를 고심하며 안절부절못
했다. 2.세계적으로 저명한 물리학자들이 유럽에 집결해 '빅뱅'을 인위
적으로 만들어내 우주에 대한 이해를 높이고자 했다. 두 가지 사건의 공
통점 중 하나는 모두 이론물리학자가 참여했다는 사실이다. 월가에서는
많은 이론물리학자를 고용하여 수치 모형을 만들게 했다. 그리고 '빅
뱅'은 이론물리학자가 만든 또 다른 아름다운 모형이다. 나는 운 좋게도
월가에서 일하는 이론물리학자 몇 명을 알고 있다. 월가로 가기 전에 그
들 역시 '빅뱅'을 연구했다. 이 두 가지 사건은 성격이 완전히 다르다.

하나는 인간이 스스로 만들어낸 것이지만 도대체 어떻게 된 일인지 알 수 없는 것이다. 다른 하나는 인류 창조의 시발점이 된 것으로 인간은 빅뱅을 이해하려고 노력한다.

자연과학은 눈부시게 발전하지만 사회과학은 발걸음이 더디다(심지어 퇴보한다). 나는 이것이 과연 인간에게 복인지 아니면 화인지 때로 정말로 판단하기 힘들다. 자연과학에서 우리가 인식하는 내용은 여전히 제한되어 있다. 그러나 우리는 이미 역사상 유례없는 속도와 정도(혹은 깊이), 그리고 규모로 지구를 바꾸고 개조하며 파괴했다. 사회과학에서도 우리는 장족의 발전을 했고 일부 기술을 확보했다. 그렇지만 인류 사회가 야만과 우매한 상태를 완전히 벗어났다고 말할 수는 없다. 인류는 마치 팔다리만 지나치게 발달해 힘은 장사 같지만 이것들을 조종하는 뇌는 여전히 단순한 어린아이와 같다.

내가 매우 존경하는 은사가 예전에 흥미로우면서도 의미 있는 말씀을 한 적이 있다. "이 세상에서 가장 무서운 상황은 나쁜 사람이 첨단기술을 보유한 것이다." 여기서 그는 환경보호에 대해 말했다. 예전에는 한 사람이 도끼 하나를 들고 나무를 베었다. 따라서 많이 베어도 1년 내내 몇 그루 베지 못한다. 그러나 지금은 기계와 화학약품을 사용해 한 사람이 하룻저녁에 산 몇 개를 깎아 평평하게 만들 수 있고, 호수 속의 물고기를 모두 독살할 수 있다. 올바르지 않은 사람이나 우매한 사람이 첨단기술을 가지면 그 파괴력은 더욱 커진다. 문명사회에서 그에 상응하게 진보하지 못한 인류가 과연 첨단기술을 움켜쥔 나쁜 사람이나 우매한 사람이 될 것인가? 인류는 한편으로 놀라운 속도로 우주의 비밀을 파헤치고 있다. 또 다른 한편으로 인류 사회를 이해하지 못하고 자신이 처한 상황을 완전히 통제하지 못하고 있다. 또 다른 은사는 앞으로 천 년 내에 인류가 핵무기로 자신을 파멸시키지 않을지 누가 보장할 수 있겠는가라고 한탄했다. 사실 냉전 시기에 핵전쟁이 발발할 가능성이 있었다. 또 이런 가능성은 오랜 기간 계속되고 있다.

소소한 생활 현장에서도 나쁜 사람이나 우매한 사람이 첨단기술을 보유한 예가 심심찮게 있다. 아침에 일어나 암을 유발하는 콜게이트 치약으로 이를 닦고 아들에게 요오드 기준치를 초과한 네슬레 분유를 먹이고, 자신은 유통기한이 지난 광밍光明 우유를 마신다. 그다음 안전기준에 미치지 못하는 밀가루로 만든 만두를 먹고 썩은 물에 담근 갓 장아찌를 곁들인다. 점심에는 동료와 함께 KFC에서 공업염색용인 쑤단훙이 들어간 치킨을 먹는다. 오후에는 부인에게 전화해 새로 개업한 식당에서 피임약으로 덩치를 키운 물고기로 만든 샹라산위쓰香辣鱔/鱟絲와 파라핀이 함유된 뉴러우펀쓰牛肉粉絲, 스촨즈양四川資陽 돼지고기 왕만두 2개 등과 폐식용유로 튀긴 요리를 먹자고 약속한다. 사장은 중금속 기준치를 100배나 초과한 비뤄춘碧螺春, 녹차의 일종 차를 주문하고 또 포름알데히드가 들어간 맥주를 마신다. 오늘 하루 얼마나 행복했는지! 이런 웃지 못할 농담이 중국에서 몇 년째 유행하고 있다.

인간의 과학기술과 사회의 발전 속도가 조화를 이루지 못한다면 인류는 조만간 자신의 '지혜' 때문에 멸망하게 될 것이다. 기술이 발전하지 못했던 시절에 인간에게 가장 큰 위협은 자연재해였다. 이제 인간에게 가장 큰 위협은 아마 인간 자신일 듯하다.

『경제, 디테일하게 사유하기』(원제: 일사일세계—沙—世界)는 나의 첫 번째 저서이다. 이 책이 세상에 나오기까지의 과정은 내가 상상했던 것보다 쉽고도 어려웠다.

쉽다고 말한 이유는 인터넷 덕분이다. 전통적인 종이 매체의 세계에 살고 있었다면 머나먼 타국에서 생활하는 유학생이 자신의 덜 익은 생각을 펼쳐, 일면식조차 없는 수많은 사람과 정보를 공유할 기회를 얻지 못했을 것이다. 북극의 하늘에서, 라인 강가에서, 뉴욕의 하이드파크에서, 히말라야의 산자락에서, 그리고 대평원에서 글을 쓴 다음 1분만 인터넷에 접속하면 내가 쓴 글은 순식간에 모든 사람과 만나게 된다. 내 글을 교정하는 편집인도 없고 심사하는 사람도 없다.

이 책을 준비해 최종적으로 출판하기까지의 과정은 모두 인터넷을 통해 이뤄졌다. 이 책을 기획한 친쯔양覃子洋과 리츠칼튼베이징 호텔의 로비에서 만나 20분간 이야기를 나눈 것을 제외하면, 이메일과 MSN으로 책의 모든 구상, 기획, 저술, 편집, 수정 과정이 이뤄졌다.

어려웠다고 말한 이유는 이 책이 나오기까지 수많은 사람의 도움이 있었기 때문이다. 중화궁상롄허출판사中華工商聯合出版社의 리화이커李懷科 부편집장과 루쥔盧俊이 책을 기획했다. 친쯔양이 출간하자고 나를 설득했고 시종일관 나와 가깝게 소통했다. 친쯔양과 황시黃犀가 주제를 선정하여 방향을 정하고 책을 구성하며, 글을 선별하는 과정을 도왔다. 루쥔과 한쉬韓旭는 원고를 편집하고 교정했다.

내가 경제학을 공부하고 경제에 깊은 관심을 갖기까지 교수님들의 가르침과 친구, 동료들의 도움이 컸다. 린이푸, 이강易綱, 야오양姚洋, 루펑, 그리고 베이징대학교 경제센터의 많은 교수님은 중국 현대경제학의 선구자이자 나를 경제학의 세계로 직접 이끌어주었다. 또 내가 발전하는 과정을 계속 지켜봐온 분들이다. 후수리胡舒立와 열심히 일하는 기자들은 중국에서 가장 뛰어난 경제 잡지를 발행하고 있다. 이들이 쓴 심층적인 보도는 내가 중국 경제를 관찰하는 데 다양한 소재를 제공했다.

나의 부모님 역시 충실한 독자이다. 부모님은 내 블로그를 보기 위해 결국 인터넷에 접속하는 방법을 배웠다. 두 분의 격려와 채찍질, 그리고 갚을 길 없는 희생이 없었다면 나는 이 일을 계속하지 못했을 것이다.

또 나의 아내인 구주가 있다. 구주는 그녀의 인터넷 아이디이다. 아내의 사생활을 보호하기 위해 나는 블로그에서 계속 아이디인 구주로 불렀다. 그랬더니 아내는 나의 친구들이 아내의 진짜 이름을 잊어버리는 '예의'를 어쩔 수 없이 받아들이는 상황에 이르렀다. 구주는 나의 가장 충실한 독자이자 중립적이고 객관적인 비판자 역할을 해주었다. 구주는 원고 전문을 몇 번이나 읽으며 많은 부분을 수정하는 고생을 마다하지 않았다. 몇 년 동안 내가 많은 시간을 글 쓰는 데 쏟도록 지원해주었고,

이 과정에서 적지 않은 희생을 했다.

마지막으로 내게 늘 관심을 가져준 독자들에게 감사의 말씀을 전하고 싶다. 독자의 지지와 비평이 없었다면 이 책은 세상의 빛을 보지 못했을 것이다.

경제, 디테일하게 사유하기

초판인쇄 2011년 10월 17일
초판발행 2011년 10월 25일

지은이 귀카이
옮긴이 최지희
펴낸이 강성민
기획 노승현
편집 이은혜 김신식 장미향
마케팅 최현수
온라인 마케팅 이상혁

펴낸곳 (주)글항아리 | 출판등록 2009년 1월 19일 제406-2009-000002호

주소 413-756 경기도 파주시 문발동 파주출판도시 513-8
전자우편 bookpot@hanmail.net
전화번호 031-955-8891(마케팅) 031-955-8898(편집부)
팩스 031-955-2557

ISBN 978-89-93905-74-8 03320

에쎄는 (주)글항아리의 경제경영 브랜드입니다.

이 도서의 국립중앙도서관 출판시도서목록(CIP)은 e-CIP홈페이지(http://www.nl.go.kr/ecip)와 국가자료공동목록시스템
(http://www.nl.go.kr/kolisnet)에서 이용하실 수 있습니다.(CIP제어번호: CIP2011004220)